LOKALE ARBEITSMARKTPOLITIK

Schriften des Internationalen Instituts
für Empirische Sozialökonomie (INIFES)

Band 9

Lokale Arbeitsmarktpolitik

Vorträge anläßlich eines Workshops zum Thema
Lokale Arbeitsmarktpolitik in Augsburg

Herausgegeben von

Peter Hurler und Martin Pfaff

DUNCKER & HUMBLOT / BERLIN

CIP-Kurztitelaufnahme der Deutschen Bibliothek

Lokale Arbeitsmarktpolitik: Vorträge anlässl. e. Workshops zum Thema Lokale Arbeitsmarktpolitik, 5. u. 6. Juli 1984 / hrsg. von Peter Hurler u. Martin Pfaff. — Berlin: Duncker und Humblot, 1987.
(Schriften des Internationalen Instituts für Empirische Sozialökonomie (INIFES); Bd. 9)
ISBN 3-428-06251-5

NE: Hurler, Peter [Hrsg.]; Workshop zum Thema Lokale Arbeitsmarktpolitik <1984, Augsburg>; Internationales Institut für Empirische Sozialökonomie <Leitershofen>: Schriften des Internationalen . . .

Satz: Werksatz Marschall, Berlin 45
Druck: W. Hildebrand, Berlin 65
Printed in Germany

ISBN 3-428-06251-5

VORWORT

Trotz des wirtschaftlichen Aufschwungs, trotz großer Leistungsbilanzüberschüsse und realer Wachstumsraten, die man Anfang der 80er Jahre noch als unwahrscheinlich erachtet hätte, ist die Arbeitslosigkeit in der Bundesrepublik Deutschland unverändert hoch geblieben. Globale beschäftigungs- und arbeitsmarktpolitische Maßnahmen haben sich als Strohfeuer erwiesen und sind weitgehend wirkungslos geblieben. Trotz einer Zunahme der Beschäftigungsverhältnisse und einer Zunahme bei den Stellenangeboten verharrt die registrierte Arbeitslosigkeit auf hohem Niveau.

Die Wirtschaftspolitik steht dieser Entwicklung rat- und tatenlos gegenüber und verweist auf die strukturellen und nur längerfristig veränderbaren Ursachen dieser hohen Arbeitslosigkeit – kurzfristige Maßnahmen (wie z. B. Beschäftigungsprogramme) werden als wirkungslos angesehen. Es darf dabei aber nicht übersehen werden, daß Arbeitslosigkeit hohe Folgekosten im sozialen Bereich verursacht. Hinzu kommt, daß das Niveau der Arbeitslosigkeit regional unterschiedlich ist. Neben „Problemregionen" mit zweistelligen Arbeitslosenquoten und einem überdurchschnittlich hohen „harten Kern" an Dauerarbeitslosen gibt es – insbesondere in Süddeutschland – eine Reihe von Arbeitsamtsbezirken, wo „Vollbeschäftigung" herrscht und Unternehmen über einen erheblichen Fachkräftemangel klagen.

Die Notwendigkeit, „vor Ort" mit dem Problem Arbeitslosigkeit fertig werden zu müssen, hat in den letzten Jahren in einer Reihe von Arbeitsamtsbezirken zu einer Vielzahl von dezentralen arbeitsmarktpolitischen Aktivitäten geführt. Ausgangspunkt dafür war der Gedanke, die Träger der regionalen Arbeitsmarktpolitik aufgrund ihrer Informationsvorsprünge erheblich stärker in die Gestaltung der Arbeitsmarktpolitik „vor Ort" einzubinden. Im Hinblick darauf wurden Überlegungen angestellt, wie die Akteure am regionalen Arbeitsmarkt dazu beitragen können, das Instrumentarium der Arbeitsmarktpolitik stärker auf regionenspezifische Belange auszurichten und somit effektiver zu gestalten.

Obwohl die Gestaltungsspielräume der Arbeitsmarktpolitik auf regionalen Arbeitsmärkten eng begrenzt sind – dies war u. a. das Ergebnis eines zweitägigen Arbeitsmarkt-Workshops in Augsburg, dessen Ergebnisse in dem 1984 im Verlag Duncker & Humblot erschienenen Sammelband „Gestaltungsspielräume der Arbeitsmarktpolitik auf regionalen Arbeitsmärkten" zusammengefaßt sind –, scheint das Konzept einer dezentralen Aktivierung der Arbeitsmarktpolitik erfolgversprechend. Dies untermauert auch die am 1.1.1986 in Kraft getretene 7. Novelle zum Arbeitsförderungsgesetz, die den verstärkten Einsatz von dezentral wirkenden arbeitsmarktpolitischen Maßnahmen empfiehlt.

Während im ersten Augsburger Arbeitsmarkt-Workshop überwiegend Vorüberlegungen und konzeptionelle Fragen einer stärker regional ausgerichteten Arbeitsmarktpolitik diskutiert wurden und das Untersuchungskonzept der Augsburg-Studie einem größeren Kreis von Fachleuten aus der Arbeitsverwaltung, von Politikern und Wissenschaftlern vorgestellt wurde, konzentrierten sich die Beiträge beim zweiten Augsburger Arbeitsmarkt-Workshop stärker auf den Aspekt einer zukunftsorientierten aktiven regionalen Arbeitsmarktpolitik, und zwar unter besonderer Berücksichtigung von beruflichen Bildungs-/Umschulungsmaßnahmen.

In seinem Referat zum Thema „Dezentrale Aktivierung der Arbeitsmarktpolitik – Königsweg oder Holzweg?“ gibt Wolfgang Ohndorf vom Bundesministerium für Arbeit und Sozialordnung (BMA) eine vorläufige Bestandsaufnahme aus der Sicht seines Hauses. Günther Schmid vom Internationalen Institut für Management und Verwaltung (IIMV) am Wissenschaftszentrum Berlin versucht in seinem Beitrag, aufbauend auf den Erfahrungen aus dem „arbeitsmarktpolitischen Sonderprogramm für Regionen mit besonderen Beschäftigungsproblemen“ von 1979, die „Handlungsspielräume der Arbeitsämter beim Einsatz operativer Arbeitsförderungsmaßnahmen“ aufzuzeigen.

Speziell mit dem Problem der zukünftigen Entwicklungen der Arbeitskräftebedarfsstruktur und der Notwendigkeit der Anpassung beruflicher Fertigkeiten und Kenntnisse an die Veränderungen der Berufswelt befaßt sich der Beitrag von Wolfgang Klauder vom Institut für Arbeitsmarkt- und Berufsforschung (IAB) der Bundesanstalt für Arbeit in Nürnberg. Die Rolle der beruflichen Bildung im Rahmen lokaler Arbeitsmarktpolitik wird von Rolf Derenbach (BfLR) aus wissenschaftlicher Sicht betont, während sich der Beitrag von Manfred Rademacher mit Fragen der Praktikabilität einer solchen dezentralen Politik und der Frage nach den Gestaltungsspielräumen für Maßnahmen der beruflichen Bildung im Rahmen der Arbeitsmarktpolitik „vor Ort“ befaßt.

Die Beiträge und Diskussionen im zweiten Teil des Workshops waren ausschließlich der „Augsburg-Studie“ gewidmet. Der Beitrag von Peter Hurler gibt einen Überblick über die wichtigsten Ergebnisse und Erfahrungen der Augsburger Untersuchung, während der Beitrag von Martin Pfaff und Ernst Stark auf der Grundlage der bisherigen Erfahrungen die Anforderungen für eine Fortschreibung dieses Forschungsansatzes formuliert. Die Ergebnisse und Erfahrungen der Augsburg-Studie werden von Gerhard Engelbrech, Institut für Arbeitsmarkt- und Berufsforschung (IAB) der Bundesanstalt für Arbeit, in seinem Beitrag ausführlich diskutiert und kommentiert; er bewertet die Augsburg-Studie aus der Sicht des IAB, weist auf Schwächen hin und gibt wertvolle

Hinweise, die für eventuelle Nachahmer von Bedeutung sind. Im letzten Teil der Veranstaltung erhielten Vertreter aller in der projektbegleitenden Arbeitsgruppe vertretenen Institutionen die Möglichkeit, die Ergebnisse der Studie aus der Sicht ihrer Institutionen zu werten und zu kommentieren.

Die Veröffentlichung des vorliegenden Tagungsbandes ist Anlaß, all jenen zu danken, die unsere Arbeit unterstützt haben. Zu danken dafür, daß die von uns vorgeschlagene Untersuchungskonzeption ohne substantielle Abstriche durchgeführt werden konnte. Wir sind der Auffassung, mit dieser Untersuchung einen Beitrag zur Klärung der Frage geleistet zu haben, inwieweit Arbeitsmarktpolitik „vor Ort" sinnvoll sein kann und welcher Voraussetzungen es bedarf. Unser besonderer Dank gilt an dieser Stelle dem Initiator der Augsburg-Studie, Herrn Arbeitsamtsdirektor Manfred Rademacher, und dem Motor dieses Projekts, dem Augsburger Oberbürgermeister Hans Breuer. Dank gebührt auch den Institutionen, die die Arbeit des Projektteams im Rahmen der projektbegleitenden Arbeitsgruppe aktiv unterstützt haben.

Die erzielten Ergebnisse können u. E. wesentlich dazu beitragen, dem örtlichen Arbeitsamt und den mit ihm zusammenarbeitenden Weiterbildungsträgern Hinweise und Informationen zu geben, wie das Angebot an beruflichen Bildungsmaßnahmen gestaltet werden kann. Generell sind wir der Auffassung, daß die Ergebnisse und Erfahrungen dieser Studie sowohl den Mitarbeitern der Arbeitsverwaltung als auch Politikern und Wissenschaftlern, die sich mit diesem Problemkreis beschäftigen, eine wertvolle Hilfe sein können.

Wir danken all jenen, die den zweiten Augsburger Arbeitsmarkt-Workshop ermöglicht, uns unterstützt und zu seinem Erfolg beigetragen haben:

- den Referenten und Diskutanten,
- der Stadt Augsburg – insbesondere Herrn Oberbürgermeister Hans Breuer und Herrn Bürgermeister Arthur Fergg –, die die zur Durchführung des Workshops erforderlichen Mittel zur Verfügung gestellt hat,
- dem Amt für Wirtschaftsförderung der Stadt Augsburg,
- dem Internationalen Institut für Empirische Sozialökonomie (INIFES), Stadtbergen, sowie allen Mitarbeitern, die bei der Bewältigung der umfangreichen organisatorischen Aufgaben mitgeholfen haben.

Unser Dank gebührt ferner dem Bundesministerium für Arbeit und Sozialordnung und der Stadt Augsburg, die durch ihre finanzielle Unterstützung das Erscheinen des vorliegenden Tagungsbandes ermöglicht haben, sowie Herrn Dipl. oec. Ernst Stark, ohne dessen Zähigkeit und Ausdauer bei der Überarbeitung und bei der redaktionellen Aufbereitung der Beiträge dieser Tagungsband nie hätte erscheinen können.

Augsburg, im Juli 1986

Martin Paff und Peter Hurler

INHALT

II. Regionale Arbeitsmarktforschung und Umsetzung der Ergebnisse im Rahmen lokaler Arbeitsmarktpolitik – dargestellt am Beispiel der Studie „Regionaler Arbeitsmarkt Augsburg"

ERÖFFNUNG DER TAGUNG UND BEGRÜSSUNG DURCH DEN GASTGEBER ARTHUR FERGG, BÜRGERMEISTER DER STADT AUGSBURG

Sehr geehrte Damen und Herren,

zum 2. Augsburger Arbeitsmarkt-Workshop möchte ich Sie im Namen der Stadt Augsburg recht herzlich begrüßen.

Wie Sie wissen, fand der erste Arbeitsmarkt-Workshop am 29./30. April 1981 vor Beginn der Hauptarbeiten zur Regionalen Arbeitsmarktuntersuchung Augsburg statt und sollte die Grundzüge unseres Untersuchungskonzeptes einem Kreis von Wissenschaftlern und Praktikern zur kritischen Diskussion stellen. Bei der jetzigen Veranstaltung möchten wir die Ergebnisse der Untersuchung vorstellen und Möglichkeiten zur Umsetzung der Ergebnisse diskutieren.

Das Aktionsfeld der kommunalen Wirtschaftsförderung hat sich in den vergangenen Jahren erheblich ausgeweitet. Die anhaltende Arbeitslosigkeit und die in Augsburg nach wie vor anhaltenden strukturellen Probleme in der Industrie erfordern auch von der Stadt besondere Anstrengungen.

Die traditionelle Aufgabenwahrnehmung der Wirtschaftsförderung, Bereitstellung von Standorten für die Betriebe und aktive Ansiedlungspolitik, reichen allein nicht mehr aus, um eine zufriedenstellende Entwicklung einzuleiten.

Die Förderung innovationsorientierter Unternehmensgründungen wird in jüngster Zeit nicht nur als Angelegenheit der staatlichen Wirtschaftspolitik, sondern auch als Aufgabe der kommunalen Wirtschaftsförderung betrachtet.

Mit der Durchführung der Regionalen Arbeitsmarktuntersuchung hat die Stadt Augsburg Neuland beschritten.

Herausragende Merkmale dieser Untersuchung sind die hervorragende Zusammenarbeit aller in die Arbeitsmarktpolitik einbezogenen Institutionen und die regionale Ausrichtung der Untersuchung auf den Wirtschaftsraum Augsburg.

Es wird jetzt darauf ankommen, die Voraussetzung dafür zu schaffen, daß die Ergebnisse der Untersuchung in praktisches Handeln umgesetzt werden können.

Die ausgezeichnete Mitarbeit der Betriebe und Unternehmen während der Befragungsaktion verpflichtet uns, den zweiten Schritt der Umsetzung möglichst rasch einzuleiten und die Aktion nicht als einmalige Untersuchung anzusehen, sondern auch Möglichkeiten zur Fortschreibung der Ergebnisse zu suchen.

Die bisherige Resonanz auf unser Projekt in der Öffentlichkeit war äußerst positiv. Ganz besonders freue ich mich, daß die Gewerkschaften das Projekt als Modell für andere Regionen betrachten und anstreben, es auch in anderen Regionen durchzuführen.

Ich hoffe, daß diese Veranstaltung dazu beitragen wird, die Frage der Regionalisierung der Arbeitsmarktpolitik einen Schritt weiterzubringen und daß wir wesentliche Erkenntnisse für die praktische Umsetzung erhalten.

Ich wünsche der Veranstaltung einen guten Erfolg.

LOKALE ARBEITSMARKTPOLITIK

Einführung in das Tagungsthema

Von Martin Pfaff

1. Einführung

Zunächst darf auch ich Sie – in meinem eigenen Namen, aber auch im Namen meiner Mitarbeiter – recht herzlich zum 2. Augsburger Arbeitsmarkt-Workshop begrüßen!

Mit diesem 2. Augsburger Arbeitsmarkt-Workshop zum Thema „Lokale Arbeitsmarktpolitik" setzen wir den Dialog mit Wissenschaftlern und Praktikern fort, den wir mit unserem ersten Arbeitsmarkt-Workshop zum Thema „Gestaltungsspielräume der Arbeitsmarktpolitik auf regionalen Arbeitsmärkten – der Stellenwert regionaler Arbeitsmarktuntersuchungen" (29. und 30. April 1981 in Augsburg) begonnen haben. Die Referate dieses ersten Workshops sind mittlerweile in Buchform erschienen[1].

Die Erkenntnis, daß die Arbeitsmarktpolitik sich nicht nur auf globale Maßnahmen stützen darf, sondern auch arbeitsmarktpolitische Maßnahmen den spezifischen Problemen vor Ort anpassen sollte, hat sich in den letzten Jahren zunehmend durchgesetzt. Dies vor allem auch, weil man einen effektiveren Einsatz des arbeitsmarktpolitischen Instrumentariums durch eine Dezentralisierung der Arbeitsmarktpolitik unter Ausnutzung der vorhandenen *Informationsvorsprünge vor Ort* erreichen möchte. Hierbei stellt sich jedoch sofort die Frage, welche Informationen den Trägern der lokalen Arbeitsmarktpolitik zusätzlich zur Verfügung gestellt werden sollten, um arbeitsmarktpolitische Maßnahmen verstärkt auf die spezifischen Problemstrukturen der Regionen auszurichten und damit effizienter und effektiver werden zu lassen.

Zu diesen Informationen zählen sicher

- die kurz- und mittelfristigen Auswirkungen des sich abzeichnenden Strukturwandels auf Niveau und Struktur der Arbeitslosigkeit auf lokaler Ebene;
- die kurz- und mittelfristigen Auswirkungen von technischen Neuerungen und organisatorischen Veränderungen auf den Arbeitskräftebedarf sowie

---

1 *Hurler*, Peter / *Pfaff*, Martin (Hrsg.): Gestaltungsspielräume der Arbeitsmarktpolitik auf regionalen Arbeitsmärkten, Berlin 1984.

auf die Arbeitskräftebedarfsstruktur nach Wirtschaftszweigen und Berufen, insbesondere:

- über Branchen mit expansiven bzw. rückläufigen Beschäftigungszahlen;
- über Berufe, für die ein Mangel bzw. ein Überschuß zu erwarten ist;
- über die Veränderungen in traditionellen Berufsbildern und Tätigkeitsbereichen.

Denn diese Informationen können als Grundlage für den Einsatz von zukunftsorientierten Arbeitsförderungsmaßnahmen (berufliche Fortbildung, Umschulung und Weiterbildung) dienen.

Meine weiteren Bemerkungen will ich um drei Punkte gruppieren:

- Ausgehend, *erstens* von einigen Thesen zur Wünschenswertigkeit sowie zu den Möglichkeiten und Grenzen der lokalen Arbeitsmarktpolitik, will ich dann
- *zweitens*, einige spezifische Fragestellungen formulieren, deren Beantwortung als Ziele dieses 2. Workshops angesehen werden können;
- schließlich will ich *drittens* den Ablauf des Workshops kurz skizzieren, um aufzuzeigen, inwiefern die aufgeworfenen Fragen im Rahmen der Diskussionen aufgegriffen werden könnten.

2. Einige Thesen zur lokalen Arbeitsmarktpolitik

In der Einleitung zum ersten Workshop haben wir einige Thesen vorgestellt, die auch den Ausgangspunkt für die heutige Veranstaltung bilden können. Ich will sie in etwas modifizierter Form zusammenfassen und ergänzen.

These 1:

Angesichts der demographischen und wirtschaftlichen Entwicklungen ist absehbar, daß Arbeitslosigkeit als Problem der 80er-Jahre auch weiterhin verbleiben wird. Darüber hinaus wird noch der Anpassungsdruck verstärkt werden, der sich auf der Faktornachfrageseite aufgrund von Innovationen ergibt. Die daraus resultierenden und damit verbundenen Rationalisierungsbemühungen lassen es als unwahrscheinlich erscheinen, daß allein auf Grundlage des absehbaren Wirtschaftswachstums die Arbeitslosigkeit in diesem Jahrzehnt von selbst eliminiert werden wird. Demnach tendiert das System – sich selbst überlassen – *nicht* zu einem Vollbeschäftigungsgleichgewicht.

These 2:

Arbeitsmarktpolitik auf der Grundlage des Arbeitsförderungsgesetzes kann nur beschränkt dazu beitragen, die Arbeitslosigkeit zu verhindern bzw. abzubauen. Sie kann jedoch die regionalen und gruppenspezifischen Folgen von Arbeitslosigkeit mildern helfen.

These 3:

Globale arbeitsmarktpolitische Maßnahmen ignorieren regionale Besonderheiten. Eine Verbesserung der Arbeitsmarktsituation der durch die Arbeitslosigkeit besonders betroffenen Regionen und Kommunen kann allein auf Grundlage der globalen Maßnahmen nicht erwartet werden. Vielmehr können regionenspezifische Besonderheiten nur im Rahmen einer regionalen bzw. lokalen Arbeitsmarktpolitik adäquat berücksichtigt werden. Somit können die Instrumente, die im Arbeitsförderungsgesetz vorgesehen sind, gezielter und wirkungsvoller eingesetzt werden.

These 4:

Der auf der lokalen Ebene, insbesondere auf der Ebene der einzelnen Betriebe, vorzufindende Informationsstand kann systematisch für eine pro-aktive Gestaltung der Arbeitsmarktpolitik vor Ort eingesetzt werden.

These 5:

Als Element einer pro-aktiven Arbeitsmarktpolitik vor Ort kann die berufliche Fortbildung und Umschulung der Arbeitskräfte angesehen werden. Die berufliche Weiterbildung jedoch muß sich auf Informationen über die zu erwartenden Strukturveränderungen und die damit verbundenen Anforderungen an die Arbeitskräfte stützen. Die in den einzelnen Betrieben vorliegenden Informationen können gezielt verwendet werden, um die wahrscheinliche Entwicklung im vorhinein abzuschätzen. Damit verbunden ist die Erwartung, daß berufliche Bildungseinrichtungen und Maßnahmen in Zukunft besser, und vor allem den Anforderungen der lokalen Arbeitsmarktpolitik eher entsprechend und somit effektiver, gestaltet werden können.

Als nächstes wende ich mich den Fragestellungen und Zielsetzungen dieses Workshops zu.

3. Fragestellungen und Ziele des 2. Augsburger Arbeitsmarkt-Workshops

Die Ziele des 2. Augsburger Arbeitsmarkt-Workshops können (in Anlehnung an die Zielsetzung des ersten) wie folgt formuliert und erweitert werden:

„– Welche Erwartungen verbindet man mit einer dezentralen Aktivierung von Arbeitsmarktpolitik?

– Wo liegen ihre Möglichkeiten, wo liegen ihre rechtlichen und institutionellen Grenzen?
– Welche Bereiche sind für die regionale Arbeitsverwaltung nicht bzw. nur im beschränkten Rahmen beeinflußbar?
– Wie bzw. in welchem Umfang wäre eine Ausweitung der Handlungskompetenzen zur Wahrnehmung dieses regionalen Steuerungsbedarfs notwendig und wünschenswert?
– Welcher Informationsbedarf entsteht daraus und wie kann dieser Informationsbedarf gedeckt werden?
– Wie können die Gestaltungsspielräume im Hinblick auf eine Verbesserung der Effektivität arbeitsmarktpolitischer Maßnahmen sinnvoll erweitert werden?
– Welche Rolle können die lokalen und regionalen Institutionen, wie z. B. die Kommunen selbst, die Kammern, die Unternehmen, Gewerkschaften und die Arbeitsverwaltung sowie Träger von Bildungs- und Berufsbildungseinrichtungen im Rahmen eines solchen Konzepts der dezentralen Aktivierung regionaler Arbeitsmarktpolitik spielen?“ [2]

Dazu kommen noch die aus den bisher vorliegenden Ergebnissen der Studie Regionaler Arbeitsmarkt Augsburg ableitbaren Fragen:

– Inwiefern bestätigen die vorliegenden Ergebnisse und Erfahrungen im Rahmen der Studie „Regionaler Arbeitsmarkt Augsburg“ die Erwartungen, daß durch eine mittelfristige Prognose des Arbeitskräftebedarfs nach Wirtschaftszweigen und Berufen nützliche Informationen über die in den nächsten Jahren am Arbeitsmarkt Augsburg verwertbaren Kenntnisse und Fertigkeiten gesammelt werden können?
– Inwiefern dienen diese mittelfristigen Prognosen des Arbeitskräftebedarfs als Informationsgrundlage für den Einsatz von Arbeitsförderungsmaßnahmen, insbesondere von Maßnahmen der beruflichen Weiterbildung und Umschulung?
– Welche Hilfe liefern diese mittelfristigen Prognosen der Arbeitsverwaltung und den anderen Trägern von Bildungs- und insbesondere Berufsbildungseinrichtungen für ihre Entscheidungen, was die sachgerechte Planung, Einrichtung und Durchführung fachspezifischer überbetrieblicher Berufsbildungs-, Fortbildungs- und Umschulungsmaßnahmen anbelangt?

Ich meine, daß die aufgeworfenen Fragen einen breiten Rahmen für die Diskussion des heutigen und morgigen Tages liefern können. Ich hoffe, daß diese Diskussionen zu einer kritischen Bestandsaufnahme der Möglichkeiten und Grenzen der lokalen Arbeitsmarktpolitik im allgemeinen aber auch zu

---

[2] Vgl. *Pfaff*, Martin / *Hurler*, Peter: Gestaltungsspielräume regionaler Arbeitsmarktpolitik – Einführung in das Tagungsthema, in: *Hurler* / *Pfaff* (Hrsg.), S. 19.

einer konstruktiv-kritischen Evaluierung der bisher vorliegenden Ergebnisse der Studie „Regionaler Arbeitsmarkt Augsburg“ führen werden.

Ich wende mich nun dem dritten Punkt meiner einführenden Bemerkungen, nämlich dem Ablauf des Workshops, zu.

4. Ablauf des Workshops

Inhaltlich wird in dem 2. Augsburger Arbeitsmarkt-Workshop die Thematik des ersten Workshops vertieft und fortgesetzt.

Dabei geht es im *ersten Teil* vor allem um die dezentrale Aktivierung der Arbeitsmarktpolitik aus der Sicht des Bundesministeriums für Arbeit und Sozialordnung; um die Handlungsspielräume der Arbeitsämter beim Einsatz operativer Arbeitsförderungsmaßnahmen; um die Entwicklung der Arbeitskräftebedarfsstruktur auf mittlere Sicht und die daraus resultierenden Anforderungen an die berufliche Fortbildung und Umschulung im Rahmen einer zukunftsorientierten Arbeitsmarktpolitik; um die Rolle der beruflichen Bildung im Rahmen lokaler Arbeitsmarktpolitik; und last not least, um die aktive Arbeitsmarktpolitik vor Ort, insbesondere um die Gestaltungsspielräume im Bereich der beruflichen Bildung (unter besonderer Berücksichtigung von „Auftragsmaßnahmen“). Dieser erste Teil der Diskussion konzentriert sich demnach auf die grundsätzlichen Fragestellungen. Er reflektiert den Stand des Wissens über die Möglichkeiten und Grenzen der lokalen Arbeitsmarktpolitik im allgemeinen, wie er in der Bundesrepublik auf der Ebene der politisch Handelnden, der Wissenschaft und der lokalen arbeitsmarktpolitischen Praxis vorliegt.

Der *zweite Teil* dieses Workshops konzentriert sich auf ein Fallbeispiel: Anhand der Studie „Regionaler Arbeitsmarkt Augsburg“ sollen die Möglichkeiten und Grenzen der zukunftsorientierten Arbeitsmarktforschung, insbesondere der mittelfristigen Strukturprognose sowie ihre Umsetzung im Rahmen der lokalen Arbeitsmarktpolitik aufgezeigt und kritisch durchleuchtet werden. Dies erfolgt vor allem durch eine Darstellung der vorliegenden Ergebnisse und Erfahrungen mit der laufenden Studie sowie durch ein Aufzeigen der Möglichkeiten der Fortschreibung der Ergebnisse für die zukünftigen Jahre.

Die Ergebnisse der mittelfristigen Prognose liegen Ihnen vor. Zunächst ist Ihnen die erste Studie zu den Beschäftigungsperspektiven des Verarbeitenden Gewerbes im Wirtschaftsraum Augsburg mit der Einladung verschickt worden. Darüber hinaus finden Sie bei Ihren Konferenzunterlagen eine zweite Studie zum Thema: Die Beschäftigungssituation im Baugewerbe.

Ich darf Ihnen hierzu noch folgende weitere Informationen liefern. Ein ähnlicher Bericht zum Bereich Handel ist fast abgeschlossen, der bisherigen

Übung entsprechend muß dieser Bericht jedoch erst in der projektbegleitenden Arbeitsgruppe diskutiert werden. Zum Bereich Dienstleistungen liegen die Ergebnisse in Tabellenform seit Mitte Mai vor. Sie müssen jedoch noch systematisch analysiert werden; der Bericht muß erstellt und in der projektbegleitenden Arbeitsgruppe diskutiert werden, bevor er veröffentlicht werden kann. Demnach konzentriert sich die Diskussion am heutigen Tag vor allem auf die ersten beiden Berichte, insbesondere auf die methodische Vorgehensweise und die Ergebnisse, die in diesen Berichten reflektiert sind. Unser Anliegen ist, hier insbesondere eine kritische Würdigung der Gesamtkonstruktion anhand der vorliegenden Berichte durch Sachverständige aus Praxis und Wissenschaft zu ermöglichen, die möglicherweise auch für die Schlußformulierung der noch verbleibenden Berichte von Interesse sein kann. Vor allem interessiert uns die Frage, ob die Vorgehensweise, die hier in Zusammenarbeit mit den diversen Institutionen gewählt worden ist, als Modell für einen möglichen Weg zur stärkeren Aktivierung der Arbeitsmarktpolitik vor Ort, auf der Grundlage besserer Informationen über die zukünftige Entwicklung, anzusehen ist und wo die Vorteile und die Nachteile einer solchen Vorgehensweise liegen können.

Die anschließende Diskussion soll positive und negative Aspekte der Studie herausarbeiten, aus der Sicht der Wissenschaft, der lokalen Politik, vor allem aber auch aus der Sicht der lokalen Institutionen, die die Studie begleitet und somit erst ermöglicht haben.

Wir hoffen, daß durch eine solche Diskussion der Stellenwert einer solchen regionalen Arbeitsmarktstudie kritisch gewürdigt werden kann und daß daraus auch konstruktive Anregungen für die weitere Arbeit erfolgen können.

An dieser Stelle möchte ich mich, auch im Namen meines Forschungsinstitutes und meiner Mitarbeiter, ganz herzlich bei allen beteiligten Institutionen bedanken, die durch ihre aktive Teilnahme ein Beispiel partizipativer Forschung geliefert haben. Wir hoffen, daß die Tatsache, daß diese Institutionen schon von Anfang an bei der Konzeption des Fragebogens, bei seiner Verschickung, bei der Auswertung der Ergebnisse usw. beteiligt waren, auch auf eine relativ hohe Verwertbarkeit der Ergebnisse schließen läßt.

Ich möchte mich auch insbesondere bei der projektbegleitenden Arbeitsgruppe bedanken, in der neben dem Amt für Wirtschaftsförderung der Stadt Augsburg auch die lokale Arbeitsverwaltung, der Industrie- und Handelskammer, die Handwerkskammer, die beiden Landkreise, die Regierung von Schwaben und die Vertreter der regionalen Bildungseinrichtungen mitgewirkt haben.

Ich wünsche unserem Workshop einen guten Verlauf und hoffe, daß Sie – die Vertreter der Wissenschaft und Praxis – hieraus einige Anregungen für Ihre eigene Tätigkeit gewinnen können!

I. Operative Arbeitsförderungsmaßnahmen und lokale Arbeitsmarktpolitik

DEZENTRALE AKTIVIERUNG DER ARBEITSMARKTPOLITIK – KÖNIGSWEG ODER HOLZWEG?

Eine Bestandsaufnahme aus der Sicht des Bundesministeriums für Arbeit und Sozialordnung

Von Wolfgang Ohndorf

1. Dezentrale Aktivierung der Arbeitsmarktpolitik – Königsweg oder Holzweg?

Die Forderung nach dezentraler Arbeitsmarktpolitik hat Konjunktur. Das Thema beherrscht z. Z. nicht nur die wissenschaftliche Diskussion, sondern steht auch in der arbeitsmarktpolitischen Praxis ganz oben.

Mit ausgelöst worden ist diese Diskussion durch arbeitsmarktpolitische Maßnahmen des Bundes, die einen stärker regionalisierten Einsatz zum Ziel hatten. Dies gilt vor allem für die regionalisierten arbeitsmarktpolitischen Sonderprogramme der Bundesregierung von 1974 und 1979 sowie für die 5. Novelle zum Arbeitsförderungsgesetz vom 1. August 1979, die u. a. darauf abzielte, die Selbstverwaltung der Arbeitsämter vor Ort zu stärken.

Die Erwartungen an eine dezentrale Aktivierung der Arbeitsmarktpolitik sind seitdem stark gestiegen. Ich meine zu Recht; denn nur bei regional gezieltem Einsatz und, wenn die vor Ort vorhandenen arbeitsmarktpolitischen Kräfte aktiv werden, können die arbeitsmarktpolitischen Instrumente ihren höchsten Wirkungsgrad erreichen, und kann die Arbeitsmarktpolitik ihren bestmöglichen Beitrag im Kampf gegen die hohe Arbeitslosigkeit leisten.

Gemeint sind dabei die Instrumente der aktiven Arbeitsmarktpolitik, wie sie im Arbeitsförderungsgesetz vorgesehen sind. Das sind vor allem die Maßnahmen zur Förderung der beruflichen Qualifizierung (Ausbildung, Fortbildung und Umschulung), der beruflichen Rehabilitation, die Maßnahmen zur Förderung der Arbeitsaufnahme, die Arbeitsbeschaffungsmaßnahmen und die Kurzarbeit. Auch die arbeitsmarktpolitischen Sonderprogramme des Bundes und der Länder haben sich im wesentlichen dieser Instrumente – zum Teil modifiziert und auf andere Zielgruppen gerichtet – bedient.

2. Arbeitsmarktpolitik und Beschäftigungspolitik

Für die Teilnehmer an diesem Workshop braucht wohl nicht betont zu werden, daß mit arbeitsmarktpolitischen Maßnahmen allein – und seien sie noch so gut und wirksam konzipiert – die Vollbeschäftigung in unserem Land nicht wiederhergestellt werden kann. Wer meint, in der dezentralen Aktivierung der Arbeitsmarktpolitik einen Königsweg zur Überwindung der Arbeitslosigkeit gefunden zu haben, ist auf dem Holzweg. Unsere Arbeitsmarkt- und Beschäftigungsprobleme sind nur mittel- und längerfristig und nur mit einer umfassenden, zielstrebigen Beschäftigungspolitik zu lösen. Hierzu bedarf es einer koordinierten Wirtschafts-, Finanz- und Arbeitsmarktpolitik. Entscheidende Bedeutung kommt dabei der Wachstums- und Arbeitszeitpolitik zu, für die nicht nur der Staat, sondern in erheblichem Maß auch die Tarifvertragsparteien Verantwortung tragen.

Die Forderung nach dezentraler Aktivierung gilt übrigens nicht nur für die Arbeitsmarktpolitik, sondern für weite Bereiche der gesamten Beschäftigungspolitik. Die Möglichkeiten der regionalen Wirtschaftspolitik sind bei weitem noch nicht ausgeschöpft, aber auch in der Tarifvertragspolitik sind die Möglichkeiten zur regionalen Differenzierung noch nicht vollkommen genutzt. Nachdem der DGB das Thema der regionalen Beschäftigungspolitik[1] aufgegriffen hat, sollte die gewerkschaftliche Diskussion die Frage einer stärker regional ausgerichteten Tarifpolitik trotz der damit verbundenen Probleme und Gefahren nicht ausklammern.

3. Aktivierung der Arbeitsmarktpolitik auf allen Ebenen

Neben die Forderung nach einer stärkeren Dezentralisierung der Arbeitsmarktpolitik ist in den letzten Jahren auch der Wunsch nach einer engeren internationalen Abstimmung und Zusammenarbeit getreten. Wenn sich heute die Europäische Gemeinschaft (EG), die Organisation für wirtschaftliche Zusammenarbeit und Entwicklung (OECD) in Paris als Zusammenschluß der westlichen Industrieländer und die Internationale Arbeitsorganisation (IAO) in Genf weltweit um eine aktivere internationale Arbeitsmarktpolitik bemühen, so ist dies nicht nur ein Reflex der weltweiten Arbeitsmarkt- und Beschäftigungsprobleme, sondern zeigt auch, daß eine über den nationalen Rahmen hinausreichende Information und Koordinierung der arbeitsmarktpolitischen Maßnahmen als notwendig empfunden wird.

Interessant ist, daß auch die internationalen Organisationen – vor allem die EG und die OECD – der regionalen und lokalen Arbeitsmarkt- und Beschäfti-

---

1 Vgl. Fachtagung DGB/WSI über „Regionale Beschäftigungspolitik und gewerkschaftliche Interessenvertretung" im März 1984.

gungspolitik besondere Aufmerksamkeit widmen. Hinweisen möchte ich auf das Programm der OECD über „Lokale Beschäftigungsinitiativen", an dessen Finanzierung sich der Bundesminister für Arbeit und Sozialordnung beteiligt[2]. Ein wichtiges Ziel dieses Programmes ist die Sammlung und der Austausch von Erfahrungen in den Mitgliedstaaten.

Die Arbeitsmarktpolitik kann auf keine Ebene verzichten. Dezentrale Aktivierung bedeutet nicht weniger gesamtstaatliche und internationale Bemühungen. Vielmehr muß auf allen Ebenen der jeweils mögliche Beitrag zum Kampf gegen die Arbeitslosigkeit geleistet werden. So können z. B. die EG und die OECD Dank ihres großen Überblicks über Trends der Beschäftigungsentwicklung in den westlichen Industriestaaten gute Analysen liefern, die für die nationale, regionale und lokale Arbeitsmarkt- und Beschäftigungspolitik von Bedeutung sind.

4. Regionalisierung der Arbeitsmarktpolitik

Wenden wir uns nun der Frage nach den Voraussetzungen und Möglichkeiten einer stärkeren Regionalisierung der Arbeitsmarktpolitik zu. Dabei will ich – entsprechend meiner Rolle als Vertreter des Bundesministeriums für Arbeit und Sozialordnung in diesem Kreis – vor allem darlegen, was der Bund zur Aktivierung der Arbeitsmarktpolitik vor Ort beitragen kann.

a) Institutionelle Voraussetzungen für die Regionalisierung

Die Arbeitsverwaltung gehört zu den Organisationen im Staat, die von unten gewachsen sind. Ausgangspunkt waren süddeutsche Städte in der Krise nach den Gründerjahren. So richteten Stuttgart und Frankfurt 1895 und Freiburg 1897 Arbeitsämter ein. Erst später folgten regionale Zusammenschlüsse in Verbänden, zunächst auf Provinz- und Landesebene, zuletzt auf nationaler Ebene (1908).

Die 1927 gegründete Reichsanstalt für Arbeitslosenversicherung und Arbeitsvermittlung mit der Hauptstelle in Berlin, 13 Landesarbeitsämtern und 361 Arbeitsämtern war bereits auf allen drei Ebenen als Selbstverwaltungsorganisation drittelparitätisch (Arbeitgeber, Arbeitnehmer, öffentliche Hand) besetzt. Sie zeigte allerdings Zentralisierungstendenzen.

Nach dem Vorbild der Reichsanstalt ist nach dem Krieg die Bundesanstalt für Arbeit mit der Hauptstelle in Nürnberg, 11 Landesarbeitsämtern und 146 Arbeitsämtern organisiert worden.

---

2 Vgl. OECD: Clarifying Report ILE (82) 2 (1st Revision); *Zuleger*: OECD-Aktionsprogramm – Beschäftigung fördern, in: Bundesarbeitsblatt 11 (1984), S. 18 ff.

Der historisch notwendige Prozeß der Entwicklung und Stärkung einer Zentrale ist abgeschlossen. Heute gilt es, die Möglichkeiten der regional gegliederten Organisation wieder verstärkt für eine dezentrale Aktivierung der Arbeitsmarktpolitik zu nutzen. Dabei kommt den Arbeitsämtern als den operativen regionalen Einheiten besondere Bedeutung zu.

Damit die Arbeitsämter ihre Aufgaben als treibende Kraft der Arbeitsmarktpolitik vor Ort so effektiv und wirtschaftlich wie möglich erfüllen können, müssen alle Chancen zur Verbesserung der organisatorischen, sachlichen und personellen Ausstattung genutzt werden. Der Bundesminister für Arbeit und Sozialordnung hat daher zwei umfangreiche Gutachten über die Effektivität und Wirtschaftlichkeit der Arbeitsverwaltung erstellen lassen[3].

Beide Gutachten, über deren Ergebnisse der Bundesminister für Arbeit und Sozialordnung den zuständigen Ausschüssen des Deutschen Bundestages im einzelnen berichtet hat[4], fordern Maßnahmen zur Effizienzsteigerung bei Arbeitsämtern vor Ort. Das Gutachten der Arbeitsgemeinschaft *Horn + Partner* und ADV/ORGA fordert vor allem den beschleunigten Auf- und Ausbau der dezentralen Datenverarbeitung nicht nur für die Leistungsgewährung, sondern auch für die computerunterstützte Arbeitsvermittlung sowie den Einsatz in der Berufsberatung.

Es ist zu hoffen, daß die Ergebnisse der Gutachten kurzfristig umgesetzt und die für den Aufbau des dezentralen EDV-Systems notwendigen Investitionsmittel bereitgestellt werden können.

b) Interregionale Arbeitsmarktpolitik

Unter diesem, bereits beim letzten Augsburger Workshop definierten Begriff[5] ist eine regionale Konzentration von Arbeitsförderungsmitteln und ein regional differenzierter Einsatz von Instrumenten zu verstehen.

Eine Verstärkung der interregionalen Arbeitsmarktpolitik hat der Bund bereits mit dem arbeitsmarktpolitischen Sonderprogramm von 1974 versucht[6].

---

3 Arbeitsgemeinschaft *Horn + Partner* und *ADV/ORGA*: Gutachten über die Wirtschaftlichkeit und Effektivität der Arbeitsverwaltung mit dem Schwerpunktthema Büroorganisation und Ablauforganisation einschließlich des Einsatzes von EDV und anderer moderner Bürotechniken, Juni 1983; Treuarbeit AG mit Unterauftragnehmer SINUS GmbH: Gutachten über die Wirtschaftlichkeit und Effektivität der Arbeitsverwaltung, Mai 1983.

4 Schlußbericht des BMA zu den Gutachten über die Wirtschaftlichkeit und Effektivität der Arbeitsverwaltung – IIa 2 – 21 531/68 vom 27. 9. 1983.

5 *Pfaff*, Martin / *Hurler*, Peter: Gestaltungsspielräume regionaler Arbeitsmarktpolitik, Einführung in das Tagungsthema, in: *Hurler*, Peter / *Pfaff*, Martin (Hrsg.): Gestaltungsspielräume der Arbeitsmarktpolitik auf regionalen Arbeitsmärkten, Berlin 1984, S. 18.

6 Vgl. Bulletin der Bundesregierung vom 16. Dezember 1974, Nr. 153, S. 1558.

Nach diesem Programm sind u. a. zur Verbesserung der Vermittlungschancen von Arbeitslosen in den Arbeitsamtsbezirken, die eine um 0,5 %-Punkte über dem Bundesdurchschnitt liegende Arbeitslosenquote auswiesen, Lohnkostenzuschüsse gezahlt worden. Das auf 600 Mio. DM dotierte Programm wurde zwar nur teilweise ausgeschöpft. Der Bundesrechnungshof hat seine Wirkung bezweifelt. Eine Untersuchung des Instituts für Arbeitsmarkt- und Berufsforschung hat jedoch ergeben, daß sich die Zahl der Vermittlungen in den geförderten Arbeitsamtsbezirken während der Förderdauer besser entwickelt hat, als in den nichtgeförderten Arbeitsamtsbezirken. Dies war keinesfalls zu erwarten, da bis zum Programmbeginn gerade in den geförderten Arbeitsamtsbezirken die Vermittlungszahlen stärker gefallen waren als im Bundesdurchschnitt.

Noch weitaus positivere Wirkungen für die geförderten Arbeitsamtsbezirke hatte das arbeitsmarktpolitische Programm der Bundesregierung für Regionen mit besonderen Beschäftigungsproblemen vom 16. Mai 1979. Tegtmeier hat auf dieses Programm bereits auf dem ersten Augsburger Workshop hingewiesen [7].

Nach diesem Programm wurden in den 16 Arbeitsamtsbezirken, die 1978 im Jahresdurchschnitt eine höhere Arbeitslosenquote als 6 % aufwiesen, Bundesmittel und Mittel der Bundesanstalt für Arbeit in Höhe von 860 Mio. DM für folgende drei Programmschwerpunkte aufgewandt:

1. Qualifizierung von Arbeitnehmern in Betrieben mit Umstellungs- und Anpassungsprozessen (Umschulung, Fortbildung und sonstige Qualifizierung).
2. Wiedereingliederung ungelernter und längerfristig Arbeitsloser (Gewährung von Lohnkostenzuschüssen).
3. Arbeitsbeschaffungsmaßnahmen zur Verbesserung der sozialen Dienste, des Umweltschutzes und des Wohnumfeldes.

Bereits ein halbes Jahr nach Programmbeginn konnten im Vergleich zu den nichtgeförderten Arbeitsamtsbezirken erste positive Ergebnisse festgestellt werden [8]. Die jetzt vorliegenden Ergebnisse der Begleitforschung bestätigen die insgesamt positive Programmwirkung [9].

---

7 *Tegtmeier*, Werner: Was sollte und was kann regionale Arbeitsmarktpolitik leisten? – Erfahrungen mit einem regional differenzierten Einsatz von arbeitsmarktpolitischen Maßnahmen, in: *Hurler / Pfaff* (Hrsg.), S. 56.

8 *Ehrenberg*, Herbert: Arbeitsmarktpolitisches Programm – Erste Erfahrungen, Bundesarbeitsblatt 1980; *Ohndorf*, Wolfgang: Das arbeitsmarktpolitische Programm der Bundesregierung vom Mai 1979, Informationen zur Raumentwicklung, Heft 3/4, 1980, S. 145 ff.

9 Vgl. Arbeitsmarktpolitisches Programm der Bundesregierung für Regionen mit besonderen Beschäftigungsproblemen – Zusammenfassung der Ergebnisse der Begleitforschung, zusammengestellt von Ref IIa 2 des BMA (kann dort angefordert werden).

Das Programm von 1979 ist nicht nur ein Beispiel gelungener interregionaler Arbeitsmarktpolitik. Zwar hat der Bundesminister für Arbeit und Sozialordnung zentral über die in die Programmförderung einzubeziehenden Arbeitsamtsbezirke entschieden, nicht jedoch über die Höhe der Inanspruchnahme der Fördermittel und damit über die Aufteilung der Mittel auf die 16 erfaßten Arbeitsamtsbezirke. Vielmehr war eine aktive Mitwirkung der arbeitsmarktpolitischen Akteure vor Ort, insbesondere der antragstellenden Betriebe und der Träger von Arbeitsbeschaffungsmaßnahmen, erforderlich. Das Programm zielte damit auf eine dezentrale Aktivierung der Arbeitsmarktpolitik und war insoweit intra-regional angelegt.

Die Begleitforschung hat ergeben, daß große Unterschiede in den Regionen für eine regional aktive Arbeitsmarktpolitik vorhanden sind. Dies lag nur zum geringen Teil daran, daß nicht alle angebotenen Instrumente und Programm-Mittel in den jeweils betroffenen Arbeitsamtsbezirken sinnvoll einsetzbar waren. Überwiegend erklären sich die Differenzen aus den unterschiedlichen Aktivitäten der Träger der Arbeitsmarktpolitik vor Ort. Die Begleitforschung stellt fest: „Das Sonderprogramm hat demonstriert, daß die aktive Arbeitsmarktpolitik in den Regionen keineswegs an die Grenzen ihrer Möglichkeiten gestoßen ist und daß sie durch formierte Anstrengungen durchaus noch in der Lage ist, die Arbeitslosigkeit spürbar zu vermindern."[10]

Zur interregionalen Arbeitsmarktpolitik des Bundes gehört als neueste Entwicklung schließlich die gesetzliche Regionalisierung der Arbeitsbeschaffungsmaßnahmen durch das Arbeitsförderungs-Konsolidierungsgesetz, das folgende unterschiedliche Behandlung der Arbeitsmarktregionen festgelegt hat:

- Uneingeschränkte Förderung in den überdurchschnittlich von Arbeitslosigkeit betroffenen Arbeitsamtsbezirken (30 % über Bundesdurchschnitt).
- Eingeschränkte Förderung in den durchschnittlichen Arbeitsamtsbezirken (nur private, keine öffentlichen Träger).
- Keine Förderung in überdurchschnittlich guten Arbeitsamtsbezirken (Arbeitslosigkeit 30 % unter Bundesdurchschnitt) mit der Ausnahme für Schwervermittelbare.

Diese Regionalisierung der Arbeitsmarktpolitik von oben durch Gesetz hat vor Ort zu erheblichen Problemen geführt und regionale Aktivitäten behindert. Damit zeigt sich ein Dilemma, das am ehesten durch eine Erhöhung der für Arbeitsbeschaffungsmaßnahmen bereitgestellten Mittel gemildert werden kann.

---

10 *Scharpf*, Fritz W. / *Garlichs*, Dietrich / *Maier*, Friederike / *Maier*, Hans: Implementationsprobleme offensiver Arbeitsmarktpolitik, Frankfurt-Main/New York 1982, S. 308.

c) *Intra-regionale Arbeitsmarktpolitik*

Eine Stärkung der intra-regionalen Arbeitsmarktpolitik – wie auf dem letzten Augsburger Workshop definiert[11] – mit dem Ziel einer dezentralen Aktivierung und einer stärkeren Verlagerung von Kompetenzen auf lokale und regionale Akteure und Institutionen hat vor allem die 5. Novelle zum Arbeitsförderungsgesetz vom 1. August 1979 gebracht. Dabei sind einmal die Instrumente verbessert worden, die den regionalen Akteuren zur Verfügung stehen. Mit dem Ziel, den Ausbau der Arbeitsverwaltung zur Dienstleistungsverwaltung voranzutreiben, wurde der Außendienst der Arbeitsämter verstärkt, die halboffene Vermittlung eingeführt und die Grundlage für den Aufbau einer computerunterstützten Arbeitsvermittlung gelegt. Vor allem jedoch wurden die Kompetenzen der Verwaltungsausschüsse der Arbeitsämter nach § 191 Arbeitsförderungsgesetz erweitert und dadurch die Selbstverwaltung vor Ort gestärkt.

Mit der 5. Novelle hat der Bundesgesetzgeber einen wesentlichen Beitrag zur regionalen Aktivierung der Arbeitsmarktpolitik geleistet. Es ist nunmehr Aufgabe der Akteure vor Ort, die erweiterten Möglichkeiten auszuschöpfen.

Eine gewisse Hilfestellung will der Bund dabei noch leisten. Auf lokaler und regionaler Ebene haben sich bei der Zusammenarbeit der einzelnen arbeitsmarkt- und beschäftigungspolitischen Akteure deutliche Probleme gezeigt. Obwohl die Selbstverwaltung der Arbeitsämter durch die Beteiligung der kommunalen Stellen, der Arbeitgeber- und Arbeitnehmerorganisationen ein Forum für den Informationsaustausch bietet, wird dies nur in Ansätzen genützt. Eine Folge sind unzureichende Analyse der vorhandenen Probleme und mangelhafte Koordinierung von Maßnahmen, insbesondere der Arbeitsämter und der für Wirtschaftsförderung zuständigen Stellen.

Vor allem in zwei für die regionale Arbeitsmarkt- und Beschäftigungsentwicklung wichtigen Bereichen muß eine Verbesserung der Zusammenarbeit der beteiligten Stellen angestrebt werden. Dies gilt zum einen für die Gründung von Unternehmen und den Aufbau von Zweigbetrieben, zum anderen für die Fälle von drohenden oder eingetretenen Konkursen und Betriebsstillegungen.

Der Bundesminister für Arbeit und Sozialordnung plant daher, in einem oder zwei Arbeitsamtsbezirken unter wissenschaftlicher Anleitung ein Projekt durchführen zu lassen, das eine Optimierung der Zusammenarbeit der Akteure auf den regionalen Arbeitsmärkten zum Ziel hat. Bei Existenzgründungen soll nach Wegen zu einer möglichst hohen und dauerhaften Erfolgsquote gesucht werden. Hier wird es vor allem um eine Zusammenarbeit zwischen Wirtschaftsförderung, Arbeitsverwaltung, Trägern der beruflichen Bildung, Unternehmen, Gewerkschaften und regionalen Kreditinstituten gehen. Im Falle von Konkurs und Betriebsschließungen soll nach Wegen gesucht werden, wie die drohenden

---

11 *Pfaff / Hurler*, S. 18.

Arbeitsplatzverluste zum Beispiel durch Förderung der Übernahmen oder andere Sanierungsmaßnahmen möglichst gering gehalten werden können. Das Projekt wird in Kürze ausgeschrieben. Es soll nach Möglichkeit in diesem Jahr beginnen.

5. Zusammenfassung

Der Bund hat seine Aufgabe wahrgenommen, die Aktivitäten vor Ort zu unterstützen, vor allem durch Erweiterung der Handlungsspielräume, Anregungen und Mittelbereitstellung.

Jetzt müssen die arbeitsmarktpolitischen Akteure vor Ort ihre Anstrengungen verstärken. Die hier in Augsburg von Inifes durchgeführten Workshops und die vorangegangenen Arbeiten sind richtungweisend. Ich wünsche mir, daß dies auch für die Umsetzungsphase gelten wird.

Meine Antwort auf die mit dem Thema gestellte Frage ist: Die dezentrale Aktivierung der Arbeitsmarktpolitik ist kein Holzweg, sondern der richtige Weg, wenn der Beitrag der Arbeitsmarktpolitik zur Bekämpfung der Arbeitslosigkeit optimiert werden soll.

HANDLUNGSSPIELRÄUME DER ARBEITSÄMTER BEIM EINSATZ OPERATIVER ARBEITSFÖRDERUNGSMASSNAHMEN

Von Günther Schmid *

Das Thema „Handlungsspielräume der Arbeitsämter beim Einsatz operativer Förderungsmaßnahmen" läßt sich in vier Fragen aufteilen:

- Was kann Arbeitsmarktpolitik generell und regionalisierte Arbeitsmarktpolitik im besonderen zur Lösung des gegenwärtigen Problems der Massenarbeitslosigkeit beitragen?
- Welche Faktoren bestimmen die Handlungsspielräume der Arbeitsämter?
- Wie nutzen die Arbeitsämter ihre Handlungsspielräume und was können wir aus den Unterschieden lernen?
- Welche Rahmenbedingungen müßten gegeben sein, damit die Arbeitsämter bei der Lösung der gegenwärtigen Arbeitsmarktprobleme eine größere Rolle spielen könnten und wo zeigen sich erfolgversprechende Ansätze?

Ich werde diese Fragen im folgenden in der Reihenfolge behandeln und vor allem an den Beispielen *Weiterbildung* und *Arbeitsbeschaffungsmaßnahmen* – d. h. den wichtigsten Instrumenten operativer Arbeitsmarktpolitik – erläutern.

1. Reichweite und Grenzen der Arbeitsmarktpolitik

Es ist zwar trivial und muß doch einleitend ausgedrückt werden: der Handlungsspielraum der Arbeitsämter kann sich nur im Rahmen der ihnen zugewiesenen Funktionen und der ihnen zur Verfügung stehenden Instrumente bewegen. Der Handlungsspielraum der Arbeitsämter ist also durch den allgemeinen Rahmen abgesteckt, den man der Arbeitsmarktpolitik wirtschafts- und sozialpolitisch einräumt. Sowohl von der Theorie her als auch aus historischen Erfahrungen und internationalen Vergleichen wissen wir, daß der Arbeitsmarktpolitik unterschiedliche Rollen zugewiesen wurden bzw. werden. Werfen wir zunächst einen Blick auf die empirische Erfahrung.

---

* Ich danke Gerhard Engelbrech, Friederike Maier, Hans Maier, Manfred Rademacher, Bernd Reissert und Klaus Semlinger für konstruktive Kritik und Anregungen zur ersten Fassung dieses Beitrages.

Operative Arbeitsförderungsmaßnahmen, d. h. aktive Arbeitsmarktpolitik zur Vermeidung oder zur Bekämpfung der Arbeitslosigkeit – im Gegensatz zu bloßen Lohnersatzleistungen bei Arbeitslosigkeit – haben im letzten Jahrzehnt zwar allgemein an Bedeutung zugenommen, dennoch beobachten wir im internationalen Vergleich erhebliche Unterschiede. Einen Anhaltspunkt dafür bieten die Ausgaben für aktive Arbeitsmarktpolitik und deren Entlastungspotential für den Arbeitsmarkt. Tabelle 1 vergleicht zwei Extremfälle, Österreich und Schweden mit der Bundesrepublik:

Tabelle 1

Die Rolle der aktiven Arbeitsmarktpolitik [a] in Österreich, Schweden und in der Bundesrepublik

	Österreich	Schweden	Bundesrepublik
Ausgaben für aktive Maßnahmen in % BSP (Ø 1970 bis 1980)	0,1	1,6	0,5
Vermiedene Arbeitslosigkeit in % EWP (Ø 1970 bis 1980)	0,3	3,1	1,2

BSP = Bruttosozialprodukt, EWP = Erwerbspersonen

a) Schließt folgende Maßnahmen ein: berufliche Weiterbildung, Arbeitsbeschaffungsmaßnahmen, Eingliederung und berufliche Rehabilitation, Kurzarbeit und saisonale Anpassungsmaßnahmen für die Bauwirtschaft (nicht in Schweden); *nicht* eingeschlossen sind Ausgaben für Arbeitsvermittlung und Arbeitsberatung in Schweden und in der Bundesrepublik.

Quellen: Schmid 1982; *Wösendorfer* 1980; *Soltwedel* 1984.

Österreich und Schweden gehören zu den wenigen Ländern, denen es in den siebziger Jahren gelungen ist, die Vollbeschäftigung – im Sinne geringer Arbeitslosigkeit – einigermaßen zu erhalten. Beide Länder haben jedoch auf die wirtschaftliche Krise in diesen Jahren politisch-strategisch völlig unterschiedlich reagiert: während Österreich der drohenden Massenarbeitslosigkeit mit überwiegend neo-keynesianischer Beschäftigungspolitik begegnete und operative Arbeitsförderungsmaßnahmen zwar zunehmend, aber nur flankierend und in einem insgesamt bescheidenen Rahmen einsetzte, hatte Schweden geringe Arbeitslosigkeit und hohes Beschäftigungsniveau in starkem Maße (nicht nur) mit Hilfe aktiver Arbeitsmarktpolitik erzielt (für einen ausführlichen Vergleich siehe *Scharpf* 1984). Gegenüber den durchschnittlich nur 0,1 % BSP-Ausgaben für aktive Arbeitsmarktpolitik in Österreich betrugen die durchschnittlichen Ausgaben in Schweden 1,6 % des Bruttosozialprodukts, und durchschnittlich 3 % der Erwerbspersonen befanden sich in verschiedenen Maßnahmen der schwedischen Arbeitsmarktpolitik. Die Bundesrepublik nimmt hier eine mittlere Position ein, im Vergleich mit weiteren Industrienationen jedoch eher eine Spitzenposition.

Von den eklatanten Unterschieden abgesehen macht dieser Vergleich die grundsätzlich beschränkte Rolle der Arbeitsmarktpolitik bei der Bekämpfung von Massenarbeitslosigkeit deutlich: selbst bei extensiver Nutzung der verfügbaren Instrumente wie in Schweden kann Arbeitsmarktpolitik bei einem Niveau von 10 % Arbeitslosigkeit, wie es in vielen Industrieländern zur Zeit üblich ist, mit ihren klassischen Instrumentarien allenfalls ein Drittel des Problems „aus dem Wege räumen“[1]. Aber immerhin, das wäre schon allerhand und Anlaß genug darüber nachzudenken, wie der Handlungsspielraum der Arbeitsmarktpolitik besser ausgeschöpft oder erweitert werden könnte. Darüber hinaus korrespondieren die höheren Ausgaben für Arbeitsmarktpolitik in Schweden mit einer gegenüber der Bundesrepublik stärkeren Mitbestimmung der Regionen bei Planung und Aufstellung des Arbeitsmarkthaushaltes und mit einer größeren Autonomie bei der Implementation (*Schmid* 1984), was zu der Vermutung Anlaß gibt, daß zwischen Regionalisierung und verstärktem Einsatz arbeitsmarktpolitischer Instrumente ein Zusammenhang besteht.

Aber bevor wir uns auf das bloße Argument verlassen, daß ein anderes Land aus der Arbeitsmarktpolitik mehr macht als wir, sollten wir uns vergewissern, ob nicht auch vernünftige Gründe dafür sprechen, stärker auf die Arbeitsmarktpolitik generell und auf ihr regionales Handlungspotential im besonderen zu setzen als bisher. Denn das Modell Schweden läßt sich nicht ohne weiteres auf die Bundesrepublik übertragen.

Die Gründe für die Notwendigkeit einer stärkeren Ausschöpfung der kommunalen und regionalen Arbeitsmarkt- und Beschäftigungspolitik können in diesem Rahmen nur kursorisch notiert werden. Die dominierenden ökonomischen Theorieansätze bieten uns hierzu wenig Ermutigung. Sowohl die keynesianische als auch die neoklassische Beschäftigungstheorie weisen der Arbeitsmarktpolitik eine untergeordnete Rolle zu, freilich aus verschiedenen Gründen: Die *keynessche Theorie* leitet Ungleichgewichte auf dem Arbeitsmarkt von Ungleichgewichten auf den Kapital- und Gütermärkten ab, von falschen Zinssignalen und mangelnder Nachfrage. Dort muß auch Beschäftigungspolitik ansetzen, d. h. an der Geldpolitik und an der Anregung öffentlicher und privater Investitionen. Arbeitsmarktpolitik beschränkt sich im wesentlichen auf flankierende Mobilitätsförderung (beruflich, regional), Herstellung der Markt-

[1] Nicht einbezogen ist hier die mögliche Entlastungsfunktion durch Arbeitsvermittlung, die vor allem durch Verkürzung der Dauer der Arbeitslosigkeit das Arbeitslosenniveau nicht unerheblich reduzieren kann. Aufgrund der wenigen offenen Stellen bei Massenarbeitslosigkeit wird dieser Spielraum jedoch erheblich eingeschränkt. Andererseits wurde bei den obigen Berechnungen von maximalen Beschäftigungseffekten ausgegangen, Mitnehmer- und Verdrängungseffekte wurden nicht berücksichtigt. Beide Effekte halten sich möglicherweise die Waage.

transparenz durch Informationen und auf Lohnersatzleistungen, die aus keynesianischer Sicht für die antizyklische Stabilisierung der Kaufkraft wichtig sind.

Für die *neoklassische Beschäftigungstheorie* sind vor allem zu hohe Löhne und starre Lohnstrukturen für länger anhaltende Massenarbeitslosigkeit verantwortlich. Arbeitsmarktpolitik wird eher als weiterer Störfaktor betrachtet (vgl. als Paradefall *Soltwedel* 1984): zu hohe Lohnersatzleistungen und Arbeitsbeschaffungsmaßnahmen stören den Ausgleichsmechanismus der Löhne, die überwiegend als Kostenfaktor im Rahmen privater Investitionstätigkeit gesehen werden. Die positive Funktion der Arbeitsmarktpolitik beschränkt sich aus dieser Sicht im wesentlichen auf die Informations- und Mobilitätsförderung oder – im Rahmen der Lohnersatzleistungen – auf den disziplinierenden Test der Arbeitswilligkeit.

Aus der Sicht beider theoretischen Ansätze ist die Frage der Handlungsspielräume der Arbeitsämter ziemlich uninteressant. Die entscheidenden Parameter liegen diesen Theorien zufolge auf anderen Ebenen: in der Geld- und Finanzpolitik sowie in der Einkommenspolitik und – aus neoklassischer Sicht – in den regulativen Markteingriffen des Staates, welche die Marktsteuerung durch Löhne beeinträchtigen, beispielsweise Kündigungsschutz, Quotenregulierung, Jugendarbeitsschutz, Mutterschutz.

Beide Theorieansätze einschließlich ihrer zahlreichen Nebenzweige konzentrieren sich auf die Identifikation von Ursachenkomplexen für das globale Beschäftigungsdefizit. Unabhängig von ihrer Bewertung im einzelnen sind sie für Fragen globaler Beschäftigungspolitik zweifellos von großer Relevanz. Angesichts der Tatsache, daß die auf diesen Ansätzen basierenden Therapien weder in der einen noch in der anderen Weise die Massenarbeitslosigkeit verhindert, geschweige denn wesentlich zur Minderung regionaler Disparitäten beigetragen haben, können nur zu zwei Schlußfolgerungen gezogen werden: Entweder entsprechen diese Strategien nicht (mehr) den heutigen politisch-institutionellen Bedingungen (*Scharpf* 1983)[2] und/oder die Wirtschaftspolitik muß sich verstärkt auch anderer Strategien bedienen, sei es der Arbeitszeitverkürzung oder einer dezentralen und selektiven Arbeitsmarkt- und Beschäftigungspolitik oder einer Strukturpolitik, deren Implementation größere regionale/lokale Entscheidungsspielräume öffnet.

Im folgenden seien einige Gründe angeführt, warum das heutige Beschäftigungsproblem den verstärkten Einsatz selektiver Arbeitsmarkt- und Beschäftigungspolitik erfordert. Die Aufzählung ist kursorisch und eklektizistisch, denn eine geschlossene Theorie ist weder verfügbar noch in Sicht:

---

2 Was ökonomisch-theoretisch richtig sein mag, ist nicht schon politisch-institutionell durchführbar. So erklärt sich das amerikanische „Job-Wunder" zu einem großen Teil sicherlich dadurch, daß die Lohnkosten, aber auch die Produktivität wesentlich langsamer gewachsen sind als in Europa. Time, June 25, 1984, zitiert den amerikanischen Ökonomen Richard Freeman: „Zum erstenmal in der Geschichte der amerikanischen Ökonomie bewegt sich der Trend in Richtung der Niedrig-Lohnindustrie."

- Die regionalen Unterschiede in Niveau und Struktur der Arbeitslosigkeit sind groß *und* relativ stabil, und sie verstärken sich erfahrungsgemäß im Aufschwung. Die bisherige regionale Strukturpolitik, die vor allem auf die Mobilität von Kapital mit Hilfe finanzieller Anreize zielte – also neoklassisch orientiert war –, hat diese Diskrepanzen nicht nachhaltig beseitigen können (*Schmid* 1983a; *Semlinger / Knigge* 1983; *Bade* 1984).
- Große regionale Disparitäten sind jedoch wiederum Barrieren für globale keynesianische Nachfragesteuerung, weil sie die Inflation schüren; insofern ist regionale Arbeitsmarkt- und Strukturpolitik sogar Voraussetzung für erfolgreiche globale Nachfragesteuerung.
- Aufgrund der Sättigungsgrenzen von Massengütern und auch zur Schonung der Umwelt muß globales Wachstum durch selektives und qualitatives Wachstum ersetzt werden, dessen Chancen und Erfordernisse sich vor Ort besser beurteilen lassen. Arbeitsmarktpolitik im engeren Sinne verfügt zwar nur über ein einziges direktes Instrument der Nachfragesteuerung, nämlich die Arbeitsbeschaffungsmaßnahmen (ABM); diese könnten jedoch in wesentlich stärkerem Maße als bisher experimentell zur Aufdeckung und zum Testen neuer Bedarfsbereiche eingesetzt werden, was wiederum nur durch dezentrale Planung, Implementation und Kontrolle bewerkstelligt werden kann (*Auer* 1983; *Auer / Maier* 1984; *Maier* 1983).
- Die Instabilität des Weltmarktes und die wachsende Weltmarktkonkurrenz im Bereich standardisierter Massengüter macht das Konzept der „flexiblen Spezialisierung" (*Sabel* 1984) zu einer erfolgversprechenden Strategie vor allem für kleinere und mittlere Betriebe. Bei Anwendung dieser Strategie wird die internationale Wettbewerbsfähigkeit nicht über Preiskonkurrenz (etwa durch Lohnsenkung), sondern über Qualitätskonkurrenz (Zuschneiden der Produkte auf individuelle Kundenwünsche, Produktvielfalt, bessere Qualität in Material und ästhetischem Design) erhalten. Die Mikroelektronik schafft dafür zwar die notwendigen technologischen Voraussetzungen; das Konzept der flexiblen Spezialisierung erfordert aber auch hochqualifizierte und/oder breit qualifizierte Mitarbeiter, die nicht nur Kleinserien- und Einzelfertigung beherrschen, sondern auch Marktnischen zu erkennen in der Lage sind. Will die Arbeitsverwaltung diesen Prozeß fördern, muß sie ihr lokales Kontaktnetz und ihr Wissen um qualifikatorische Anforderungsprofile, die regional/lokal stark variieren werden, verbessern.
- Arbeitsmarkt- und Beschäftigungspolitik müssen sich heute stärker auf Erhaltung und Verbesserung regional vorhandener Potentiale konzentrieren, weil die Mobilität von Kapital und Arbeit aus vielfältigen Gründen zu gering oder gar nicht wünschenswert ist. Dabei wird einmal die Frage entscheidend, warum die in der Region vorhandene Aktivbevölkerung nicht stärker zur Ausweitung vorhandener oder zur Gründung neuer Betriebe bereit ist und von Investitionshilfen oder Infrastrukturangeboten oft selten Gebrauch macht. Es ist jedoch bekannt, daß das Angebot an Zinsvergünstigungen und anderen kostenmindernden Geldleistungen nur in geringem Umfang wahrgenommen wird, wenn hinreichende Informationen über Marktlücken und Absatzchancen fehlen und das know-how für entsprechende Umstellungen

und Erweiterungen des betrieblichen Produktionsapparates nicht vorhanden ist. Zum anderen hat die Zahl der Konkursverfahren ein besorgniserregendes Niveau erreicht. Nun kann es zwar nicht Aufgabe staatlicher Politik sein, Konkurse generell zu verhindern. Volkswirtschaftlich, regional- wie arbeitsmarktpolitisch und nicht zuletzt auch sozialpolitisch entstehen jedoch hohe Kosten, wenn gewachsene Betriebe ohne gezielte Unterstützung ihrem Schicksal überlassen bleiben. Arbeitsmarkt- und Regionalpolitik werden hier jedoch kaum gezielt aktiv. In einem integrierten Konzept der Sanierungsberatung könnte die Arbeitsmarktpolitik vor Ort eine stärkere Rolle als bisher spielen (*Semlinger / Knigge* 1983: 147 f.).

– Regionale Disparitäten beruhen also im starken Maße auf Wissenslücken und Organisationsmängeln. Hier liegt ein entscheidender Engpaß, zu dessen Beseitigung regionalisierte Arbeitsmarkt- und Beschäftigungspolitik beitragen könnte. Sowohl bei der Umsetzung von Forschungsergebnissen in industrielle Innovationen wie auch bei der Verteilung von Neuerungen kommt offensichtlich dem unmittelbaren persönlichen Kontakt gegenüber der Informationsweitergabe durch unpersönliche Medien große Bedeutung zu. Diese Bedingung ist aber in peripheren Gebieten aufgrund ihrer Distanz zu den Zentren sozialwissenschaftlicher, naturwissenschaftlicher sowie technischer Forschung und Entwicklung nicht erfüllt. Konzepte zur Förderung intraregionaler Initiativen in unterentwickelten Gebieten müßten daher darauf abzielen, die Vermittlung von Informationen über neue Produkte und deren Absatzchancen sowie über die entsprechende Gestaltung der betrieblichen Leistungserstellung und die dazu notwendige Technologie gerade auf die Kommunikations- und Informationsbelange von Klein- und Mittelbetrieben in peripheren Regionen abzustellen (*Scharpf* 1977: 46; *König* 1983: 23 f.).

– Parallel dazu muß eine Qualifizierungspolitik betrieben werden, die sich nicht nur entlang traditioneller berufsfachlicher Arbeitsmärkte bewegen kann, sondern sich stärker auf funktionsbezogene Teilqualifikationen konzentrieren muß (Querschnittqualifikationen). Hinter dem vielbeschworenen Facharbeitermangel steckt ein tatsächliches Problem, das die potentielle Wachstumsdynamik blockiert: vor allem Klein- und Mittelbetrieben fehlt es an flexibel einsetzbaren und Problemlösungen selbständig bearbeitenden Arbeitnehmern. Diese Qualifikationsanforderungen verlaufen oft quer zu den anerkannten Berufsbildern. Neben einer breiten beruflichen Grundausbildung bedarf es zunehmend der Anreicherung durch funktional spezifische Teilqualifikationen. Vor allem Klein- und Mittelbetrieben fehlt es hier an Konzepten wie an Kapazitäten, um diese Qualifikationsanforderungen vorausschauend zu befriedigen. In der betrieblichen Fortbildungsberatung und in der Bereitstellung oder Unterstützung von Fortbildungskapazitäten bieten sich noch nicht ausgeschöpfte Handlungsspielräume der Arbeitsmarktpolitik an (u. a. *Garlichs* 1983: 201 ff.).

Inwieweit entspricht die Konzeption der Arbeitsmarktpolitik in der Bundesrepublik diesen Anforderungen, und sind die Handlungsspielräume der Arbeitsämter ausreichend, um der veränderten Situation gerecht zu werden?

2. Die Determinanten der Handlungsspielräume der Arbeitsämter beim Einsatz operativer Arbeitsförderungsmaßnahmen

Im folgenden stelle ich ein funktionales und strukturelles Raster vor, mit dessen Hilfe sich die Handlungsspielräume der Arbeitsämter beurteilen lassen. Daran knüpfe ich einige Beobachtungen und Hypothesen über die Handlungsspielräume unter den Bedingungen des Arbeitsförderungsgesetzes (AFG) und der Organisationsstruktur der Arbeitsverwaltung.

a) Funktionen, Instrumente und Strukturbedingungen der Arbeitsämter

In der Bundesrepublik sind den Arbeitsämtern, d. h. den weisungsgebundenen Behörden der Bundesanstalt für Arbeit auf regionaler/lokaler Ebene, viele Funktionen übertragen worden, angefangen von Lohnersatzleistungen bei Arbeitslosigkeit bis hin zur Auszahlung des Kindergeldes (Übersicht 1). Die rechtlichen Grundlagen sind im Arbeitsförderungsgesetz (AFG), zum Teil auch in anderen Gesetzen – etwa dem Schwerbehindertengesetz – niedergelegt. Zur Erfüllung der einzelnen Funktionen stehen zahlreiche Instrumente bereit. Die rechtlichen Grundlagen der einzelnen Funktionen und Instrumente sowie der Verwaltungsstruktur muß ich hier als bekannt voraussetzen. Für die generelle Beurteilung des Handlungsspielraumes ist jedoch die Feststellung wichtig, daß die Arbeitsämter multifunktionale Serviceinstitutionen sind, im Gegensatz etwa zu den Arbeitsämtern in Frankreich, denen fast nur Vermittlungs- und Beratungsfunktionen zugewiesen worden sind (*Bruche* 1983). Damit sind Vorteile und Nachteile verbunden, wobei die Vorteile im Zusammenhang mit lokaler Arbeitsmarktpolitik überwiegen.

Mit der Zentralisierung verschiedener, jedoch miteinander zusammenhängender Funktionen (vom Kindergeld einmal abgesehen) in einer einzigen Behörde wird die Lösung von Koordinationsproblemen erleichtert. Den Arbeitsämtern stehen darüber hinaus mehrere Alternativen zur Verfügung, d. h., sie können den Schwerpunkt ihrer Strategie (in einem bestimmten Rahmen) selbst wählen und den örtlichen Gegebenheiten anpassen. Gegenüber ihren Klienten, insbesondere gegenüber den Arbeitgebern, stehen sie in einer günstigeren Verhandlungsposition: einem Betrieb z. B., dem schon einmal mit Kurzarbeit geholfen wurde, kann der Arbeitsvermittler eher plausibel machen, auch soziale Belange von schwervermittelbaren Arbeitslosen zu berücksichtigen, wenn es ihm wieder besser geht (*Schmid / Semlinger* 1980).

Der prinzipielle Nachteil multifunktionaler Institutionen liegt darin, daß die zu erfüllenden Funktionen nicht nur alternativen oder komplementären, sondern möglicherweise auch kompetitiven Charakter haben. Dies gilt vor allem bei Personalknappheit und bei de facto hierarchischen Funktionen.

Zwar sollen die aktiven Funktionen wie Vermittlung, Fortbildung usw. nach den Richtlinien des AFG Vorrang vor den Lohnersatzleistungen haben, tatsächlich werden jedoch die Arbeitsämter von der Realität der Massenarbeitslosigkeit und der faktischen Vordringlichkeit der Lohnersatzleistungen überrollt: je höher die Arbeitslosigkeit, desto mehr Personalkapazitäten werden durch die Verwaltung der Arbeitslosengelder gebunden; es wurde sogar von Fällen berichtet, in denen die Vermittlungsabteilungen Personal an die Leistungsabteilungen abgeben mußten, um die Abwicklung des Arbeitslosengeldes zu gewährleisten. An dieser Stelle mag auch schon der Hinweis angebracht sein, daß die schwedische Arbeitsverwaltung ein ähnlich multifunktionales Instrumentenbündel wie die Bundesanstalt für Arbeit zur Verfügung hat, daß jedoch die technische Handhabung der Lohnersatzleistungen entweder von den Gewerkschaftskassen oder (im Falle von KAS, vergleichbar mit der Arbeitslosenhilfe) von den Sozialversicherungskassen übernommen wird (*Schmid* 1984). Die gleichsam prozyklische operative Einschnürung der Arbeitsämter bei steigender Arbeitslosigkeit ist in Schweden sicherlich nicht in dem starken Umfang gegeben wie in der Bundesrepublik.

Die in Übersicht 1 aufgeführten Strukturbedingungen werden im folgenden Abschnitt näher erläutert. Hier bleibt nur noch zu erwähnen, daß Funktionen, Instrumente und Strukturbedingungen jeweils unter den verschiedenen regionalen und überregionalen Kontextbedingungen zu betrachten sind. Es handelt sich hier in anderen Worten um den Zusammenhang von Programmstruktur und Problemstruktur, d. h. um die Frage, inwieweit die verfügbaren Instrumente prinzipiell in der Lage sind, die anstehenden Probleme zu lösen. Ich kann diese komplizierte Frage in diesem Rahmen nicht weiter erörtern (vgl. *Schmid* 1983a; *Peters / Schmid* 1982a und 1982b). Es ist jedoch – um nur ein extremes Illustrationsbeispiel zu geben – evident, daß Arbeitsbeschaffungsmaßnahmen im Rahmen bloß friktioneller Arbeitslosigkeit, oder wenn angebotene und nachgefragte Qualifikationen nicht übereinstimmen, kein geeignetes Instrument sind, es sei denn, die ABM werden mit Elementen der Qualifizierung angereichert. Die externe und nicht beeinflußbare Problemstruktur determiniert somit den Handlungsspielraum der Arbeitsämter: sie schränkt ihn ein, wenn der „fit" zwischen vorgegebenem Instrumentenbündel und Problemstruktur schlecht ist, sie erweitert ihn, wenn dieser „fit" gut ist.

b) Strukturelle Bedingungen der Handlungsspielräume

aa) Finanzierungsstruktur

Arbeitsförderung kostet in der Regel Geld, sei es für monetäre Transfers (Lohnersatzleistungen, Subventionen), sei es für Personal oder Infrastruktur, die für diverse Dienstleistungen erforderlich sind. Hinsichtlich der Einnahme-

Übersicht 1: **Handlungsspielräume der Arbeitsämter nach funktionalen, instrumentellen und strukturellen Aspekten: Fragestellungen**

Funktionen	Lohnersatzleistungen			Arbeitsplatzerhaltung		Information		Berufl. Mobilität		Ausgleich*		Ersatzarbeitsmarkt		Sonstige
Instrumente / Strukturbedingungen / Kontexte	Alo-geld	Alo-hilfe	Konkurs-ausfall-geld	Kurz-arb.-geld	Winter- und Schlecht-wetter-geld	Ver-mitt-lung	Arbeits- und Berufs-bera-tung	FuU	EZ	berufl. Reha-bilita-tion	EB Quote für SB**	ABM	Werk-stätten	Kinder-geld
Finanzierungs-struktur	Wieviele Geldmittel stehen zur Verfügung? Sind die Mittel austauschbar? – auf das folgendes Jahr übertragbar? Berücksichtigung externer Effekte (institutionelle Verteilung fiskalischer Kosten)?													
Materielle und personelle Infrastruktur	Wieviel Personal steht zur Verfügung? Ausstattung und Modernität der technischen und administrativen Hilfsmittel? Verfügbarkeit externer Ressourcen? Wie qualifziert ist das Personal? Verfügbarkeit externer Ressourcen (z. B. Aus- und Weiterbildungskapazitäten)?													
Regulative Ent-scheidungsstruktur	Wer plant und entscheidet über Einsatz der Instrumente? Welches sind Kann- und Pflichtleistungen? Welche Entscheidungsspielräume hat die Leitung der Arbeitsämter und welche haben einzelne Arbeitsberater und Vermittler?													
Organisations-struktur und „administrative Kultur“	Nach welchen Gesichtspunkten sind die Arbeitsämter intern strukturiert (Berufsbereiche [Angebotsorientierung] oder Wirtschaftsbereiche [Nachfrageorientierung])?						Welches ist die materielle und immaterielle Anreizstruktur der Beschäftigten in den Arbeitsämtern?				Einstellung und Wertorientierung des Personals in der Arbeitsverwaltung?			
Informations-struktur und Erfolgskontrolle	Quantitative und qualitative Informationsverarbeitungskapazität der Arbeitsämter? Rückkopplung über Erfolg der Maßnahmen?													
Regional spezi-fische Arbeits-markstruktur	Regional spezifische Ursachen der Arbeitslosigkeit? Struktur der Arbeitslosigkeit? Monostruktur? Betriebsstruktur?													
Externe Arbeits-marktbedingungen	Überregionale Ursachen der Arbeitslosigkeit? Wanderungen? Wachstumschancen? Wertewandel?													

IIMV/AMP – GüS

* Ausgleich angebotsseitiger Wettbewerbsnachteile. — ** Beschäftigungspflicht der Arbeitgeber nach dem Schwerbindertengesetz.
FuU = Fortbildung und Umschulung; EB = Eingliederungsbeihilfen; EZ = Einarbeitungszuschüsse; ABM = Arbeitsbeschaffungsmaßnahmen.

seite haben die Arbeitsämter überhaupt keinen autonomen Handlungsspielraum, sie dürfen nicht einmal Gebühren erheben. Bei der Ausgabenseite sieht es anders aus: hier gibt es vielfältige Ermessens- und Interpretationsspielräume bei den sog. Pflichtleistungen (Arbeitslosengeld, Unterhaltsgeld bei Fortbildung und Umschulung, Kurzarbeitergeld – vgl. in diesem Zusammenhang vor allem die Ermessensspielräume bei der Definition von zumutbaren Arbeitsplätzen) und vielfältige Entscheidungsspielräume bei den sog. Kann-Leitungen (EZ, EB, ABM).

Die Finanzierung der Arbeitsmarktpolitik in der Bundesrepublik ist durch mehrere Strukturmängel gekennzeichnet:

(1) Die Finanzierung durch Beiträge macht die Bildung eines separaten Fonds erforderlich. Damit wird das Ausgabenniveau, aber auch die Ausrichtung der arbeitsmarktpolitischen Instrumente in einer viel direkteren Weise von der Einnahmenentwicklung abhängig als dies beispielsweise bei einer Finanzierung aus nicht zweckgebundenen Haushaltsmitteln der Fall ist. Entsprechend werden Ausgabensteigerungen als „lokalisierbare Defizite" wahrgenommen und Sanierungsmaßnahmen auf den Fonds gelenkt. Umgekehrt schließlich kann die Fondsbildung freilich auch zum Anlaß für die Expansion von Ausgaben werden, wenn sich Überschüsse ergeben – diese Situation war 1969 für die Entstehung des AFG maßgeblich.

(2) Entscheidend ist weiter, daß aktive wie passive Maßnahmen aus demselben Fonds finanziert werden. Der Kürzungsdruck bei steigender Arbeitslosigkeit (aufgrund steigender Lohnersatzleistungen und fallender Einnahmen) verlagert sich entsprechend zunächst auf die Maßnahmen, die kurzfristig am ehesten disponibel sind: auf die Kann-Leistungen der aktiven Arbeitsmarktpolitik oder auch auf die Pflichtleistungen, die nicht das Maß an „Eigentumsschutz" genießen wie Arbeitslosengeld und Arbeitslosenhilfe.

Folge dieser Strukturmängel sind ein prozyklisches Gebaren der aktiven Arbeitsmarktpolitik – anstelle der erforderlichen antizyklischen Ausrichtung (*Mertens* 1981; *Hardes* 1983; *Bruche / Reissert* 1985; *Schmid* 1983b) sowie eine zunehmende Einschränkung des leistungsberechtigten Personenkreises. Schon heute wird sichtbar, daß die Sparmaßnahmen der letzten drei Jahre zu einem Überschuß der Bundesanstalt schon in diesem Jahre (1984) führen werden, eine paradoxe und fatale Situation, die an die Situation der Weimarer Republik erinnert: 1932 machte die Reichsversicherungsanstalt für Arbeit bei einem Niveau von 5 Mio. Arbeitslosen einen Überschuß von 360 Mio. Reichsmark (bei einem Ausgabenniveau von etwas mehr als einer Mrd. RM); die Zahl der Leistungsempfänger war auf 25 % der Arbeitslosen geschrumpft (*Bosch* 1984).

(3) Ein weiterer Strukturmangel liegt in der institutionellen Finanzierungsstruktur, d. h., Kosten und Nutzen der Finanzierung sind institutionell nicht deckungsgleich, was zu falschen Anreizen führt. Lassen Sie mich das an einem

Vergleich der institutionellen Kostenverteilung der Arbeitslosigkeit und an den Arbeitsbeschaffungsmaßnahmen erläutern.

In Tabelle 2 ist die institutionelle Verteilung der fiskalischen Kosten der Arbeitslosigkeit im Zeitablauf abgetragen. Aus dem Vergleich der Verteilung der prozentualen Kosten der Arbeitslosigkeit mit der Verteilung der prozentualen Kosten von Arbeitsbeschaffungsmaßnahmen wird unmittelbar ersichtlich, daß die Gemeinden und die Bundesanstalt die fiskalischen Verlierer und daß der Bund, die Länder und die Parafisci die fiskalischen Gewinner sind. Fiskalisch besteht also zunächst ein negativer Anreiz für die Gemeinden, Arbeitsbeschaffungsmaßnahmen in die Wege zu leiten. Dieser negative Anreiz kann natürlich dadurch ausgeglichen werden, daß die Gemeinden vom Produktionswert der ABM profitieren, aber auch dadurch, daß die Gemeinden reguläre Aufgaben durch ABM substituieren. Bei gegebener Finanzierungsstruktur gilt jedoch: je strikter Substitution durch regulative Kontrolle verhindert wird (in dieser Richtung drängen verständlicherweise auch Gewerkschaften und Personalräte kommunaler Behörden) und je geringer der produktive Wert der ABM, desto geringer der Anreiz für Gemeinden – und dies sind nach wie vor die zentralen Träger von ABM –, Arbeitsbeschaffungsmaßnahmen zu implementieren (ausführlicher dazu, auch im Zusammenhang mit anderen Arbeitsförderungsmaßnahmen, vgl. *Bruche / Reissert* 1985).

Tabelle 2

Die institutionelle Verteilung der fiskalischen Kosten der Arbeitslosigkeit im Zeitablauf und im Vergleich mit ABM

	Alo Mrd. DM	**ABM** DM	Alo Mrd. DM	Alo Mrd. DM	Alo %	**ABM** %	Alo %	Alo %
	1978	**1981**	*1982*	*1983*	*1978*	**1981**	1982	*1983*
Bundesanstalt für Arbeit	8,3	**25 000**	20,8	23,2	41,5	**61,0**	46,2	43,3
Bund	4,2	**600**	12,1	12,6	21,0	**1,5**	26,8	23,0
Länder	2,1	**1 150**	4,4	5,0	10,6	**2,8**	9,8	9,1
Gemeinden	0,7	**12 000**	2,2	2,9	3,3	**29,3**	4,9	5,3
Krankenversicherung	1,0	–	2,1	2,8	4,8	–	4,7	5,1
Rentenversicherung	3,5	–	3,4	8,4	17,8	–	7,6	15,3
Insgesamt	19,9	**41 000**	45,0	54,9	100	**100**	100	100
Sonstige Träger		**2 250**				**5,5**		

Quelle: Vgl. Tabelle 16, in: *Bruche / Reissert* 1984.

Die derzeitige Finanzierungsstruktur operativer Arbeitsförderungsmaßnahmen sichert also weder eine kontinuierliche Ausgabenplanung – ich erinnere nur an die stop-and-go-Politik bei ABM in den vergangenen Jahren –, noch bietet sie fiskalische Anreize für ein verstärktes Engagement auf lokaler oder regionaler Ebene.

bb) Materielle und personelle Infrastruktur

Daß zur Nutzung lokaler Handlungsspielräume materielle und personelle Ressourcen gehören, versteht sich von selbst; ebenso, daß es nicht nur um quantitative, sondern auch um qualitative Relationen geht. Es stellt sich hier die Frage, inwieweit die materielle und personelle Infrastruktur der Arbeitsämter dem Verständnis einer offensiveren Rolle der Arbeitsämter vor Ort entspricht. Dieser Punkt bedürfte allein einer gesonderten Betrachtung; ich kann hier nur einige Thesen zur Debatte stellen. *These 1* besagt, daß die klassischen Funktionen der Arbeitsämter, nämlich Vermittlungs- und Beratungsleistungen, nach wie vor im Vordergrund operativer Arbeitsförderungsmaßnahmen stehen und in Zukunft eine eher noch größere Rolle spielen werden als heute. Drei Gründe können dafür angeführt werden: Aktive lokale Arbeitsmarkt- und Beschäftigungspolitik erfordert eine Ausweitung der Beratungsleistungen auf die Nachfrageseite (also die betriebliche Seite) im Rahmen der Neuansiedlung von Betrieben wie im Rahmen der Arbeitsplätzebestandspflege (vgl. die Thesen im ersten Kapitel wie auch *Meyer-Haupt* 1984). Will die Arbeitsverwaltung darüber hinaus ihren sozialpolitischen Verpflichtungen effektiver nachkommen, nämlich Reintegration der aus dem Arbeitsmarkt abgedrängten schwachen Gruppen des Arbeitsmarktes, verspricht nach bisherigen Erfahrungen die Intensivierung der Arbeitsvermittlung große Erfolge[3]. Für beide Funktionserweiterungen ist hochqualifiziertes und eher mehr als weniger Personal erforderlich, und diese Sorte von persönlichen Dienstleistungen läßt sich technologisch kaum rationalisieren. Wer A sagt (Aktivierung lokaler Beschäftigungspolitik), muß auch B sagen (Verstärkung der personellen Ressourcen) oder funktionale Äquivalente finden[4].

These 2 bezieht sich auf die zuletzt genannten funktionalen Äquivalente der Personalerweiterung. Da eine Stellenvermehrung bei der gegenwärtigen wirtschaftlichen Lage politisch kaum durchzusetzen ist, müssen die technischen

---

[3] In *Peter Auers* Studie über Maßnahmen für Langzeitarbeitslose wird auf Evaluierungsanalysen hingewiesen, aus denen hervorgeht, daß spezielle Vermittlungsinitiativen für Langzeitarbeitslose in Frankreich, Großbritannien und Schweden zu signifikant besseren Eingliederungserfolgen geführt haben (*Auer* 1984).

[4] Als grobe Veranschaulichung für dieses Argument mag folgende Relation dienen: In Schweden kommen auf einen Arbeitsvermittler/-berater 600 Beschäftigte (bzw. 12 Arbeitslose), in der Bundesrepublik dagegen 1 000 (bzw. 32 Arbeitslose), geschätzt für das Jahr 1980 (*Bruche* 1983: 133).

Rationalisierungsmöglichkeiten der Leistungsverwaltung, aber auch des Vermittlungsgeschäftes über EDV beschleunigt vorangetrieben werden, um die operativen Personalkapazitäten von routinisierbaren Funktionen zu entlasten. Die computerunterstützte Arbeitsvermittlung (Co-Arb) verspricht nach bisherigen Erfahrungen jedoch nicht nur eine Entlastung von Routine- und Kontrollfunktionen, sondern auch eine Beschleunigung der Vermittlungstätigkeit und eine Erweiterung der Dienstleistungskapazitäten der Arbeitsverwaltung[5].

These 3 verweist auf die prinzipielle Möglichkeit, den Handlungsspielraum von Organisationen durch Mobilisierung externer Ressourcen zu erweitern. Im Zusammenhang mit Co-Arb könnte z. B. die Vermittlungsarbeit stärker nach dem Prinzip der halboffenen Vermittlung ausgestaltet werden, was nichts anderes heißt, als Eigeninitiative und Eigenleistung der Arbeitsuchenden bei der Suche nach geeigneten Arbeitsplätzen zu mobilisieren[6]. Eine weitere Form wäre die Mobilisierung von Aus- und Weiterbildungskapazitäten von Betrieben durch Bereitstellung und (über ABM) Finanzierung von Ausbildern und Fortbildungstrainern, eine Möglichkeit, die mit der 3. Änderungsanordnung zur ABM-Anordnung (22. 9. 83) realisierbar geworden ist, und zwar „bis zum Ende des Berufsausbildungsverhältnisses, das mit der Maßnahme gefördert wird".

cc) Regulative Entscheidungsstruktur

Die gegenwärtige regulative Entscheidungsstruktur schränkt den Handlungsspielraum der Arbeitsämter in zweifacher Hinsicht wesentlich ein: Arbeitsförderungsgesetz und Satzung der Bundesanstalt für Arbeit sehen zwar vor, daß die Verwaltungsausschüsse der Arbeitsämter und Landesarbeitsämter für ihre Bezirke eigene Vorschläge für den Haushalt erstellen (§ 216, Abs. 1 AFG und Art. 11 der Satzung), durch die Praxis der Haushaltskonsolidierung in den vergangenen Jahren ist jedoch die Mitwirkungsmöglichkeit der lokalen und

5 So ist die computerunterstützte Arbeitsvermittlung in Schweden schon wesentlich weiter entwickelt als in der Bundesrepublik. 1987 wird jeder Arbeitsvermittler in Schweden mit einem Terminal ausgestattet sein. Dies erlaubt dem Arbeitsvermittler einen schnellen Zugriff zu allen offenen Stellen, zu allen Arbeitsuchenden *und* zu den wichtigsten Grundinformationen über die Betriebe. Unterstützungs- und Entlastungseffekte ergeben sich durch Vereinfachung und Teilautomatisierung der Formularausfüllung, innerbehördlicher und überregionaler Aktentransport erübrigt sich, automatische Erinnerungsmeldungen helfen bei der Kontrolle noch nicht abgeschlossener Vorgänge. Das gegenwärtige Micros-Verfahren (Microfiches und Lesegeräte) der Bundesanstalt für Arbeit bietet diese Entlastungseffekte zu einem Großteil nicht. Es ist außerdem noch relativ langsam: offene Stellen werden erst nach 3 bis 5 Tagen nach Bekanntwerden veröffentlicht und braucht die gleiche Zeit, um besetzte Stellen wieder zu löschen (*Knab* 1984: 242).

6 Vorstellbar ist die Vernetzung mit Heimterminals (Bildschirmtexte), über die sich die Arbeitsuchenden vorinformieren und dann gezielt telefonisch mit dem Arbeitsvermittler und dem infragekommenden Betrieb in Verbindung setzen.

regionalen Organisation zunehmend eingeschränkt worden (ausführlicher dazu *Bruche / Reissert* 1985).

Ein zweiter strukturell einschränkender Faktor ist die im internationalen Vergleich starke Verrechtlichung der Arbeitsförderungsmaßnahmen (*Blankenburg / Krautkrämer* 1979), die sich am Prinzip universeller Anspruchsberechtigung (unter gleichen Bedingungen steht jedem die gleiche Leistung zu) und der Einzelfallgerechtigkeit (Einklagbarkeit des Anspruchs) orientiert. Das gilt vor allem für die Pflichtleistungen, färbt jedoch auch auf die Kannleistungen ab, die zentral über die Bundesanstalt durch Anordnungen, Durchführungsanweisungen und Erlasse feingesteuert werden. Handlungsspielräume werden hier typischerweise durch Ausnahmeregelungen eröffnet[7], die jedoch das Festhalten an zentraler Feinsteuerung von oben infragestellen. Sind Verrechtlichung und Gewährleistung von Einzelfallgerechtigkeit bis ins einzelne Detail bei Anspruchsleistungen (wie Arbeitslosengeld) gerechtfertigt, so kann die Orientierung an diesem Prinzip bei offenen Programmtypen (rechtlich: „Kann-Leistungen") eher lähmend wirken. Das gilt vor allem dann, wenn sich die Zentrale durch Änderung der Arbeitsmarktstruktur, vor allem aber durch Änderung der Finanzlage, zu dauernden Korrekturen bei der Feinsteuerung gezwungen sieht. Diese kann aber der differenzierten Problemlage vor Ort nie gerecht werden. Um den Handlungsspielraum der Arbeitsämter zu vergrößern, ist sowohl eine Vereinfachung als auch eine Kontinuität von Förderungsregeln dringend erforderlich. Dies kann jedoch nur durch ein gröberes Raster von Richtlinien und durch eine Verstärkung der politischen Verantwortlichkeit der dezentralen Organe erzielt werden[8].

dd) Interne Organisationsstruktur und „administrative Kultur"

Für die wichtige Frage, wie die interne Organisationsstruktur beschaffen sein muß, um die breite Dienstleistungspalette der Arbeitsämter effektiver zur Geltung zu bringen, gibt es kaum gesicherte Erkenntnisse. Hier liegt ohne Zweifel eine Forschungslücke, so daß ich diesen Punkt nur durch einige Fragestellungen illustriere:

Soll die Arbeitsvermittlung und Arbeitsförderung nach Berufsbereichen (also angebotorientiert) oder nach Wirtschaftszweigen oder Betriebsgruppen (also nachfrageorientiert) organisiert werden[9]?

---

[7] Typisch dafür ist die ABM-Ausnahmeregelung nach § 91 Abs. 2 Satz 3 AFG und § 5 Abs. 5 Satz 4 der entsprechenden Dienstanweisung.

[8] Ausführlicher zu EB (Eingliederungsbeihilfen) und EZ (Einarbeitungszuschüsse) vgl. *Schmid / Semlinger* 1980; zu ABM *Auer / Maier* 1984; zu FuU (Fortbildung und Umschulung) *Sauter* u. a. 1984, *Weitzel* 1983.

[9] Hier herrschen noch ganz unterschiedliche Auffassungen vor. Der Vorrang der beruflichen Organisation (nach der Arbeitsvermittlung und -beratung zur Zeit gegliedert wird) wird z. B. dezidiert von Manfred Rademacher (Direktor des Arbeitsamtes Augsburg)

Welches ist die materielle und immaterielle Anreizstruktur der Arbeitsvermittler und Arbeitsberater? Fördert die jetzige Struktur eher den risikofreudigen innovativen Managertyp oder den risikoscheuen, strikt regelungsorientierten Verwaltungsbeamten?

ee) Informationsstruktur und Erfolgskontrolle

Eine wesentliche Rolle für die Beurteilung der Handlungsspielräume der Arbeitsämter spielt auch die Informationsstruktur und die Art der erfolgskontrollierenden Rückkopplungsbeziehungen. Welches ist eigentlich der Informationsbedarf für eine integrierte Arbeitsmarkt- und Beschäftigungspolitik vor Ort und wie muß dezentrale Erfolgskontrolle institutionalisiert sein? Auch für diese Fragen stehen keine gesicherten Erkenntnisse bereit. Mein Eindruck ist, daß es uns weniger an der Masse von Informationen mangelt, obwohl auch hier eindeutige Lücken zu lokalisieren sind: beispielsweise mangelt es an zuverlässigen Informationen über die Entwicklung des regionalen Erwerbspotentials oder an regionalisierten Informationen über Stromgrößen (Wanderungsbewegungen zwischen Sektoren, Berufen, verschiedenen Erwerbstätigkeitsformen). Hier ist das Institut für Arbeitsmarkt- und Berufsforschung dabei, richtungsweisende Pionierarbeiten zu leisten (*Reyher / Bach* 1982). Vielmehr mangelt es auch an integrierten oder funktional spezifischen Informationen, d. h. an Informationen, die sich an Ziel- oder Alternativplanungen bzw. an Problemlösungen orientieren (vgl. aus regionalwirtschaftlicher Perspektive im Ansatz *Bade* 1984).

---

vertreten. Ausgangspunkt der Organisation sei der Bewerber, der eine Arbeitsstelle sucht; diese suche er sich nur Ausnahmefällen nach Wirtschaftszweigen oder Betriebsgruppen. Beim Vorliegen eines Auftrages seien alle Bewerber, die die fachliche (berufliche) Eignung besitzen, sofort präsent. Bei einer Führung der Bewerberangebote nach Wirtschaftszweigen oder Betriebsgruppen wäre eine solche Einbeziehung aller Bewerber ausgeschlossen (ein Argument, das m. E. bei computerunterstützten Zugriffsmöglichkeiten an Gewicht verliert). Die Nachteile würden sicherlich darin liegen, daß der Betrieb bei diesem Organisationsprinzip mehrere Ansprechpartner im Arbeitsamt habe. Dies könne durch klare Abgrenzungen und Informationen an die Betriebe ausgeglichen werden. Im Außendienst sei es schon jetzt so, daß der den Außendienst ausführende Arbeitsvermittler alle Aufträge entgegennehme und sofort den beruflich zuständigen Arbeitsvermittler informiere.

Vertreter des sektoralen oder betrieblichen Organisationsprinzips (z. B. *Meyer-Haupt* 1984) verweisen auf den drastischen Rückgang des Einschaltungsgrades der Arbeitsverwaltung, bezogen auf die Zahl der Arbeitslosenabgänge und führen dies u. a. darauf zurück, daß die Arbeitsämter den Betrieben bei ihrer Personalsuche und -selektion wegen mangelnder Branchen- und Betriebskenntnis wenig echte Serviceleistungen anzubieten hätten. Erst ein „Mehr an Service" beim betrieblichen Auswahlverfahren oder bei betrieblichen Qualifikationsproblemen könne die Arbeitsverwaltung wieder stärker ins Spiel bringen.

Möglicherweise lassen sich mit Hilfe von Co-Arb beide Organisationsprinzipien in Zukunft miteinander verbinden. Für das berufliche Organisationsprinzip spricht noch die Notwendigkeit, das zwischensektorale und zwischenbetriebliche Mobilitätspotential der Arbeitnehmer zu erhalten oder zu verbessern, ein Gesichtspunkt, der durch die bloße sektorale oder betriebliche „Brille" vernachlässigt werden könnte.

Beispielsweise sind Berufsprognosen wenig entscheidungsrelevant, wenn sich die Berufsbilder im laufenden Wandel befinden oder wenn sich unter derselben Berufsbezeichnung ganz unterschiedliche Tätigkeiten und Qualifikationsanforderungen verbergen. Auch Befragungen über zukünftige Qualifikationsbedarfe, so notwendig sie sind (vgl. beispielhaft *Hurler* 1984), haben nur begrenzte prognostische Entscheidungsrelevanz, wenn die befragten Betriebe selbst nur sehr undeutliche Vorstellungen haben, was in drei oder fünf Jahren sein wird. Lokale Informationssysteme müssen auch vergleichend angelegt sein und Informationen aus unterschiedlichen Quellen (Indiziensammlungen) müssen zu einem Gesamtbild zusammengefügt werden.

Intelligente lokale Informationssysteme werden daher weniger durch riesige Datenbanken mit allen Raffinessen des computergesteuerten Datenzugriffes gekennzeichnet sein, als durch institutionelle Vernetzung verschiedener Informationsquellen, inklusive „weicher" Informationsträger, die ihre „Nase im Wind" haben. Dieses „erfahrungsgesättigte Wissen" vor Ort muß durch szenarienartige Strukturmodelle unterstützt und durch vergleichende Analysen von überregionalen Zusammenhängen kontrolliert werden, um systematische Verzerrungen oder Blindheiten „aus der Kirchturmperspektive" zu vermeiden.

3. Faktische Nutzung der Handlungsspielräume durch die Arbeitsämter bei gegebenen Bedingungen

Wir haben oben aus theoretischen und spekulativen Überlegungen die Notwendigkeit einer stärkeren Regionalisierung der Arbeitsmarktpolitik abgeleitet. In einem zweiten Schritt wurde der Handlungsspielraum der Arbeitsämter unter den gegebenen finanziellen, politisch-institutionellen, administrativen und arbeitsmarktstrukturellen Bedingungen abgesteckt. Wie nutzen die Arbeitsämter ihren Handlungsspielraum tatsächlich und was können wir daraus lernen?

Aus empirischen Analysen wissen wir, daß die Arbeitsämter das verfügbare arbeitsmarktpolitische Instrumentarium sowohl nach Umfang als auch in der Struktur sehr unterschiedlich einsetzen. Erfahrungsgemäß lassen sich diese Unterschiede nur etwa zur Hälfte aus den unterschiedlichen Bedingungen des Arbeitsmarktes (also Niveau und Struktur der Arbeitslosigkeit, Industriestruktur etc.) erklären, die andere Hälfte ist auf unterschiedliche Handlungsstrategien zurückzuführen (*Peters / Schmid* 1982a; *Schmid* 1983b; *Deeke / Seifert* 1981).

Wenn also gezeigt werden kann, daß unter denselben ökonomischen und rechtlichen Voraussetzungen die Arbeitsämter die Instrumente aktiver Arbeitsmarktpolitik unterschiedlich einsetzen, erhalten wir Hinweise auf Handlungsspielräume unter gegebenen Rahmenbedingungen. Diese können in unterschiedlichen Aktivitätsniveaus, in der unterschiedlichen Nutzung von Interpretationsspielräumen, aber auch in unterschiedlichen institutionellen Handlungsbedingungen der Arbeitsämter bestehen. Wenn darüber hinaus demonstriert werden kann, daß überdurchschnittlich aktive Ämter auch eine größere arbeitsmarktpolitische Wirkung erzielen, dann wäre das Argument widerlegt, daß das optimale Niveau effizienter aktiver Arbeitsmarktpolitik schon längst erreicht sei.

Bei der gegebenen Datenlage und dem gegebenen Stand der Forschung läßt sich dieser Beweis noch nicht voll befriedigend durchführen[10]. Für regionalisierte Kosten-Nutzen-Analysen wären regionalisierte Teilnehmerdaten, regionalisierte Ausgabedaten und regionalisierte Wirksamkeitsdaten erforderlich, die jedoch nicht oder nur teilweise verfügbar sind. Hier ist ein gewaltiges Datendefizit zu verzeichnen, das die Bundesanstalt für Arbeit schleunigst beseitigen sollte. Eine Organisation, die ihren Erfolg nicht in harten Daten belegen kann, wird sich auf lange Sicht dem Verdacht aussetzen, daß sie ineffizient ist.

Relativ gute, wenn auch noch längst nicht ideale Datenbedingungen waren im Rahmen der Begleitforschung des Sonderprogramms 1979/80 gegeben (*Bundesminister für Arbeit* 1984). Hier konnte mathematisch-statistisch ein signifikanter Nettobeschäftigungseffekt nachgewiesen werden (*Peters / Schmid* 1982b), was den Schluß zuläßt, daß sich eine auf Problemregionen konzentrierte Arbeitsförderung lohnt. Der Befund stützt außerdem indirekt die These, daß besonders aktive Arbeitsämter in der Regel (also nicht immer) auch größere Beschäftigungseffekte erzielten. Einen weiteren Hinweis darauf, daß das Niveau effizienter Arbeitsmarktpolitik noch nicht ausgeschöpft ist, liefert eine neuere, richtungsweisende Studie zur beruflichen Weiterbildung. „Die Wirksamkeit beruflicher Weiterbildung für Arbeitslose (gemessen am Anteil derjenigen, die vorzeitig aus einer Weiterbildung ausgeschieden bzw. nach Abschluß der Weiterbildung eine Arbeit aufnehmen können) ist relativ unabhängig vom Grad der Inanspruchnahme von beruflicher Weiterbildung für Arbeitslose, d. h. berufliche Weiterbildung für Arbeitslose könnte insgesamt ausgeweitet werden, ohne daß dadurch die Wirksamkeit gemindert würde.“ (*Hofbauer / Dadzio* 1984: 199).

Tabelle 3 zeigt die erheblichen Unterschiede in der Inanspruchnahme der regulären Arbeitsförderungsmaßnahmen durch die Arbeitsämter. Wie schon erwähnt, läßt sich erfahrungsgemäß gut die Hälfte dieser Unterschiede durch unterschiedliche Strukturbedingungen erklären; ein Großteil der Unterschiede ergibt sich jedoch auf jeden Fall durch unterschiedliche Amtsstrategien oder gar Amtsphilosophien (*Schmid* 1983b), also durch Nutzung von Handlungsspielräumen. Wir verfügen aber noch über wenig systematisches Wissen, wie die

---

10 Die vom IAB errechneten Beschäftigungs- und Entlastungseffekte der wichtigsten arbeitsmarktpolitischen Instrumente (FuU, Kug und ABM) sind von einem kosten-nutzenanalytischen Standpunkt aus deswegen nicht voll befriedigend, weil sie Bruttobeschäftigungseffekte berechnen und keine systematische Beziehung zwischen Kosten und Nutzen herstellen (vgl. u. a. *Autorengemeinschaft* 1983: 343 f.).

Arbeitsämter vorhandene Spielräume ausnutzen und inwiefern die Mobilisierung solcher Spielräume in bislang weniger aktiven Ämtern adaptiert werden können.

Neben der Demonstration unterschiedlicher Inanspruchnahme enthält Tabelle 3 noch einige interessante Hinweise. Der Variationskoeffizient, also die relative Streuung um den Mittelwert, spiegelt deutlich den Unterschied zwischen Kann- und Pflichtleistungen wider. Die Streuung ist bei den Pflichtleistungen FuU wesentlich geringer als bei den Kann-Leistungen, und der kontinuierliche Rückgang der Streuung weist darauf hin, daß sich die Ämter in der Praxis von Fortbildung und Umschulung anzugleichen beginnen. Dieser Angleichungsprozeß gilt insbesondere auch für die Kann-Leistung der betrieblichen Einarbeitungszuschüsse, deren Niveau insgesamt jedoch drastisch gesunken ist. Am stärksten streut die Inanspruchnahme von ABM, wobei anzunehmen ist, daß diese Streuung in den achtziger Jahren noch zugenommen hat. Durch regulative Bestimmungen wird nun der ABM-Einsatz nach der Höhe der Arbeitslosenquote differenziert; Arbeitsämter mit einer relativ guten Arbeitsmarktlage dürfen nur noch in Ausnahmefällen ABM als Förderungsinstrument einsetzen. Diese Ausnahmeregeln lassen wieder Interpretations- und Ermessensspielräume offen, so daß sehr unterschiedliche „Mobilisierungsgrade" der Ausnahmeregulierung zu erwarten sind. Leider stellt die Bundesanstalt für Arbeit seit 1980 nicht einmal mehr die bloßen Teilnehmerzahlen in ABM nach Regionen zur Verfügung.

Es fällt weiterhin auf, daß die Inanspruchnahme der Förderungsinstrumente durch die Arbeitsämter relativ stabil ist, d. h., daß sich die Rangfolge der Arbeitsämter im Aktivitätsniveau[11] nicht sprunghaft verändert. In Tabelle 3 wird unmittelbar ersichtlich, daß z. B. das Arbeitsamt Göppingen seit 1978 den ersten Rangplatz in der relativen Inanspruchnahme von FuU einnimmt, bei Eingliederungsbeihilfen ist es Korbach. Ein präziseres Maß für die Kontinuität der Inanspruchnahme ist der Korrelationskoeffizient. Er zeigt, daß die Teilnehmerzahlen in einem Jahr sehr stark mit den Teilnehmerzahlen im vorhergehenden Jahr korrelieren. Das gilt für alle Förderungsinstrumente, am stärksten jedoch für FuU, am schwächsten für ABM (*Schmid* 1983b: 149). Daraus können wir den wichtigen Schluß ziehen, daß die Nutzung von Handlungsspielräumen nicht ad hoc und erratisch erfolgt, sondern Ausdruck langfristiger Strategien, möglicherweise auch amtsinterner institutionalisierter Arrangements ist. In anderen Worten: die institutionell bedingten Aktivitätsunterschiede wären systematischer Analyse zugänglich.

---

11 Ich verweise noch einmal darauf, daß die Höhe der Inanspruchnahme noch keinen Schluß auf die quantitative und qualitative Wirksamkeit zuläßt, zumal die Teilnehmerzahlen noch nicht um die durchschnittliche Dauer der Maßnahmen korrigiert wurden. Hohe Inanspruchnahme ist nur eine notwendige, aber noch keine hinreichende Bedingung für eine hohe Beschäftigungswirkung (*Peters / Schmid* 1982b).

Tabelle 3: **Mittelwerte, Variationskoeffizienten, kleinste und größte Werte des Einsatzes von AFG-Instrumenten in den 142 Arbeitsämtern, 1978–1982**

AFG-Instrumtente	Mittelwert	Variationskoeffizient	kleinster Wert	größter Wert	Amt mit dem kleinsten Wert	Amt mit dem größten Wert	Wert des AA-Augsburg
FuU 78	14.60	0.35	5.86	30.88	Hameln	Göppingen	18.46
FuU 79	18.81	0.32	7.86	38.36	Emden	Göppingen	21.98
FuU 80	21.01	0.28	9.36	41.74	Köln	Göppingen	31.21
FuU 82	12.56	0.25	5.62	21.93	Berlin	Göppingen	14.82
EZ 78	2.47	0.74	0.26	10.52	Krefeld, Freising	Schwäb.-Hall	1.56
EZ 79	3.81	0.69	0.54	14.17	Memmingen	Schwäb.-Hall	3.57
EZ 80	3.92	0.61	0.56	13.58	Freising	Schwandorf	2.38
EZ 82	0.67	0.58	0.17	2.99	Solingen	Marburg	0.69
EB 78	8.44	0.47	1.66	24.81	Schweinfurt	Korbach	12.23
EB 79	9.91	0.42	3.43	27.83	Ludwigsburg	Korbach	12.33
EB 80	6.78	0.45	1.50	20.34	Ludwigsburg	Korbach	7.98
EB 81	2.75	0.48	0.32	7.28	Bamberg	Korbach	2.64
ABM 78	4.97	0.89	0.41	32.90	Duisburg	Kreuznach	7.99
ABM 79	5.56	0.74	1.17	25.58	Düsseldorf	Deggendorf	12.59
ABM 80	4.43	0.82	0.46	23.62	Bonn	Leer	9.45

FuU = Eintritte in Fortbildungs- und Umschulungsmaßnahmen (Wohnortkonzept) in % jahresdurchschnittliche Arbeitslose (+ Zähler).
EZ = Eintritte in betriebliche Einarbeitung (Wohnortkonzept) in % jahresdurchschnittliche Arbeitslose (+ Zähler).
EB = Eingliederungsbeihilfen: Zahl der Förderfälle in % jahresdurchschnittliche Arbeitslose (+ Zähler).
ABM = Jahresdurchschnittliche Teilnehmerzahl in ABM in % jahresdurchschnittliche Arbeitslose (+ Zähler).

Quelle: IIMV/AMP-Regionaldatei, eigene Berechnungen (leichte Abweichungen zu den Werten in *Schmid* 1983b: 149 erklären sich dadurch, daß hier der Nenner generell um den Zähler nach oben korrigiert wurde).

Interessant ist auch die Frage, ob es zwischen der Inanspruchnahme einzelner Arbeitsförderungsmaßnahmen systematische Zusammenhänge gibt. Trifft die Vermutung zu, daß Ämter mit hohen Teilnehmerzahlen in FuU beispielsweise auch hohe Teilnehmerzahlen in ABM haben, oder trifft eher das Gegenteil zu, daß die beschränkten operativen (vor allem personellen) Kapazitäten der Arbeitsämter nur die Konzentration auf ein oder zwei Förderungsmaßnahmen erlauben? Auch hier geben uns die Korrelationen der Inanspruchnahmedaten aller 142 Arbeitsämter einen interessanten Hinweis (*Schmid* 1983b: 149): Zwischen FuU und EZ gibt es einen schwachen positiven Zusammenhang, d. h., Ämter mit hohen FuU-Teilnehmerzahlen verwenden offenbar auch in stärkerem Maße das Instrument der Lohnkostensubventionen für betriebliche Einarbeitungsmaßnahmen (EZ).

Dagegen gibt es so gut wie keinen Zusammenhang zwischen FuU und EB und in der Tendenz sogar eher einen negativen Zusammenhang zwischen FuU und ABM: Ämter mit hohen Teilnehmerzahlen in FuU haben im Durchschnitt relativ niedrige Teilnehmerzahlen in ABM (und umgekehrt). Wenn also Ämter ihre Aufmerksamkeit stark auf die Implementation von Arbeitsbeschaffungsmaßnahmen richten, geht dies leicht auf Kosten von FuU-Maßnahmen und umgekehrt; gleichzeitig beide Arbeitsförderungsinstrumente offensiv einzusetzen, übersteigt offensichtlich den Handlungsspielraum der Arbeitsämter[12].

Zwischen EB und EZ, also den beiden Lohnkostensubventionsprogrammen für die Eingliederung von Arbeitslosen, gibt es einen relativ starken positiven Zusammenhang. Beide Instrumente dienen ähnlichen Zielsetzungen und sind – wie wir aus Interviews erfahren haben (*Schmid* / *Semlinger* 1980) – von den Politikadresssaten (hier Betriebe) kaum unterscheidbar. Arbeitsämter, die EB in starkem Maße einsetzen, verwenden auch relativ häufig EZ als Förderungsinstrument[13].

Generell bleibt festzuhalten, daß die Differenzen der unterschiedlichen Aktivitätsniveaus der Arbeitsämter – vom Sonderprogramm 1979/80 einmal abgesehen – noch nicht gut erforscht sind, geschweige denn die damit zusammenhängenden Fragen einer Effizienzanalyse (Nettobeschäftigungswirkungen, Verteilungswirkungen, Opportunitätskosten). Aus den Implementationsstudien zum Sonderprogramm haben wir einige Erfahrungen gewinnen können, die jedoch nicht ohne weiteres auf das Routinegeschäft der Arbeitsmarktpolitik

12 Ausnahmen bestätigen die Regel, zumal der negative Zusammenhang nicht sehr ausgeprägt ist. Aus Tabelle 3 wird ersichtlich, daß beispielsweise das Arbeitsamt Augsburg sowohl überdurchschnittliche Teilnehmerzahlen in FuU als auch überdurchschnittliche Teilnehmerzahlen in ABM hat.

13 Es bleibt noch zu testen, ob dieser Zusammenhang lediglich Ausdruck eines ähnlich starken Problemdruckes (etwa gemessen an der Arbeitslosenquote) ist oder Ausdruck einer (im weitesten Sinne zu verstehenden) unterschiedlichen Subventionsphilosophie der Arbeitsämter. Interviewerfahrungen sprechen eher für die zweite These. Die Interviewpartner äußerten sich meist recht positiv oder eindeutig zurückhaltend gegenüber diesen Arbeitsförderungsinstrumenten.

übertragen werden können, weil die Implementation des Sonderprogramms stark durch das Windhundverfahren geprägt war. Einige dieser Erfahrungen im Zusammenhang mit betrieblichen Qualifizierungsmaßnahmen sollen kurz zusammengefaßt werden.

- Auch die Inanspruchnahme der Qualifizierungszuschüsse im Sonderprogramm korrelierte deutlich mit dem vorjährigen Niveau von FuU (*Peters* / *Schmid* 1982a: 131). Darüber hinaus haben Fallstudien gezeigt, daß die von den Arbeitsämtern praktizierte Maßnahmestruktur (z. B. das Verhältnis von Aufstiegs- und Anpassungsförderung) systematisch mit dem institutionellen Umfeld, insbesondere der Trägerstruktur, variierte und über einige Zeit konstant blieb (*Maier*, F., 1983). Einige Arbeitsämter mit besonders hohem Aktivitätsniveau haben entweder eine gut ausgebaute Infrastruktur überbetrieblicher Lehrwerkstätten oder eine langjährige Praxis und Erfahrung betrieblicher Weiterbildung.
- Auch die Abhängigkeit der „Lernkurve" der Arbeitsämter vom institutionellen Umfeld wurde bei der Implementation des Sonderprogramms deutlich: Unter den rigorosen Bedingungen des „Windhundverfahrens" waren zunächst einmal diejenigen Arbeitsämter im Vorteil, die über etablierte Kontakte mit Betrieben (insbesondere Großbetriebe) verfügten bzw. wo eine Betriebsstruktur mit Erfahrungen in beruflicher Weiterbildung vorhanden war (die wiederum mit der Betriebsgröße zusammenhängt). Obwohl die These vom Qualifizierungsstau vor allem auf kleinere Betriebe zutrifft, ist die Implementation arbeitsmarktpolitisch wertvoller Qualifizierungsmaßnahmen in Kleinbetrieben wesentlich schwieriger; Planung und Organisation von Weiterbildung sind hier Engpaß. Problemdruck und institutionelle Handlungsbedingungen laufen hier also nicht parallel; diese Diskrepanz wurde nachweislich durch das Windhundverfahren noch verschärft. Arbeitsämter mit schwierigen institutionellen Umfeldbedingungen weisen daher entweder eine relativ geringe Inanspruchnahme auf, oder sie unternehmen besondere Anstrengungen, um ihre „institutionelle Benachteiligung" wettzumachen. Die ökonometrische Analyse bestätigt diese Erwartung: In der ersten Phase des Sonderprogramms, in der das Windhundverfahren sich besonders stark auswirkte, haben Indikatoren der Problemstruktur statistisch weniger zur Erklärung der Inanspruchnahme beigetragen als in der zweiten Phase, nachdem die Arbeitsämter Zeit hatten, sich an die institutionellen Umfeldbedingungen anzupassen bzw. selbst günstige Bedingungen dafür zu schaffen. Eine wichtige Bedingung für die Steigerung des Aktivitätsniveaus war die Einrichtung einer besonderen Arbeitsgruppe zur Implementation der betrieblichen Qualifizierungszuschüsse *in Verbindung* mit der direkten und persönlichen Ansprache von kleinen und mittleren Betrieben, die bisher noch kaum Qualifizierungsanstrengungen unternommen hatten (*Scharpf u. a.* 1982).

Nicht nur das Niveau, sondern auch die Struktur bzw. die Qualität der Inanspruchnahme hängen vom institutionellen Umfeld und von den Strategien (bzw. der „Philosophie") der Arbeitsämter ab. Aus den Fallstudien in einigen

Arbeitsamtsbezirken schälen sich vor allem drei erwähnenswerte Ergebnisse heraus:

- Die anspruchsvolleren innerbetrieblichen Qualifizierungsmaßnahmen im Rahmen des Sonderprogramms konnten vor allem von denjenigen Ämtern erzielt werden, die traditionell gute Betriebskontakte aufweisen. Es muß daher alles getan werden, um den Arbeitsämtern mehr Möglichkeiten zu direkten Betriebskontakten zu geben.
- Eine Voraussetzung für die erfolgreiche Einbeziehung von arbeitsmarktpolitischen Zielgruppen (hier vor allem der ungelernten Arbeitslosen, der Frauen und älteren Arbeitslosen) scheint die Existenz möglichst betriebsunabhängiger Lehrwerkstätten (Übungsfirmen, Übungswerkstätten, Schulen) zu sein; diese Erfahrung gilt unabhängig vom Sonderprogramm. So ist der Anteil von „Aufstiegsmaßnahmen" dort am höchsten, wo die Träger betriebsnah organisiert sind (IHK, HWK, Verbände); entsprechend ist der Anteil an „Anpassungsmaßnahmen" dort geringer (*Maier*, F., 1983).
- Die Einbindung der Selbstverwaltung in die Umsetzungsstrategien scheint sich ebenfalls zugunsten von arbeitsmarktpolitischen Zielgruppen auszuzahlen: So wird von guten Erfahrungen in verschiedenen Arbeitsämtern berichtet, indem der Arbeitskreis „Ausbildung und Jugendarbeitslosigkeit" selbständig als Gremium Betriebe angeschrieben oder angesprochen hatte, mehr Ausbildungs- oder Weiterbildungsplätze anzubieten. Aus dem Munde eines Arbeitsamtsdirektors: „Das lief besser als von der Verwaltung her und hatte mehr Erfolg als ich von mir aus hätte erwarten können." Es ist daher zu bedenken, den Selbstverwaltungsausschüssen – neben den Arbeitsbeschaffungsmaßnahmen – mehr Entscheidungsbefugnisse zu geben; jemand, der auch Entscheidungen treffen kann, ist besser motiviert (einschränkend *Kühl* 1983: 252 f.).

4. Notwendige Verbesserungen der Rahmenbedingungen für dezentrale Arbeitsmarkt- und Beschäftigungspolitik: Thesen

Zum Abschluß fasse ich die Voraussetzungen für eine offensivere Arbeitsmarktpolitik auf regionaler und lokaler Ebene thesenartig zusammen.

a) Erforderlich ist eine Verstetigung und mittelfristige Orientierung der Ausgaben der Arbeitsmarktpolitik. Dies macht mehrere organisatorische und finanzierungsstrukturelle Schritte notwendig:

aa) Abkopplung der Finanzierung aktiver Arbeitsmarktpolitik von der Finanzierung passiver Arbeitsmarktpolitik, sei es durch

- eine allgemeine Arbeitsmarktabgabe für aktive Arbeitsmarktpolitik oder
- durch instrumentenspezifische Fonds, wie Kurzarbeiterfonds, Fonds für berufliche Weiterbildung, oder

– durch Steuerfinanzierung der aktiven Arbeitsmarktpolitik.

bb) Schaffung eines finanziellen Spielraums der Gemeinden durch eigenständige einkommensbezogene Steuereinnahmen, um das derzeitig prozyklische Finanz- und Investitionsgebaren der Gemeinden zu reduzieren und um Anreize für beschäftigungswirksame öffentliche Investitionen zu schaffen.

cc) Verwirklichung eines Programmbudgets, um von der kurzfristigen Haushaltsplanung wegzukommen. Das Programmbudget sollte jedem Instrument alle Kostenstellen zuordnen, aber auch die fiskalischen Nutzen für die verschiedenen Fiski und Parafiski identifizieren. Auch die anteiligen Sach- und Personalkosten sollten ausgewiesen werden. Durch die exaktere Kosten- und Nutzenzurechnung könnte für einige Dienstleistungen der Arbeitsverwaltung auch eine längerfristige Gestaltung von Gebühren vorbereitet werden.

b) Die materielle und personelle Infrastruktur der Arbeitsverwaltung muß ausgebaut und modernisiert werden durch

– beschleunigten Ausbau der computerunterstützten Arbeitsvermittlung (Co-Arb),
– multifunktionale Servicezentren mit besonderem Schwerpunkt für schwervermittelbare Arbeitslose (Übungsfirmen, Übungswerkstätten).

c) Stärkere Einbindung der Arbeitsämter in die Haushaltsplanung und Bildung von Regionalbudgets bei den Kann-Leistungen, deren Mittel eigenverantwortlich ausgegeben werden können, wobei die Mittel zwischen einzelnen Instrumenten austauschbar sein sollten.

d) Dezentrale Institutionalisierung der Erfolgskontrolle und Entwicklung integrierter regionaler Arbeitsmarktinformationssysteme.

Will die Bundesanstalt für Arbeit sich zu einer modernen und erweiterten Dienstleistungsorganisation entwickeln, stehen ihr in den kommenden zehn Jahren große institutionelle Reformen ins Haus. Bundesregierung und Bundesanstalt sollten einen Rahmenplan entwerfen, wie die Arbeitsämter von morgen, d. h. in zehn bis fünfzehn Jahren, aussehen sollen. Eine Kommission, welche die erforderlichen Einzelschritte der Implementation ausarbeitet, sollte ins Leben gerufen werden.

Literatur

Auer, Peter, 1983: Strategien der Arbeitsbeschaffung in 3 Ländern: Antizyklische, problemgruppenorientierte und experimentelle Arbeitsbeschaffungsmaßnahmen. Discussion Paper IIM/LMP 83-22, Wissenschaftszentrum Berlin. – *Auer*, Peter / *Maier*, Hans, 1984: Strategien der Arbeitsbeschaffung in der

Bundesrepublik Deutschland und im Ausland, in: Mitteilungen aus der Arbeitsmarkt- und Berufsforschung, Heft 2, S. 158-167. – *Auer*, Peter, 1984: Maßnahmen zur Wiedereingliederung von Langzeitarbeitslosen in acht Ländern. Discussion Paper IIM/LMP 84-20, Wissenschaftszentrum Berlin. – *Autorengemeinschaft*, 1983: Der Arbeitsmarkt in der Bundesrepublik Deutschland 1983 und 1984 – insgesamt und regional, in: Mitteilungen aus der Arbeitsmarkt- und Berufsforschung, Heft 4, S. 325-344. – *Bade*, Franz-Josef, 1984: Die funktionale Struktur der Wirtschaft und ihre räumliche Arbeitsteilung. Discussion Paper IIM/IP 84-27, Wissenschaftszentrum Berlin. – *Bundesminister für Arbeit und Sozialordnung*, 1984: Ergebnisse der Begleitforschung zum Arbeitsmarktpolitischen Programm der Bundesregierung für Regionen mit besonderen Beschäftigungsproblemen vom 16. Mai 1979, Bonn (II a 2 – 21513/53). Mimeo. – *Blankenburg*, Erhard / *Krautkrämer*, Uta, 1979: Aktivierung lokaler Arbeitsmarktpolitik. Ein Vorschlag zur Dezentralisierung aufgrund ausländischer Erfahrungen, in: Archiv für Kommunalwissenschaften 18, S. 61-73. – *Bosch*, Gerhard, 1984: Arbeitsmarktpolitik ohne Arbeitslose oder: Was macht die Bundesanstalt mit ihren Überschüssen in den nächsten Jahren?, in: Soziale Sicherheit, Heft 5, S. 146-151. – *Bruche*, Gert, 1983: Die Administration arbeitsmarktpolitischer Programme. Ein internationaler Vergleich (Frankreich, Niederlande, Österreich, Schweden, USA). Discussion Paper IIM/LMP 83-10, Wissenschaftszentrum Berlin. – *Bruche*, Gert / *Reissert*, Bernd, 1985: Die Finanzierung der Arbeitsmarktpolitik. System, Effektivität, Reformansätze, Frankfurt a. M. – *Garlichs*, Dietrich, 1983: Qualifizierung im Betrieb als Mittel der Wachstumsförderung und Beschäftigungssicherung, in: *Garlichs*, D. / *Maier*, F. / *Semlinger*, K. (Hrsg.): Regionalisierte Arbeitsmarkt- und Beschäftigungspolitik, Frankfurt, S. 125-158. – *Hardes*, Heinz-Dieter, 1983: Ausgaben für operative Leistungen der Arbeitsmarktpolitik, in: *Hardes* / *Pagenstecher* / *Winterstein* (Hrsg.): Selbstverwaltung als ordnungspolitisches Problem des Sozialstaates I, Berlin, S. 45-87. – *Hofbauer*, Hans / *Dadzio*, Werner, 1984: Berufliche Weiterbildung für Arbeitslose, in: Mitteilungen aus der Arbeitsmarkt- und Berufsforschung, Heft 2, S. 183-200. – *Hurler*, Peter, 1984: Möglichkeiten und Grenzen einer mittelfristigen Prognose der Arbeitskräftenachfrage nach Wirtschaftszweigen und Berufen im Wirtschaftsraum Augsburg, in: *Hurler*, P. / *Pfaff*, M. (Hrsg.): Gestaltungsspielräume der Arbeitsmarktpolitik auf regionalen Arbeitsmärkten, Berlin, S. 87-109. – *Knab*, Helmut, 1984: Arbeitsvermittlung – Initiative contra Erschwernis, in: arbeit und beruf, Heft 8, S. 242-243. – *König*, Wolfgang, 1983: Gewerbeansiedlung und Facharbeitermangel, Wirtschaftspolitische Studien 65, Göttingen. – *Kühl*, Jürgen, 1983: Koordinationsaufgaben bei regionalisierter Arbeitsmarktpolitik, in: *Garlichs*, D. / *Maier*, F. / *Semlinger*, K. (Hrsg.): Regionalisierte Arbeitsmarkt- und Beschäftigungspolitik, Frankfurt, S. 239-256. – *Maier*, Friederike, 1983: Handlungsmöglichkeiten lokaler Arbeitsmarktpolitik. Discussion Paper IIM/LMP 83-5, Wissenschaftszentrum Berlin. – *Maier*, Hans, 1983: Arbeitsbeschaffungsmaßnahmen als regional differenziertes Instrument der Arbeitsmarkt- und Beschäftigungspolitik, in: *Garlichs*, D. / *Maier*, F. / *Semlinger*, K. (Hrsg.): Regionalisierte Arbeitsmarkt- und Beschäftigungspolitik, Frankfurt, S. 214-238. – *Meyer-Haupt*, Klaus, 1984: Arbeitsmarktausgleich – Arbeitsvermittlung oder Direktkontakt der Sozialpartner ?, in: arbeit und beruf, Heft 4, S. 101-102. – *Mertens*, Dieter, 1981: Haushaltsprobleme und Arbeitsmarktpolitik, in: Aus Politik und Zeitgeschichte (Beilage zur Wochenzeitung Das Parlament) B 38/81, S. 25-31. – *Peters*, Aribert / *Schmid*, Günther, 1982a: Aggregierte Wirkungsanalyse des arbeitsmarktpolitischen Programms der Bundesregierung für Regionen mit besonderen Beschäftigungsproblemen. Discussion Paper IIM/LMP 82-1, Wissenschaftszentrum Berlin. – *Peters*, Aribert B. / *Schmid*, Günther, 1982b: Aggregierte Wirkungsanalyse des arbeitsmarktpolitischen Programms der Bundesregierung für Regionen mit besonderen Beschäftigungsproblemen: Analyse der Beschäftigungswirkungen. Discussion Paper IIM/LMP 82-32, Wissenschaftszentrum Berlin. – *Reyher*, Lutz / *Bach*, Hans-Uwe, 1982: Die Arbeitskräftegesamtrechnung des IAB. Ein Zwischenbericht: Ziele, Erfahrungen, Probleme und Möglichkeiten, Nürnberg, Mimeo. – *Sabel*, Charles F., 1983: Kontrollierte Flexibilität, in: *Benya*, A. / *Sabel*, Ch. F.: Gewerkschaftsstrategie in den achtziger Jahren, Wien, S. 9-29. – *Sauter*, Edgar u. a., 1984: Berufliche Weiterbildung und Arbeitslosigkeit. Bildungsmaßnahmen im Auftrag der Arbeitsämter, Bundesinstitut für Berufsbildung, Materialien und statistische Analysen zur beruflichen Bildung, Heft 47, Berlin. – *Scharpf*, Fritz W., 1977: Politische Bedingungen der Wirksamkeit raumordnerischer Steuerungsinstrumente, in: ders.: Politischer Immobilismus und ökonomische Krisen, Kronberg/Ts., S. 39 ff. – *Scharpf*, Fritz W. / *Garlichs*, Dietrich / *Maier*, Friederike / *Maier*, Hans, 1982: Implementationsprobleme offensiver Arbeitsmarktpolitik, Frankfurt. – *Scharpf*, Fritz W., 1983: Zur Bedeutung institutioneller Forschungsansätze, in: *Scharpf / Brockmann* (Hrsg.): Institutionelle Bedingungen der Arbeitsmarkt- und Beschäftigungspolitik, Frankfurt, S. 9-20. – *Scharpf*, Fritz W., 1984: Strategy Choice, Economic Feasibility and Institutional Constraints as Determinants of Full-Employment Policy During the Recession, in: *Gerlach*, K. / *Peters*, W. / *Sengenberger*, W. (Hrsg.): Public Policies to Combat Unemployment in a Period of Economic Stagnation. An International Comparison, Frankfurt/Main und New York, S. 67-114. – *Schmid*, Günther / *Semlinger*, Klaus, 1980: Instrumente gezielter Arbeitsmarktpolitik: Kurzarbeit, Einarbeitungszuschüsse, Eingliederungsbeihilfen. Durchführung, Wirksamkeit und Reformvorschläge, Königstein/Ts. – *Schmid*, Günther, 1982: Arbeitsmarktpolitik in Schweden und in der Bundesrepublik, in: *Scharpf*, Fritz W. et al. (Hrsg.): Aktive Arbeitsmarktpolitik. Erfahrungen und neue Wege, Frankfurt a. M., S. 29-62. – *Schmid*, Günther, 1983a: Regionale Arbeitsmarktstrukturen und regionalisierte Arbeitsmarktpolitik: Das Beispiel des Sonderprogramms der Bundesregierung vom 16. Mai 1979, in: *Garlichs / Maier / Semlinger* (Hrsg.): Regionalisierte Arbeitsmarkt- und Beschäftigungspolitik, Frankfurt, S. 14-37. – *Schmid*, Günther, 1983b: Handlungsspielräume der Arbeitsämter beim Einsatz aktiver Arbeitsmarktpolitik: Theoretische und empirische Evidenzen institutioneller Handlungsbedingungen, in: *Scharpf / Brockmann* (Hrsg.): Institutionelle Bedingungen der Arbeitsmarkt- und Beschäftigungspolitik, Frankfurt, S. 135-165. – *Schmid*, Günther, 1984: Finanzierung der Arbeitsmarktpolitik in Schweden: Einnahmen- und Ausgabenentwicklung, Entscheidungsprozesse, Kosten und Nutzen. Discussion Paper IIM/LMP 84-21a, Wissenschaftszentrum Berlin. – *Semlinger*, Klaus / *Knigge*, Rainer, 1983: Regionalpolitik und Arbeitsmarktpolitik – Notwendigkeit und Ansatzpunkte einer wirkungsvollen Verknüpfung, in: *Garlichs*, D. / *Maier*, F. / *Semlinger*, K. (Hrsg.): Regionalisierte Arbeitsmarkt- und Beschäftigungspolitik, Frankfurt, S. 125-158. – *Soltwedel*, Rüdiger, 1984: Mehr Markt am Arbeitsmarkt. Ein Plädoyer für weniger Arbeitsmarktpolitik, München/Wien. – *Weitzel*, Renate, 1983: Berufliche Bildung nach dem Arbeitsförderungsgesetz. Rechtliche und institutionelle Bedingungen der Teilnahme von Frauen im Vergleich zu Männern. Discussion Paper IIM/LMP 83-12, Wissenschaftszentrum Berlin. – *Wösendorfer*, J., 1980: Beurteilungskriterium für das Arbeitsmarktförderungsgesetz. Untersuchung der aktiven Arbeitsmarktpolitik in Österreich, Wien, Österreichisches Institut für Arbeitsmarktpolitik.

ZUKÜNFTIGE TENDENZEN DER ARBEITSKRÄFTEBEDARFS-STRUKTUR UND DER QUALIFIKATIONSANFORDERUNGEN

Von Wolfgang Klauder *

1. Einleitung: Ein Rückblick

Wie in allen Industrieländern hat sich beim Arbeitskräftebedarf auch in der Bundesrepublik vor allem in den letzten zwei Jahrzehnten der säkulare Trend zugunsten der tertiären Sektoren, der tertiären Berufe und der tertiären Tätigkeiten innerhalb der Berufe und Sektoren sowie zugunsten höherer Qualifikationen fortgesetzt. Allein von 1970 bis 1980 erhöhte sich der Anteil der Dienstleistungssektoren an der Beschäftigung von 42 auf 49 %.

Der bereits realisierte Trend zur Dienstleistungsgesellschaft im weitesten Sinne wird noch deutlicher, wenn man nicht auf die sektorale Zuordnung der Unternehmen, sondern auf die unmittelbaren Tätigkeiten der Erwerbstätigen unabhängig von ihrer Sektorzugehörigkeit abstellt. 1980 waren bereits 56 % aller Erwerbstätigen mit verteilenden, administrativen und koordinierenden Tätigkeiten (35 %) oder mit Dienstleistungsarbeiten wie Forschen, Ausbilden, Erziehen, gesundheitlich Betreuen befaßt (21 %), während der entsprechende Anteil 10 Jahre zuvor rd. 48 % betragen hatte. Nur noch 24 % der Erwerbstätigen waren 1980 unmittelbar mit dem Herstellen von Waren beschäftigt, 20 % übten Hilfsfunktionen für Produktion und Dienstleistungen wie Maschinenbedienung, Transport, Reparatur-, Reinigungs- und Prüfarbeiten aus. Der Anteil der Ungelernten an der Beschäftigung sank von einem Drittel 1961 auf ein Fünftel 1978.

2. Zukünftige Tendenzen des Wachstums und Strukturwandel der Wirtschaft

a) Übergeordnete Einflußgrößen

Der zukünftige Strukturwandel beim Arbeitskräftebedarf hängt vom intra- und intersektoralen Wandel der Produktions- und Produktivitätsstruktur ab. Beides variiert mit dem Wirtschaftswachstum.

---

* Die Ausführungen liegen in der alleinigen Verantwortung des Autors.

Die demographischen, ökonomischen, technologischen und gesellschaftlichen Rahmenbedingungen und übrigen Bestimmungsfaktoren des Wirtschaftswachstums und Wandels der Wirtschaftsstruktur haben sich seit Mitte der 70er Jahre entscheidend verändert. Seitdem erlebte die Welt zwei große Wachstums- und Beschäftigungseinbrüche. Seitdem reicht in fast allen Industrieländern das Wirtschaftswachstum trotz verlangsamten Produktivitätsfortschritts nicht nur kurz-, sondern auch mittelfristig nicht mehr aus, eine anhaltend hohe Arbeitslosigkeit zu verhindern. Einen Eindruck von der globalen Arbeitsmarktentwicklung in der Bundesrepublik Deutschland vermittelt Übersicht 1.

Übersicht 1: **Arbeitsmarktbilanz 1965–2000**

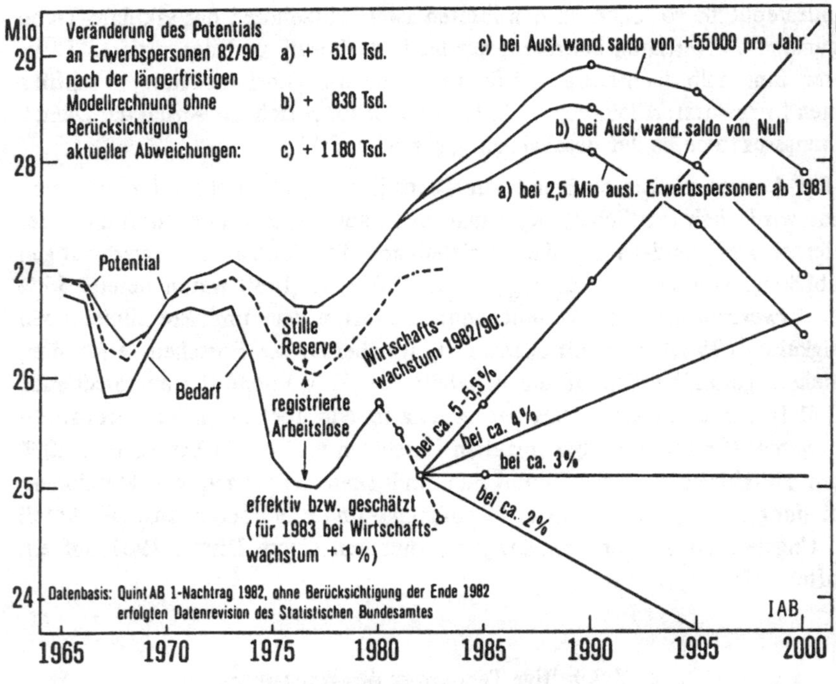

Quelle: Nach *Klauder*, Wolfgang / *Schnur*, Peter / *Thon*, Manfred: Perspektiven 1980-2000. 2. Nachtrag zur QuintAB 1 – Nürnberg 1982 und IAB-Ergänzungsblatt „Arbeitsmarktbilanz 1965-2000, Stand März 1983".

Die Ursachen für die weltweite Wirtschafts- und Arbeitsmarktkrise der letzten 10 Jahre sind vielfältig und komplex. Neben veränderten strukturellen Rahmenbedingungen spielen z. B. auch die unterschiedlichen Reaktionen der Wirtschaftssubjekte, insbesondere der Regierungen und Tarifpartner, auf diese Veränderungen und auf die Wachstums- und Beschäftigungseinbrüche eine Rolle. Eine monokausale Erklärung greift zu kurz.

Die wichtigsten Gründe für die veränderte Wirtschafts- und Arbeitsmarktkonstellation sind:

auf der Nachfrageseite:

- Massiver Kaufkraftentzug zugunsten der Ölländer durch die Ölpreisschübe von 1973/74 und 1979/80
- Verstärkung der Weltinflation durch die Ölpreisschübe
- Zuspitzung der Wirtschaftsprobleme in der Dritten Welt
- Vermehrt restriktive Wirtschaftspolitiken (Hochzinspolitik, öffentliche Sparpolitik) zur Eindämmung von Inflationstendenzen, Devisenabflüssen, Haushaltsdefiziten zu Lasten antizyklischer Beschäftigungspolitik
- Gedämpfte langfristige Absatzerwartungen in den Industrieländern wegen Geburtenrückgang und Sättigungstendenzen auf einzelnen traditionellen Inlandsmärkten

auf der Angebotsseite:

- Veränderte Angebotsbedingungen durch Rohstoffpreisschübe (Beendigung der Ära billiger Energie- und Rohstoffbezüge)
- Änderung des Weltwährungssystems (Übergang von festen zu flexiblen Wechselkursen)
- Zunehmender Protektionismus
- Neue Technologien (Basisinnovation „Mikroelektronik" sowie z. B. Bio-Technik, Laser-Technik, regenerative und rationellere Energie-Techniken)
- Grenzen des Wachstums für umweltschädliche Produktionen
- „Wertewandel" (veränderte Einstellungen z. B. zu Arbeit, Wachstum, Umwelt)
- Verteilungskämpfe
- Flexibilitätsverluste (z. B. durch Ausdehnung von Staatsanteilen und von staatlichen und tarifvertraglichen Reglementierungen)
- Eintritt geburtenstarker Jahrgänge ins Erwerbsleben in den Industrieländern
- Bevölkerungsexplosion in der Dritten Welt

Als eine der gewichtigsten Ursachen der gestiegenen Arbeitslosigkeit muß in den westeuropäischen Ländern die demographische Welle angesehen werden. In der Bundesrepublik haben geburtenstarke Jahrgänge zusammen mit erhöhter Frauenerwerbsneigung und Ausländerzustrom das Arbeitskräftepotential nach 1977 bis zum Jahre 1983 um über 1 Mio. ansteigen lassen. Dieser Zunahme stand jedoch nicht nur keine entsprechende Vermehrung der Arbeitsplätze gegenüber, sondern – wie Übersicht 1 veranschaulicht – in den zehn Jahren 1974 bis 1983 im Gefolge von zwei weltweiten Wirtschaftsrezessionen sogar per Saldo ein Arbeitsplatzabbau von 1,7 Mio., ausgelöst durch die beiden Ölpreisschübe, deren erster zugleich in etwa den Zeitpunkt der angeführten einschneidenden Veränderungen grundlegender struktureller Rahmenbedingungen markiert.

Die langfristig gravierendste Veränderung der wirtschaftlichen und gesellschaftlichen Strukturen dürfte von der Mikroelektronik bzw. der Halbleitertechnologie ausgehen, die Mitte der 70er Jahre von der Inventions- in die Innovationsphase eingetreten ist und als Schlüsseltechnologie nach und nach alle Lebensbereiche durchdringen wird. Gerade deswegen sind aber die Auswirkungen der Mikroelektronik heute noch gar nicht im einzelnen überblickbar. Auch werden – zumal in Rezessionszeiten – die Arbeit sparenden Effekte der Mikroelektronik offensichtlich leichter und schneller realisiert als die Arbeitsplätze schaffenden Effekte durch Erschließung neuer Märkte.

Die durch die neuen Technologien wie die Mikroelektronik möglich gewordenen Rationalisierungen können allerdings bislang keineswegs für die erhöhte Arbeitslosigkeit verantwortlich gemacht werden[1]. Der Produktivitätsfortschritt, der bei unveränderter Produktion und Arbeitszeit immer zu entsprechenden Freisetzungen führt und geführt hat, hat sich im gesamtwirtschaftlichen Saldo im Trend in den letzten drei Jahrzehnten ständig verlangsamt und nicht beschleunigt. Dies hängt sicherlich zum Teil mit dem Absinken des Wirtschaftswachstums und der Investitionstätigkeit zusammen. Die Produktivitätsrate atmet gleichsam in einer Periode mit der Höhe der Produktionsrate. Außerdem haben sich aber auch die für unterschiedliche Perioden errechneten Fortschrittsraten unabhängig von der Produktion nach unten verlagert; und zwar u. a. als Folge struktureller Veränderungen wie der Ausweitung produktivitätsschwacher Dienstleistungssektoren.

Die vielzitierte Beschäftigungsschwelle, mit der zumeist die Wachstumsrate gemeint ist, bei der Produktion und Produktivität je Erwerbstätigen gleich stark wachsen und der Arbeitskräftebedarf mithin konstant bleibt, hat sich demzufolge z. B. von rd. 4 % in den 60er Jahren auf rd. 3 % im Zeitraum 1974 bis 1982 verringert[2].

---

1 Die von der Presse häufig groß herausgestellten Beispiele für die Arbeitsplatzvernichtung durch neue Technologien wie die Mikroelektronik stellen sich bei näherer Untersuchung zumeist als aus dem Zusammenhang der gesamten komplexen Branchenentwicklung herausgelöste isolierte Betrachtungen dar. Sie gelten für einzelne Betriebsteile oder einzelne Betriebe oder einzelne Fachsparten der Branche. Längerfristige Trendänderungen des Produktivitätsfortschritts lassen sich auf Branchenebene bislang nirgends feststellen, auch nicht z. B. im Druckgewerbe. Vgl. *Ulrich*, Erhard: Breitenuntersuchung über die Wirkung technischer Änderungen auf Arbeitskräfte, in: *Mertens*, Dieter (Hrsg.): Konzepte der Arbeitsmarkt- und Berufsforschung, Beiträge zur Arbeitsmarkt- und Berufsforschung, Band 70, Nürnberg 1982, S. 635 ff.; *Dostal*, Werner: Fünf Jahre Mikroelektronik-Diskussion, in: Mitteilungen aus der Arbeitsmarkt- und Berufsforschung, Heft 2, 1982, S. 151 ff.

2 Vgl. *Klauder*, Wolfgang: Arbeitsmarkttendenzen 1950-2000, in: *Rebe*, Bernd: Arbeitslosigkeit – unser Schicksal?, Cloppenburger Wirtschaftsgespräche, Band 4, Vechta 1984, S. 29 ff.

Werden die Einflußfaktoren, die die Wirtschafts- und Arbeitsmarktkonstellation seit Mitte der 70er Jahre geprägt haben, auch noch in der Zukunft wirken? Im großen und ganzen wird man diese Frage bejahen müssen, wenn man davon ausgeht, daß sich ähnlich starke exogene „Störungen" wie in den letzten zehn Jahren vorerst nicht wiederholen.

Die demographische Welle wird im Beschäftigungssystem erst gegen 1990 ihren Höhepunkt erreichen, das Arbeitskräfteangebot durch die bisherigen potentialmindernden Maßnahmen wie Vorruhestandsgesetzgebung bislang nur vorübergehend zurückgehen und frühestens gegen 2000 wieder das Niveau von 1980 unterschreiten[3]. Die Verteilungskämpfe könnten zwar nachlassen, andere Faktoren wie „neue Technologien" und „Bevölkerungsexplosion in der Dritten Welt" jedoch erheblich an Gewicht gewinnen. Die Umweltprobleme könnten sogar existenzbedrohende Ausmaße erreichen.

Insgesamt wird man damit rechnen müssen, daß die in den 70er Jahren veränderten demographischen, ökonomischen, technologischen und gesellschaftlichen Rahmenbedingungen und Herausforderungen zu einem gewaltigen Strukturwandel in Wirtschaft und Gesellschaft führen. Ohne ihn dürfte die Rückkehr zu einem befriedigenden Wachstumspfad kaum möglich sein. Anpassungen so großen Umfanges erfordern jedoch Zeit und rufen leicht lähmende Unsicherheit darüber hervor, mit welchen Wachstums- und Strukturtendenzen im einzelnen in Zukunft zu rechnen ist.

b) Wachstumsmöglichkeiten

In der Öffentlichkeit bestehen gegenwärtig sehr unterschiedliche Wachstumsvorstellungen. Die einen halten nur noch ein Nullwachstum für möglich, vertretbar oder wünschbar. Andere hoffen, die Beschäftigungsprobleme allein über eine Forcierung des Wachstums lösen zu können. Vorausgeschätzt werden zumeist längerfristige Wachstumspfade von lediglich etwa 2-3 % p. a., die nach den Berechnungen des Instituts für Arbeitsmarkt- und Berufsforschung wie auch anderer Institute für einen deutlichen Beschäftigungsanstieg nicht ausreichend sind[4].

---

3 Vgl. *Klauder*, Wolfgang / *Schnur*, Peter / *Thon*, Manfred: Perspektiven 1980-2000, Neue Alternativrechnungen zur Arbeitsmarktentwicklung, 2. Nachtrag zu Quintessenzen aus der Arbeitsmarkt- und Berufsforschung, Heft 1, Nürnberg 1982; *Kühlewind*, Gerhard (Bearb.): Zusammenstellung neuer mittelfristiger Arbeitsmarktprojektionen für die Bundesrepublik Deutschland, IAB-Kurzberichte vom 26. 7., 15. 8., 16. 8. 1984, in: Beiträge aus der Arbeitsmarkt- und Berufsforschung, Band 42.6 (erscheint 1985).

4 Vgl. *Kühlewind*, Gerhard (Bearb.). Von der Bundesregierung wird in der mittelfristigen Finanzplanung für 1983/88 ebenfalls ein Wirtschaftswachstum von 2,5 % p. a. angenommen. Vgl. *Bundesrat*, Drucksache 351/84 vom 24. 8. 1984, S. 38 f.

Gegen Wirtschaftswachstum werden häufig Sättigungs- und Umweltargumente angeführt. Von einer allgemeinen Sättigung des Bedarfs kann indessen in der Bundesrepublik Deutschland und erst recht natürlich in der übrigen Welt keine Rede sein. Im Gegenteil, abgesehen vom ungeheuren Nachholbedarf der Entwicklungsländer und ihrer rapide anwachsenden Bevölkerung steht die heutige Menschheit vor Herausforderungen auf dem Umwelt-, Rohstoff- und Energiegebiet, die wahrscheinlich größer sind als jemals zuvor in ihrer Geschichte. Jede Investition in diese Gebiete wird Wachstums- und Beschäftigungsimpulse auslösen. Weshalb soll die Beseitigung der Umweltschäden und die Umstellung der Produktion auf umweltverträgliche Verfahren und Produkte nicht ähnliche Impulse auslösen wie nach dem Kriege die Beseitigung der Kriegsschäden und die Umstellung von Kriegs- auf Friedensproduktion? In einer Welt, die vor gewaltigen Bevölkerungs-, Umwelt- und Energieproblemen steht und in der noch immer Millionen Menschen verhungern, kann sicherlich keine Rede davon sein, daß der Menschheit die Aufgaben und die Arbeit ausgingen. Ferner brauchen Ökonomie und Ökologie keinen Gegensatz zu bilden. Nach allen vorliegenden Untersuchungsergebnissen lassen sich Vollbeschäftigung und Wirtschaftswachstum in einer flexiblen Marktwirtschaft mit funktionierendem Preismechanismus durchaus mit umweltverträglichen Energiestrukturen und mit generellem Umweltschutz vereinbaren[5].

Die Problemfelder Umwelt, Rohstoffe, Energie und Entwicklung der Dritten Welt müssen daher als die großen weltweiten Wachstums- und Beschäftigungsfelder der Zukunft angesehen werden. Sie bedingen allerdings neue Problemlösungen, Technologien, Verfahren und Produkte, wobei die Anbieter ökologisch verträglicher und dezentral anwendbarer Entwicklungen besonders begünstigt werden dürften. Von Wirtschaftsforschungsinstituten wie DIW[6] und Prognos[7] werden für die Bundesrepublik über die genannten Gebiete hinaus seit vielen Jahren u. a. auch noch die Wohnungs- und Siedlungssanierung, die

---

5 Vgl. z. B. *Chase Econometrics Associates*, Die volkswirtschaftlichen Auswirkungen der Umweltschutzprogramme der Bundesregierung der USA, in: *Hauff*, Volker (Hrsg.) / *Klauder*, Wolfgang (wiss. Red.): Energie – Wachstum – Arbeitsplätze, Argumente in der Energiediskussion, Villingen/Schwenningen, Dez. 1978, S. 687 ff.; *Meißner*, Werner: Ökologie und Ökonomie, in: ifo-Schnelldienst, Heft 18, 1983, S. 17-23; *Klauder*, Wolfgang: Zu den Arbeitsmarktauswirkungen unterschiedlicher Energiestrukturen, in: Mitteilungen aus der Arbeitsmarkt- und Berufsforschung, Heft 1, 1980, S. 1 ff.; *Derselbe*: Regenerative Energien und Arbeitsmarkt, in: Sonnenenergie, Heft 5/6, 1982, S. 19 ff.; *von Weizsäcker*, Carl-Christian: Leistet der Markt die optimale intertemporale Allokation der Ressourcen?, in: *Siebert*, Horst (Hrsg.): Erschöpfbare Ressourcen, Schriften des Vereins für Socialpolitik, NF, Band 108, Berlin 1980, S. 795 ff.

6 Vgl. *Arbeitskreis Arbeitsmarktperspektiven* (Bearb.): Eine mittelfristige Strategie zur Wiedergewinnung der Vollbeschäftigung, in: Deutsches Institut für Wirtschaftsforschung, Wochenbericht, Nr. 15, 1978, vom 13. 4. 1978.

7 Vgl. u. a. *Prognos AG* (*Browa*, Hans u. a.): Längerfristige Wirtschafts- und Arbeitsmarktentwicklung in der Bundesrepublik Deutschland und Baden-Württemberg sowie Handlungsmöglichkeiten zur Sicherung der Vollbeschäftigung und des Wirtschaftswachstums, Basel 1979.

Durchsetzung neuer Technologien, der Aufbau einer praxisbezogenen Weiterbildung sowie die Integration und bessere Versorgung von benachteiligten Gruppen unserer Gesellschaft als zukunftsträchtige Wachstumsfelder genannt[8].

Tatsächlich dürfte es aber wohl sehr schwierig sein, nicht nur für einige Konjunkturaufschwungjahre, sondern im längerfristigen Mittel einen hohen Wachstumspfad mit zunehmendem Arbeitskräftebedarf zu realisieren, wenn man bedenkt, daß das Sozialprodukt der Bundesrepublik seit 1950 einem linearen Trend folgt, mithin die Zuwachsraten in den letzten 30 Jahren tendenziell ständig zurückgegangen sind und daß sich selbst in den goldenen 60er Jahren der Arbeitskräftebedarf tendenziell nicht mehr erhöht hat, nachdem er in den 50er Jahren noch um 5 Mio. gestiegen war. Eine Fortsetzung dieses linearen Trends des Wirtschaftswachstums würde für die 80er Jahre lediglich ein durchschnittlich-jährliches Wachstum von knapp 2,5 % bedeuten, gegenüber 1983 wären das dann rd. 3,5 %.

Der zur deutlichen Steigerung der Beschäftigung nötige merklich höhere Wachstumspfad würde demzufolge einen Trendbruch erfordern. Dieser wäre nur über eine merkliche Beschleunigung des Strukturwandels erreichbar. Voraussetzung wäre eine langfristige innovative Revitalisierung der Wirtschaft auf breiter Front, d. h. insbesondere Gründung neuer Unternehmen, Entwicklung und Umsetzung neuer Technologien in die Praxis sowie die Erschließung neuer Wachstumsfelder in den tertiären Bereichen. Letzteres müßte bei der öffentlichen Haushaltslage und der verbreiteten Aversion gegen „mehr Staat" wohl vor allem privatwirtschaftlich erfolgen.

Nicht auszuschließen ist, daß die verschiedenen neuen Technologien wie Mikroelektronik, Biotechnik, Solarenergie usw. nach Überwindung der derzeitigen Anpassungsprobleme sogar zu recht kräftigen Wachstumsimpulsen führen. Dies würde auch der langfristigen Wellenbetrachtung von Kondratieff entsprechen. Der technische Fortschritt läßt ferner immer wieder neue Märkte entstehen, über die nach allen Erfahrungen mit Technologieprognosen heute vielfach noch gar keine Vorstellungen bestehen können.

c) Wandel der Wirtschaftsstruktur

Die Auswirkungen der wichtigsten Veränderungen bei den wirtschaftlichen, demographischen und technologischen Rahmenbedingungen auf die Wirtschaftsstruktur lassen sich in den folgenden vier Punkten zusammenfassen:

(1) Nach Rohstoffpreisexplosionen und Beendigung des Systems flexibler Wechselkurse werden in der außerhandelsabhängigen rohstoffarmen Bundes-

---

8 Vgl. auch *Kühlewind*, Gerhard: Möglichkeiten der Bekämpfung von Arbeitslosigkeit, in: *Hauff*, Volker (Hrsg.) / *Klauder*, Wolfgang (wiss. Red.), S. 534 ff.

republik im internationalen Konkurrenzkampf vor allem die Betriebe und Branchen Zukunftschancen haben, die das hier mögliche Mehr an qualifizierten Arbeitskräften nutzen, den einzigen Produktionsfaktor, über den die Bundesrepublik reichlicher als viele andere Länder verfügen kann. Begünstigt werden damit die Produktion und der Export von forschungs- und entwicklungsintensiven Produkten und vollständigen Werksanlagen sowie von beratenden Dienstleistungen aller Art, benachteiligt die einfache industrielle Massenproduktion.

(2) Aufgrund des für die Bundesrepublik absehbaren Bevölkerungsrückganges wird sich die Qualitätskomponente und die Auslandsorientierung der deutschen Wirtschaft verstärken und wird bei zugleich steigenden Einkommen die Nachfrage nach höherwertigen Dienstleistungen wachsen.

(3) Die weltweiten Umwelt-, Rohstoff- und Energieprobleme werden den Ländern überproportionale Wachstums- und Beschäftigungsmöglichkeiten eröffnen, die zukunftsträchtige umweltschonende, energie- und rohstoffsparende Produkte, Verfahren und Systemlösungen entwickeln. Die Absatzchancen dürften auf den Weltmärkten um so größer sein, je dezentraler die Entwicklungen einsetzbar sind, ohne dadurch an Effizienz oder Wirtschaftlichkeit zu verlieren.

(4) Die Mikroelektronik schließlich wird die Welt ähnlich verändern wie seinerzeit die Einführung der Dampfmaschine. Die Ökonomie der Zukunft wird auf Wissen und Elektronik basieren, die Industriegesellschaft sich zu einer „Informationsgesellschaft" wandeln. Vier Entwicklungslinien zeichnen sich ab[9]:

(a) Routinetätigkeiten werden in allen Bereichen weitgehend automatisiert werden, die automatischen, menschenleeren Werkhallen sowohl in der Massenfertigung als auch in der Einzel- und Kleinserienfertigung Realität werden.

(b) Zweitens könnten umfassende elektronische Informationssysteme entstehen. Diese könnten sogar die Bedeutung der Schriftzeichen bei der Kommunikation abnehmen lassen. Die Kontroverse, ob die Mikroelektronik mit der Erfindung der Schrift oder der Gutenbergschen Buchdruckkunst gleichzusetzen ist, trifft diese Frage recht anschaulich.

(c) Drittens wird durch rentable Automatisierung auch kleiner Wirtschaftseinheiten und durch moderne Informationstechnik prinzipiell eine weitgehende betriebliche und regionale Dezentralisierung der Produktion von Gütern und Dienstleistungen möglich. Realisierbar wird damit eine Abkehr von der bisher vorherrschenden Tendenz zu zentralen, komplexen großtechnischen Anlagen

---

9 Vgl. außer der in Anm. 1 genannten Literatur auch u. a.: *Dostal*, Werner: Beschäftigungspolitische Wirkungen der Mikroelektronik, in: *Meyer-Abich*, Klaus-Michael / *Steger*, Ulrich (Hrsg.): Mikroelektronik und Dezentralisierung, Berlin 1982, S. 97 ff.; *Dostal*, Werner / *Kamp*, August-Wilhelm / *Lahner*, Manfred / *Seesle*, Werner Peter: Flexible Fertigungssysteme und Arbeitsplatzstrukturen, in: Mitteilungen aus der Arbeitsmarkt- und Berufsforschung, Heft 2, 1982, S. 182 ff.

und Organisationsstrukturen hin zu nicht weniger komplexen und effizienten hochmodernen klein- und mitteltechnischen Anlagen und überschaubaren kleineren Organisationseinheiten. Auch Mittel- und Kleinbetriebe sowie abgelegene Regionen erhalten dadurch echte Chancen, ihre Position nicht nur zu halten, sondern sogar wieder zu verbessern. Der Prozeß der Entfremdung des Menschen von der Verantwortung durch extreme Arbeitsteilung und Zentralisierung könnte mithin in vielen Fällen überwunden, seinem Wunsch nach mehr Mitgestaltung und Selbstverwirklichung ohne Effizienzeinbußen leichter entsprochen werden.

(d) Viertens wird eine Flexibilisierung und Entkopplung der Betriebs- und Arbeitszeiten sowie von Betriebsort und Arbeitsplatz erleichtert bis hin zum Terminal am häuslichen Schreibtisch. Dadurch eröffnen sich z. B. neue Möglichkeiten zur Verwirklichung der in der Bevölkerung in beachtlichem Umfang vorhandenen Wünsche nach individuellen Arbeitszeiten bei eventuell sogar zugleich besserer Kapitalauslastung bis hin zur Schaffung neuer Selbständigenexistenzen. Dadurch könnte schließlich auch die derzeitige Polarisierung menschlicher Tätigkeit in Arbeit und Freizeit vermindert werden.

Die anhand der veränderten Rahmenbedingungen dargestellten Trends erlauben folgende Schlußfolgerung:

Langfristig dürfte sich die Bundesrepublik verstärkt zu einer forschungs- und entwicklungsintensiven Wirtschaft mit zunehmender Auslandsorientierung und hohem Dienstleistungsanteil sowie sinkendem Anteil an einfacher industrieller Massenproduktion hin bewegen. Je schneller dieser Strukturwandel erfolgt, um so eher und leichter dürften auch die Beschäftigungs- und Wachstumsprobleme gelöst werden.

3. Konsequenzen für die Struktur des Arbeitskräftebedarfs und die Qualifikationserfordernisse

Aufgrund der skizzierten Struktur- und Wachstumstendenzen dürfte die Richtung des beim Arbeitskräftebedarf zu erwartenden Strukturwandels in groben Zügen eindeutig sein, nämlich eine weitere Verschiebung hin zu höher qualifizierten und zu tertiären Berufen in allen Sektoren und zu tertiären Tätigkeiten in den Berufen sowie zu den Dienstleistungssektoren.

Das Vordringen mikroelektronischer Techniken sowohl im Produktions- als auch im Bürobereich wird ferner mittelfristig viele Hilfsarbeiterarbeitsplätze und insbesondere viele der traditionellen Frauenarbeitsplätze mit geringen Qualifikationsanforderungen gefährden, aber auch die bisherigen geschlechtsspezifischen Unterschiede der Arbeitsplätze einebnen und durch die prinzipiell mögliche größere Freizügigkeit in bezug auf Arbeitszeit und Arbeitsort den

Wünschen insbesondere der Frauen nach flexiblen Arbeitszeiten zur Verminderung ihrer Rollenkonflikte entgegenkommen. Langfristig wird daher der Anteil der Frauenbeschäftigung immer mehr vorwiegend von Niveau und Struktur ihrer Qualifikation abhängen.

Bestehen bleibt jedoch die hemmende Unsicherheit darüber, wie schnell und wohin im Detail der welt- und binnenwirtschaftliche Strukturwandel verlaufen wird, nachdem die Bundesrepublik heute zu den technologisch führenden Industrieländern gehört und daher in Zukunft weit mehr als in den durch Wiederaufbau und Nachholbedarf gekennzeichneten 50er und 60er Jahren wirtschaftlich und technologisch Neuland betreten muß, was sowohl den Prognosemöglichkeiten als auch erst recht allen Planungstendenzen enge Grenzen setzt. Es gibt einen breiten Korridor möglicher Entwicklungen, die bis zu einem gewissen Grade auch politisch beeinflußbar sind.

Soviel läßt sich aber immerhin nach allen vorliegenden Projektionen sagen: Der zukünftige Strukturwandel dürfte sich günstig auswirken auf die Zahl der Arbeitsplätze im sogenannten tertiären Sektor selbst (Handel, Verkehr, Dienstleistungen, Staat) und auf die Zahl der tertiären Arbeitsplätze innerhalb des sekundären Sektors (also die Dienstleistungsfunktionen in Industrie, Handwerk, Bau).

Innerhalb des warenproduzierenden Gewerbes bzw. sekundären Sektors werden diejenigen Branchen begünstigt werden, die für ihre Produktion einen relativ hohen Anteil qualifizierter Arbeitskräfte wie Techniker, Forscher, Organisationsfachleute usw. benötigen oder die auf eine enge transportaufwendige Lieferverflechtung angewiesen sind. Dabei dürfte es zu einer starken Umstrukturierung zugunsten der Investitionsgüterindustrie kommen. Luft- und Raumfahrzeugbau, Datenverarbeitung und Büromaschinen, Maschinenbau, Feinmechanik und Optik sowie Teile der Elektrotechnik dürften neben der Energiewirtschaft, den NE-Metallgießereien und Teilen der chemischen Industrie die einzigen Branchen im sekundären Sektor sein, deren Arbeitskräftebedarf auch in Zukunft selbst bei relativ schwachem gesamtwirtschaftlichen Wachstum tendenziell noch steigen könnte.

Der trotz Rezession bisher ungebrochene Trend zu den tertiären Sektoren wird sich nach allen Projektionen fortsetzen. Beispielsweise werden in diesen Sektoren sowohl nach einer Projektion des Rheinisch-Westfälischen Instituts für Wirtschaftsforschung als auch nach dem jüngsten „prognos report nr 11" 1990 jeweils rd. 800 000 Personen mehr beschäftigt sein als 1980, während primärer und sekundärer Sektor zusammen mindestens um diese Größenordnung schrumpfen dürften[10]. Im Jahre 2000 könnten auf die tertiären Sektoren rd. 55 % der Beschäftigten entfallen nach 49 % 1980.

10 *Halstrick*, Marianne / *Rettig*, Rudi: Die Entwicklung der Wirtschaft der Bundesrepublik Deutschland bis zum Jahre 1990, in: Mitteilungen des Rheinisch-Westfälischen Instituts für Wirtschaftsforschung, Heft 3, 1981, S. 117 ff.; *Prognos AG* (*Hofer*, Peter

Hauptträger der Expansion sind die privaten und die staatlichen Dienstleistungen, wobei natürlich bei den staatlichen Dienstleistungen ein erheblicher Gestaltungsspielraum besteht. Auch wird der Staat bei schwachem Wirtschaftswachstum aus Haushaltsgründen zu einer restriktiven Personalpolitik neigen. Bemerkenswert ist aber, daß sowohl die privaten als auch die staatlichen Dienstleistungen selbst 1981 bei sinkender Gesamtbeschäftigung noch um jeweils rd. 70 000 und sogar 1982 noch um jeweils rd. 25 000 Erwerbstätige expandierten. Einen Überblick über die sektoral bisher absehbaren Tendenzen gibt Übersicht 2.

Nach einer gemeinsam für die Bundesregierung erstellten Studie der Prognos AG und der Mackintosh Consultants Company[11], deren Ergebnisse auch weitgehend den Einschätzungen des Instituts für Arbeitsmarkt- und Berufsforschung entsprechen, dürfte in Zukunft innerhalb aller Sektoren der Anteil folgender Arbeitsplätze wachsen (1977-90 von 31 % auf 38 %): für Maschineninstallation, -reparatur und -wartung, fachspezifische Beratungs-, Leitungs- und F + E-Funktionen, Sicherheitsfunktionen, Gesundheits- und Pflegedienste, dispositive Tätigkeiten, Erziehungsfunktion, Reinigungstätigkeiten.

Deutlich sinkende Arbeitsplatzanteile (1977-90 von 52 % auf 45,5 %) werden dagegen erwartet für: Bedienung von Verarbeitungsanlagen (d. h. angelernte Tätigkeit zur Maschinenbedienung und maschinengestützten Montage), Handreichungstätigkeiten (d.h. Hilfs- und Lagerarbeiter, Baumaschinisten u.ä.), Fachaufgaben im Baubereich, Bürotätigkeiten, allgemeine Vermittlungsfunktionen (d. h. Handelskaufleute u. ä.).

Schreibt man die bisher absehbaren Tendenzen fort, so werden langfristig nur noch Bestand haben:

- die Überwachungs- und Kontrolltätigkeiten durch „Automationshirten"
- die tertiären oder autonomen Tätigkeiten (wie Reparaturtätigkeiten, Handwerk, Dienstleistungen)
- die unberechenbaren oder kreativen Tätigkeiten (wie Forschen, Erfinden, kreative Ingenieurarbeit, Unternehmertätigkeit).

Auf allen Ausbildungsebenen werden besonders günstige Entwicklungschancen haben:

- flexible Arbeitskräfte mit breitangelegten, fachübergreifenden Qualifikationen.

---

u. a.): Die Bundesrepublik Deutschland 1985, 1990, 2000, prognos report, Nr. 11, Basel 1982.

11 *Prognos AG / Mackintosh Consultant Co. Ltd.* (*Browa*, Hans u. a.): Technischer Fortschritt – Auswirkungen auf Wirtschaft und Arbeitsmarkt, Düsseldorf 1980.

Übersicht 2: **Entwicklung der Erwerbstätigkeit 1960–2000**

	Veränderung in Mio		Anteile in %		
	1960/1980	1980/2000 *	1960	1980	2000
Landwirtschaft	- 2,1	- 0,2	13,7	5,9	5,0
Warenproduzierendes Gewerbe	- 1,0	- 1,0	48,0	44,7	39,9
Handel und Verkehr	- 0,1	+ 0,1	18,2	18,1	18,4
Dienstleistungsunternehmen	+ 1,1	+ 0,7	9,2	13,4	15,6
Private Organisationen ohne Erwerbscharakter, private Haushalte	+ 0,1	+ 0,2	2,9	3,1	3,8
Staat	+ 1,7	+ 0,7	8,0	14,8	17,3
Insgesamt	- 0,3	+ 0,5	100,0	100,0	100,0

* bei Wirtschaftswachstum von 2,7 % p. a.

Quelle: *Prognos AG*: Die Bundesrepublik Deutschland 1985, 1990, 2000, prognos report nr 11, Basel 1982.

Die Anforderungsprofile dürften sich dabei im gesamtwirtschaftlichen Saldo eindeutig verlagern zugunsten

– höherer Qualifikationen.

Mit diesem durchschnittlichen Trend zu höheren Qualifikationsanforderungen durchaus vereinbar sind partielle Dequalifizierungs- und Polarisierungstendenzen bzw. eine Differenzierung zwischen Technik-Beherrschern und Technik-Beherrschten.

Zunehmen wird absolut und relativ nur noch die Zahl der Arbeitsplätze für

– Arbeitskräfte mit nicht-schulischer beruflicher Fachausbildung, deren Einsatzbereich bereits von der Grundausbildung her und besonders aufgrund umfassender Weiterbildungen weitgesteckt ist (z. B. Installations-, Wartungs-, Verkaufs-, Sicherheitsfunktionen), und für
– Arbeitskräfte auf dem Fachschul- und Hochschulniveau, wobei Arbeitskräfte mit weitem funktionalen Einsatzbereich (wie Geschäftsführung, Beratungs- und Forschungstätigkeit) meist aufgrund umfangreicher Weiterbildung deutlich günstigere Arbeitsplatzchancen haben dürften als ihre Kollegen mit etwas begrenzter fachlicher Verwendbarkeit.

Wie sich dementsprechend der Arbeitskräftebedarf nach Qualifikationsebenen bis 1990 bei Annahme eines 3 %igen Wirtschaftswachstums verändern könnte, zeigt Übersicht 3. Derartige Projektionen werden auch gestützt durch eine Unternehmensbefragung des Battelle-Instituts, nach der rd. zwei Drittel der Firmen in Zukunft steigende Anforderungen durch den technischen Fortschritt erwarten[12]. Bemerkenswert ist auch eine Umfrage des Instituts der Deutschen Wirtschaft[13] bei 145 Unternehmen im Jahre 1984. Danach führen 59 % der befragten Unternehmen die verstärkte Akademisierung des Managements auf erhöhte Anforderungen an die fachliche Qualifikation (52 %) und an fachübergreifende Kenntnisse und Fähigkeiten (7 %) und nur 15 % auf einen Angebotsüberhang zurück. 12 % nannten den allgemeinen Trend zur Höherqualifikation, 14 % sonstige Gründe. Die Nachfrage nach höher qualifizierten Arbeitskräften wird also generell auf dem Arbeitsmarkt weiter steigen.

Wichtig erscheint ferner, daß Battelle wie Prognos / Mackintosh zu Recht flexiblen Arbeitskräften mit breitangelegten, fachübergreifenden Qualifikationen besonders günstige Entwicklungschancen einräumen und größeres Gewicht für die Weiterbildung fordern. Damit wird im Grunde das Konzept der Schlüsselqualifikation aufgegriffen, das Mertens (IAB) bereits 1974 u. a. aus der Erkenntnis in die Diskussion eingeführt hatte, daß über künftige Anfor-

---

12 *von Gizycki*, Reinald / *Weiler*, Uwe: Mikroprozessoren und Bildungswesen, Sozialwissenschaftliche Reihe des Battelle-Instituts, München/Wien 1980, S. 76.

13 *Ferring*, Karin / *von Landsberg*, Georg / *Staufenbiel*, Joerg E.: Hochschulexpansion und betriebliche Personalpolitik. Beiträge zur Gesellschafts- und Bildungspolitik 96, Köln 1984.

Übersicht 3: **Entwicklung der Arbeitsplätze für Tätigkeitsfelder mit unterschiedlichen Anforderungen an das Ausbildungsniveau**

Ausbildungsniveau	Beschäftigte in 1000		Veränderung 1990 gegenüber 1977	
	1977	1990	in 1000	in %
ohne spezifische Fachausbildung	4 911	4 303	- 608	- 12,4
berufliche Fachausbildung mit spezifischem Einsatzbereich	9 950	9 179	- 771	- 7,7
berufliche Fachausbildung mit weitem funktionalem Einsatzbereich	5 494	5 965	+ 471	+ 8,6
Fach- oder Hochschulausbildung mit spezifischem Einsatzbereich	2 373	2 773	+ 400	+ 16,9
Fach- oder Hochschulausbildung mit weitem funktionalem Einsatzbereich	2 093	2 708	+ 615	+ 29,4
Insgesamt	24 921	24 992	+ 107	+ 0,4

Quelle: ***Prognos AG, Mackintosh Consultante Company***: Technischer Fortschritt, Auswirkungen auf Wirtschaft und Arbeitsmarkt, Düsseldorf 1980.

derungen und Schulungserfordernisse die Wissenschaft nur unzureichende Hinweise geben kann[14]. Die Berufe der Zukunft können nicht nach der Schule ergriffen werden, in sie wächst man über Weiterbildung hinein.

4. Qualifikationsmängel als Bremse von Strukturwandel und Wachstum

Der Strukturwandel und die damit verbundene Erschließung neuer Wachstums- und Beschäftigungsfelder stoßen offensichtlich auf manche Hemmnisse, u. a. auch auf mangelnde Flexibilität und auf Qualifikationshemmnisse. Gerade in einer Rezession gibt es z. B. besonders starke Vorbehalte gegenüber der „alte" Arbeitsplätze und bisherige Besitzstände vernichtenden Seite des Strukturwandels. Ferner kann von der Gefahr einer allgemeinen Überqualifikation keine Rede sein. Im Gegenteil: Unzureichende Ausbildungs- und Weiterbildungsaktivitäten drohen zu einem ernsten Wachstums- und Beschäftigungshindernis zu werden[15].

Die revolutionären Möglichkeiten der Mikroelektronik werden – wie erwähnt – entgegen dem in der Öffentlichkeit vorherrschenden Eindruck keineswegs in einem revolutionären Tempo realisiert. Längerfristige Temposteigerungen des technischen Fortschritts und der Produktivität lassen sich isoliert, also unabhängig vom Produktionswachstum, bisher auf Branchenebene nirgends mehr nachweisen oder für die Zukunft vorausschätzen.

Dementsprechend geht auch die Erschließung neuer Wachstumsfelder und damit neuer Beschäftigungsmöglichkeiten nur sehr langsam voran. Ähnliches gilt für die anderen revolutionären Möglichkeiten der Mikroelektronik wie etwa für die Möglichkeit, Wirtschafts- und Arbeitswelt ohne Effizienzeinbußen zu dezentralisieren und zu flexibilisieren.

Ein wichtiger Grund für den nur langsamen Durchbruch der Mikroelektronik ist, daß diese generell mehr abstrakte, theoretische, systematische und planerische Denkleistung erfordert als die heutige erwerbstätige Bevölkerung im Durchschnitt aufzubringen gewohnt ist. Viele an sich mögliche Problemlösungen können wegen dieses Qualifikationsmangels nicht realisiert werden, wobei bemerkenswerterweise bei den offenen Stellen für EDV-Spezialisten wegen des wachsenden Bedarfs an komplexen Systemlösungen zunehmend Fachhoch- oder Hochschulausbildung vorausgesetzt wird.

Auch der Durchbruch anderer neuerer Technologien wie z. B. der regenerativen und Einsparenergietechniken wird nicht zuletzt durch Qualifikations-

---

14 *Mertens*, Dieter: Schlüsselqualifikationen. Thesen zur Schulung für eine moderne Gesellschaft, in: Mitteilungen aus der Arbeitsmarkt- und Berufsforschung, Heft 1, 1974, S. 36 ff.

15 Vgl. u. a. auch die in Anm. 9 genannte Literatur.

defizite gehemmt. Klein- und mittelständische und sonstige private Abnehmer sowie viele Kommunen verfügen selten über den notwendigen Sachverstand zur Entscheidung über optimale Energienutzungssysteme, die zumeist mittelständischen Hersteller häufig nicht über einen entsprechenden Vertriebsapparat und das Kapital zur Markteinführung. Dabei kann kein Zweifel daran bestehen, daß sich dem Land, welches als erstes z. B. preiswerte ausgereifte Solarenergiesysteme auf den Markt bringt, in der ganzen Welt riesige Absatzchancen eröffnen werden, doch scheinen auch auf diesem Gebiet die USA und Japan der Bundesrepublik davonzueilen.

Die Einbindung der Bundesrepublik in den internationalen Wettbewerb wird es aber nicht erlauben, die Einführung der informationstechnologischen und anderer neuer Techniken etwa nur über den Generationswechsel abzuwickeln.

In Japan hat man sich z. B. aufgrund dieser Zusammenhänge bereits vor einigen Jahren zum Ziel gesetzt, bis 1985 eine informationsorientierte und bis 2000 eine vollständig informatisierte Gesellschaft zu schaffen. In den USA wird seit Jahren „Computerbildung" nicht nur bereits an vielen Schulen, sondern sogar schon im Rahmen von Ferienkursen auf Campingplätzen vermittelt.

Je schneller daher der gesamten Gesellschaft Lernfähigkeit und die Grundlagen für das Verständnis der Informationstechnologie und anderer neuer Technologien vermittelt und genügend qualifizierte Arbeitskräfte – einschließlich Technologieberatern – ausgebildet werden, um so eher können neue Märkte und damit neue Beschäftigungsfelder erschlossen sowie die internationale Wettbewerbsstellung verstärkt werden, die für ein so außenhandelsabhängiges Land wie die Bundesrepublik überlebenswichtig ist. Die Beschleunigung des Durchbruchs dürfte aber ohne eine großangelegte Weiterbildung der bereits erwerbstätigen Bevölkerung nicht möglich sein.

5. Arbeitskräfteangebot und Qualifikationserfordernisse

Die vom Arbeitsmarkt her ableitbaren Anforderungen an das Qualifizierungssystem werden nicht nur von der Entwicklung der Arbeitsplatzstrukturen, sondern auch von der Entwicklung und Struktur des Arbeitskräfteangebots bestimmt. Aufgrund der Bildungsexpansion ist für die Zukunft mit einer weiteren Erhöhung des durchschnittlichen formalen Qualifikationsniveaus der Erwerbspersonen zu rechnen. Mit dem Eintritt der geburtenstarken Jahrgänge ins Erwerbsleben ist sogar ein schubartiger Anstieg des formalen Ausbildungsniveaus verbunden. Dennoch kommen auch von der Angebotsseite zusätzliche Anforderungen auf das Qualifikationssystem zu. Diese lassen sich in vier Punkten zusammenfassen:

(1) In der Bundesrepublik wie auch in anderen Ländern droht die derzeitige hohe Arbeitslosigkeit angesichts eines noch bis gegen 1990 stark ansteigenden Arbeitskräftepotentials – ohne Rückkehr zu einem hohen Wirtschaftswachstum und ohne andere den Arbeitsmarkt entlastende Maßnahmen – in den nächsten Jahren noch weiter anzuwachsen und möglicherweise bis weit in die 90er Jahre hinein bestehen zu bleiben (vgl. Übersicht 1). Gegen oder nach 2000 ist dagegen eine völlig veränderte Arbeitsmarktsituation mit einer erneuten Arbeitskräfteknappheit nicht auszuschließen. Das Potential an deutschen Erwerbspersonen wird bereits in den 90er Jahren um ca. 1,7 Mio. zurückgehen. Der Rückgang könnte bis 2020 fast 6 Mio. erreichen.

Die hohe Arbeitslosigkeit als solche läßt vermehrte Qualifizierungsanstrengungen ratsam erscheinen, wenn Qualifikationen quasi „überwintern“, Erfahrungsdefizite ausgeglichen, eine Verhärtung der Arbeitslosenstruktur und schließlich eine Entfremdung der Erwerbslosen von der Arbeitswelt und Gesellschaft vermieden werden sollen.

(2) Die demographische Welle wird in zweierlei Weise Weiterbildungserfordernisse auslösen.

a) Der Geburtenberg der 60er Jahre wird noch bis in die 90er Jahre hinein im Ausbildungsbereich weiterhin Kapazitätsengpässe entstehen lassen, die zu verschiedenartigen horizontalen und vertikalen „Verdrängungsprozessen“ (einschließlich ungewollter Ausbildungen) und im Extremfall schließlich zu völligem Ausbildungsverzicht führen. Damit sind in einem nicht näher quantifizierbaren Umfang spätere Umschulungs- und Weiterbildungswünsche bzw. -erfordernisse der intergenerativ Chancengeminderten vorprogrammiert.

b) Der Geburtenrückgang wird den Anteil der unter 30jährigen Erwerbspersonen nach 1985 bis zum Jahre 2000 von den gegenwärtigen rd. 30 % um beinahe ein Drittel auf gut 20 % zurückgehen lassen und langfristig das Durchschnittsalter des Erwerbspersonenpotentials erhöhen. Das kann negative Folgen für die Innovations-, Anpassungs- und Leistungsfähigkeit der Volkswirtschaft haben. Dieser Gefahr könnte außer durch eine Verbesserung der Erstausbildung durch einen erheblichen Ausbau des Erwachsenenfortbildungssystems begegnet werden. Langfristig wird Qualität die Quantität ersetzen müssen.

(3) Auf der Angebotsseite des Arbeitsmarktes muß ferner mit einer langfristig weiter steigenden Erwerbsneigung der Frau gerechnet werden. Bei nach 2000 eventuell wieder knapperen Arbeitskräften stellt eine zunehmende Frauenerwerbstätigkeit außerdem eine Möglichkeit des Arbeitsmarktausgleichs dar.

Die Beschäftigungsmöglichkeiten der Frau werden in Zukunft immer mehr von Niveau und Struktur ihrer Qualifikation abhängen. Denn der technische

Fortschritt wird einerseits viele bisherige Frauenarbeitsplätze durch Automation vernichten, andererseits die geschlechtsspezifischen Unterschiede der Arbeitsplätze einebnen und flexiblere Arbeitszeiten ermöglichen.

Das formale Erstausbildungsniveau der Frau bleibt jedoch bisher nach wie vor hinter dem der Männer zurück. Die weiblichen Hochschulabsolventinnen haben außerdem bisher großenteils ausschließlich Lehrerberufe im traditionellen Jugendschulwesen ergriffen, das angesichts des Geburtenrückganges kaum noch expandieren dürfte. Für die Realisierung einer dauerhaft höheren Frauenbeschäftigung dürfte es daher notwendig oder förderlich sein, den beruflichen Neueintritt oder den beruflichen Wiedereintritt der Frauen durch Nachqualifizierungs- bzw. Umschulungs- und Weiterbildungsmaßnahmen mehr als bisher zu unterstützen, dabei weibliche Lehrkräfte auch auf andere Bildungsaufgaben vorzubereiten.

(4) Eine weitere Herausforderung für das Erwachsenenbildungssystem ergibt sich aus dem Anstieg des Potentials an großenteils ungebildeten und unausgebildeten ausländischen Arbeitskräften, die oft nicht einmal ausreichend der deutschen Sprache mächtig sind. Selbst bei ausgeglichenem Wanderungssaldo wird ihre Zahl aufgrund des Hineinwachsens der zweiten Ausländergeneration in das Erwerbsalter 1990 um per Saldo ca. 500 000 Erwerbspersonen höher sein als 1980, bei einem Zuwanderungsüberschuß von 55 000 sogar um 900 000 und bis 2000 um 1,6 Mio. Die quantitative und soziale Bedeutung des Problems wird noch deutlicher, wenn man sich vor Augen hält, daß bereits heute die Arbeitslosenquote der Ausländer um mehr als 50 % über dem Durchschnitt liegt und fast 40 % aller Jugendlichen ohne Ausbildungsvertrag Ausländer sind. Damit droht sich ein unkontrollierbares soziales Konfliktpotential anzusammeln.

Als ein wichtiges Mittel zur Reduzierung dieses Konfliktpotentials ist die volle Integration in die Schul- und Berufsstruktur anzusehen. Diese Aufgabe wird erhebliche Anstrengungen um die Nachqualifizierung und Weiterbildung einschließen müssen. Denken könnte man darüber hinaus auch an einen vermehrten Human-Kapital-Transfer in die Herkunftsländer zur Verbesserung der dortigen Entwicklungschancen und an eine großangelegte Bildungsoffensive zur Vermittlung deutscher Sprache und deutscher Kultur an alle Zuwanderer als Voraussetzung für eine befriedigende berufliche und soziale Integration, für die personale Assimilierung und zur Vermeidung problematischer Unterschichtungs- und Segregationsprozesse.

6. Schlußbemerkung

Alle aufgezeigten Grundtendenzen in der Entwicklung von Gesellschaft, Wirtschaft und Technik sprechen für insgesamt gesehen steigende Anforderungen an Flexibilität und Qualifikation, an Innovations- und Leistungsfähigkeit der erwerbstätigen Bevölkerung. Man denke nur an die tiefgreifenden Umwälzungen in allen Lebensbereichen, die von der Basisinnovation Mikroelektronik ausgehen, etwa an den Übergang zu einer „informatisierten" Gesellschaft, an die Entlastung des Menschen von monotonen und anstrengenden Routinearbeiten durch Roboter zugunsten der Wahrnehmung tertiärer Funktionen und der sinnvollen Nutzung vermehrter Freizeit oder an die Möglichkeit, in vielen Bereichen zu einer dezentralen und dennoch hocheffizienten Wirtschaftsstruktur zurückzukehren bis hin zu einer Rückverlagerung der Arbeit an die Wohnstätte. Man denke daran, daß die Bundesrepublik sich in einer Umwelt behaupten muß und mit ihr immer stärker verflochten wird, deren Bevölkerung in den nächsten zwei Jahrzehnten um etwa die Hälfte bzw. rd. 2 Mrd. Menschen zahlreicher sein wird als heute, und daß flexible und qualifizierte Arbeitskräfte den einzigen Produktionsfaktor darstellen, über den die Bundesrepublik als rohstoffarmes Land relativ reichlich verfügen könnte. Man denke schließlich an die weltweiten Energie-, Rohstoff- und insbesondere Umweltprobleme, ohne deren Lösung die Existenz eines großen Teils der Menschheit auch ohne Atomkrieg in absehbarer Zeit in Frage gestellt sein könnte.

Die Bundesrepublik und die übrige Welt stehen vor einer Epoche ungeheurer Herausforderungen, denen nicht nur auf den eingefahrenen Gleisen begegnet werden kann, sondern die innovatorische Antworten erfordern. Ohne Zweifel werden die damit verbundenen Aufgaben, Probleme und Umstellungen um so leichter und schneller bewältigt werden können, je größer Bereitschaft und Fähigkeit sind, flexibel zu reagieren und dazuzulernen.

Dieser verstärkt geforderten Bereitschaft und Fähigkeit zur Flexibilität und Weiterbildung drohen jedoch in der Bundesrepublik tendenziell u. a. Qualifikationsdefizite entgegenzuwirken:

1. durch die Alterung des einheimischen Arbeitskräftepotentials nach 1985,
2. durch die mangelhafte Ausbildung der ausländischen Zuwanderer und ihrer bereits in diesem Lande aufwachsenden Kinder, ohne deren volle Integration außerdem ein erhebliches soziales Konfliktpotential zu entstehen droht,
3. durch die Ausbildungs- und Erfahrungsdefizite bei den neu oder wieder in das Erwerbsleben drängenden Frauen,
4. durch eine nicht optimale Ausbildung der geburtenstarken Jahrgänge sowie
5. durch Entfremdung vieler Erwerbspersonen vom Erwerbsleben bei anhaltend hoher Arbeitslosigkeit.

Angesichts des in den 80er Jahren drohenden Umfanges der Arbeitslosigkeit und des komplexen Ursachenbündels kann es jedoch kein Patentrezept, keinen einfachen Königsweg zur Wiederannäherung an die Vollbeschäftigung geben, sondern ist zur Wiedererlangung eines hohen Beschäftigungsgrades in den 80er Jahren ein ganzes Bündel von Maßnahmen nötig, die an den verschiedensten

Stellen ansetzen und alle Politikbereiche erfassen, von der Wachstums- und Konjunkturpolitik über die Arbeitsmarkt- und Bildungspolitik bis zur Arbeitszeitpolitik. Im Hinblick auf den sich abzeichnenden tiefgreifenden Strukturwandel von Wirtschaft und Arbeitsmarkt erscheinen dabei zur langfristigen Schaffung und Sicherung der Beschäftigungschancen Maßnahmen zur Verbesserung der Erstausbildung, zum Aufbau eines leistungsfähigen Erwachsenenbildungssystems und zur generellen Erhöhung der Flexibilität unseres Wirtschafts- und Gesellschaftssystems dringender denn je.

DIE ROLLE DER BERUFLICHEN BILDUNG IM RAHMEN LOKALER ARBEITSMARKTPOLITIK UND REGIONALWIRTSCHAFTLICHER FÖRDERUNGSMASSNAHMEN

Von Rolf Derenbach

1. Vorbemerkung

Ich gehe in meinem Beitrag auf die folgenden Punkte ein:

- Regionalwirtschaft und Beschäftigung – strukturelle Zusammenhänge, Dynamik, Kriterien positiver Regionalentwicklung;
- Strategie regionaler Entwicklung auf der Grundlage von Qualifikation und Innovation;
- aktuelle regionalwirtschaftliche Probleme als Folge von Konjunkturzyklen;
- aktuelle erwerbsstrukturelle Problemlagen als Folge demographischer Zyklen;
- Ansatzpunkte von regionalwirtschaftlichen Initiativen.

Es geht mir bei meinem Referat insbesondere darum, die unterschiedlichen und vielfältigen Bereiche zu kennzeichnen, an denen Initiativen ansetzen können. Dabei soll der Stellenwert der Faktoren berufliche Kompetenz und betriebliche Innovation für eine regionale Entwicklungspolitik verdeutlicht werden.

Es geht mir also nur indirekt um die traditionelle Analyse der Eingliederungsleistungen von Berufsbildungsmaßnahmen etwa für die nachwachsende Generation und für arbeitslos gewordene Erwerbspersonen. Im Zentrum meiner Ausführungen stehen Überlegungen, wie die Dynamik der regionalwirtschaftlichen Entwicklung durch Förderung beruflicher Kompetenz und betrieblicher Innovation gestärkt werden kann. Auf dieser Grundlage lassen sich dann die Beschäftigungs- und Einkommensziele der Region eher verwirklichen als etwa durch traditionelle Ansätze wie Industrieansiedlung, deren Wirksamkeit unter den Bedingungen der Krisensituation in vielen Regionen stark zurückgegangen ist.

2. Regionalwirtschaft und Beschäftigung

Lassen Sie mich zunächst auf die Kriterien eingehen, die eine gut funktionierende Regionalwirtschaft kennzeichnen.

Abbildung 1 zeigt ein vereinfachtes regionalwirtschaftliches Modell. Wie jede Unternehmung steht auch jede Regionalwirtschaft in einem Spannungsverhältnis zwischen dem, was sie produziert, und den Bedingungen bzw. Veränderungen auf den Gütermärkten. Auf die Gütermärkte wirken im wesentlichen drei Größen ein, nämlich die Kaufkraftentwicklung, die Veränderung der Güterpräferenzen (etwa als Folge neuer Produkte oder als Folge der Bedarfsdeckung) und die Güterangebote der konkurrierenden Regionalwirtschaften. Positiv ist eine Regionalwirtschaft dann zu bewerten, wenn ihr Güterprogramm (nach Art, Menge, Kosten, Vertrieb) in Einklang steht mit diesen Gegebenheiten auf den sektoralen und regionalen Gütermärkten. Dazu gehört auch die Fähigkeit, sich gegenüber außerregionaler Konkurrenz zu behaupten. In diesem Fall ist das Aufwands-/Ertragsverhältnis günstig für die Regionalwirtschaft, woraus sich der Antrieb und auch die Fähigkeit zum Arbeitsplatzwachstum ergibt.

Dadurch wird zugleich ein hohes Einkommensniveau erreicht, wodurch die Beschäftigung im Dienstleistungsbereich günstig beeinflußt wird.

Von einer Regionalwirtschaft aus gesehen sind die genannten Einflußfaktoren auf der Gütermarktseite nicht oder nur kaum veränderbar. Eine strukturstarke Regionalwirtschaft hat aber die Fähigkeit, durch Veränderung der von ihr kontrollierbaren Größen (nämlich Arbeit und berufliche Kompetenz, Betriebsanlagen und Betriebsmittel, öffentlich getragene Infrastruktur und Beratungsdienste) entstehende Negativeinflüsse von seiten des Gütermarktes aufzufangen bzw. Entwicklungen auf den Gütermärkten, die die Regionalwirtschaft begünstigen, rechtzeitig zu erkennen und in eine expansive Entwicklung zugunsten der eigenen Regionalwirtschaft „umzumünzen“.

Eine defizitäre Problemregion dagegen hat diese Flexibilität nicht im erforderlichen Ausmaß. Z. B. durch mangelnde unternehmerische Intensität, Nichtverfügbarkeit über Arbeit entsprechender Qualifikation, Unfähigkeit zur betrieblichen Umrüstung, Nichtverfügbarkeit von Realkapital unterbleibt der Anpassungsprozeß, woraus über kurz oder lang Strukturschwäche entsteht bzw. sich verfestigt mit allen Konsequenzen für Beschäftigung und Einkommen.

In der Vergangenheit war bei durchgängig expansiven Gütermärkten und bei relativem Schutz gegen weltwirtschaftliche Konkurrenz dieser grundlegende Sachverhalt verdeckt. Seit Mitte der 70er Jahre tritt er aber nun bedingt durch Rezession und stark angestiegene Verdrängungsprozesse um so deutlicher hervor. In machen Regionen hat dies bereits zu recht dramatischen Zerfallserscheinungen in der Regionalwirtschaft geführt.

Abbildung 1

Grundelemente eines regionalwirtschaftlichen Modells

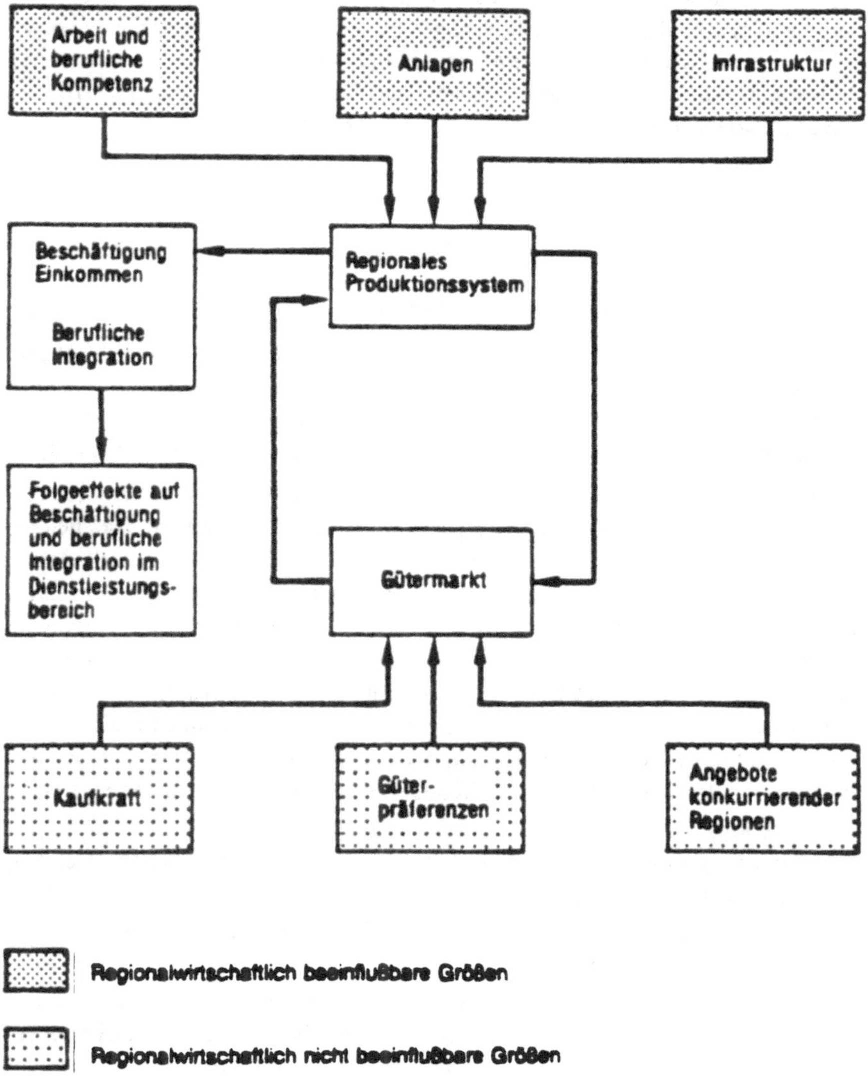

Ich habe auf diese bekannten Sachverhalte nur noch einmal hingewiesen, um zu einer Definition regionalwirtschaftlicher Probleme zu gelangen, die handlungsorientiert ist und auch den gegenwärtigen gesamtwirtschaftlichen Rahmenbedingungen gerecht wird. Die entscheidenden Größen der Regionalwirtschaft sind ihr Initiativenreichtum, die Struktur und Qualität des erzeugten Güterprogramms, die Effizienz der Fertigung, die Intelligenz des Marktzugangs. Andere Größen, die oft zur Erklärung regionaler Strukturschwäche herangezogen werden, wie z. B. periphere Lage, hoher Besatz an rezessiven Branchen, fehlende Fühlungsvorteile sind – so gesehen – keine verursachenden Größen, sondern Parallel- oder Folgeerscheinungen regionaler Inflexibilität.

3. Regionalentwicklung durch Qualifikation und Innovation

Von diesem Ausgangspunkt ausgehend gibt es im wesentlichen zwei Fragen:

- Wie sieht eine Strategie aus, die an den genannten Schlüsselfaktoren regionalwirtschaftlicher Entwicklung ansetzt?
- Wie kann diese Strategie von seiten der regionalen Institutionen und der Bundes- und Landesbehörden in praktisches Handeln umgesetzt werden?

In Abbildung 2 wurde der Versuch gemacht, dazu eine erste Antwort auf der Ebene der „strategischen" Ausgangsüberlegungen zu geben. Die beiden Schlüsselkonzepte der Regionalentwicklung sind „Qualifikation" und „Innovation". Die Abbildung versucht, diese Ausgangspunkte von regionalwirtschaftlichen Initiativen in einem regionalwirtschaftlichen Kreislaufmodell zusammenzuführen. Qualifikation wird dabei verstanden als die Summe aller Fähigkeiten, die die in einer Regionalwirtschaft produktiv Tätigen aufweisen, und Innovation wird verstanden als Summe aller Handlungen, die die notwendigen Umwandlungen innerhalb der Unternehmungen herbeiführen. Vor allem die Förderung der im folgenden genannten Bereiche sind Bestandteile dieser Strategie:

- Die Fähigkeit zur Informationsgewinnung; Fähigkeit, Marktprozesse zu erkennen; Fähigkeit, sich in die Interaktionsströme der Wirtschaft einzuschleusen; Fähigkeit, die Betriebsführung auf hohem Niveau durchzuführen.
- Die Fähigkeit, neue Produkte zu entwickeln; die Fähigkeit, Verfahrensinnovationen durchzuführen.
- Die Fähigkeit, die Produktinnovationen auch tatsächlich in den Produktionsbereich zu überführen, d. h., die notwendigen beruflichen Qualifikationen zu erwerben und Betriebsmittel dementsprechend umzugestalten.

Aus den Initiativen in diesen drei Bereichen ist Ertragssicherung zu erwarten, und damit Beschäftigung und Einkommen. Von langfristig noch größerer Bedeutung sind weitergehende Effekte, vor allem die Diversifizierung der Produktpalette der Region, was Stabilität der Regionalwirtschaft in der Zukunft

Abbildung 2

Wirkungsverläufe einer auf Qualifikation und Innovation aufbauenden Regionalstrategie

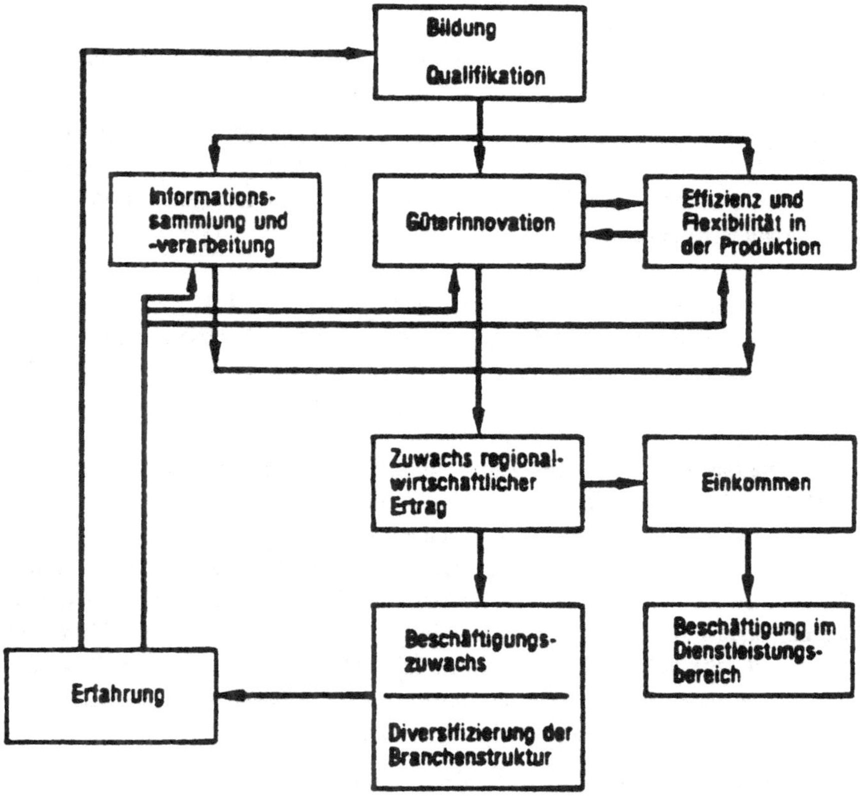

bedeutet. Zu einem Kreislauf „gekoppelt" und damit zu einer stetigen Quelle von Verbesserungen, werden diese Initiativen vor allem dann, wenn die Regionalwirtschaft es auch versteht, Erfahrungen zu sichern und von den gesammelten Erfahrungen aus die genannten Bereiche weiter zu verstärken.

Bevor nun auf die zweite Frage – wie kann diese Strategie instrumentell ausgefüllt werden – eingegangen wird, gilt es, zunächst die Probleme und Chancen der aktuellen Situation in dieses Bild einzuarbeiten. Dies soll für die ökonomische Seite geschehen.

4. Aktuelle Problemlagen als Folge ökonomischer Zyklen

Viele Regionen der Bundesrepublik Deutschland leiden seit Mitte der 70er Jahre unter geringem Wachstum, hohen Arbeitsplatzverlusten und Beschäftigungslosigkeit. Abbildung 3 zeigt den Verlauf, den das „Arbeitskräftepotential" (Zahl der Beschäftigten und Zahl der Arbeitsuchenden) und das „Arbeitsplätzepotential" (besetzte und offene Arbeitsplätze) seit 1950 genommen hat und bis zum Jahre 2000 vermutlich nehmen wird.

Ich gehe zunächst auf die „Arbeitsplatzentwicklung" ein. Sie ist seit der hohen Wachstumsphase in den 50er Jahren, der stabilen Situation in den 60er Jahren nun durch eine hohe Zyklität mit starkem Abwärtstrend seit der ersten gravierenden Rezession 1974/75 geprägt.

Die Erklärung der Ursachen der Konjunkturzyklen und ihrer Beschäftigungsfolgen ist eine alte Frage. Meines Erachtens ist dabei der Erklärungsversuch des Ökonomen Schumpeter derjenige, der plausibel und handlungsorientiert ist. Schumpeter postulierte eine Theorie „der langen Wellen" mit dem folgenden Ablauf: Ausgangspunkt ist eine ökonomische Krise. Unter ihrem Druck entfaltet sich eine lebhafte Produktinnovationswelle, die dann in der nächsten Phase die Grundlage expansiver Märkte und stabilen Beschäftigungswachstums abgibt. Je länger diese jedoch anhält, desto stärker werden einmal die Bedarfe der Konsumenten abgedeckt und gleichzeitig wird die technologische Vertrautheit mit der Produktion dieser Güter immer besser, so daß Arbeitsteiligkeit und Substitution von Arbeit durch Betriebsmittel immer weiter vorangetrieben werden kann. Als Folge saturierter Märkte bei den traditionellen Güterbereichen und sehr hoher Arbeitsproduktivität entsteht dann eine neue Beschäftigungskrise, wodurch neue Produktinnovationen notwendig werden. Der langfristige Zyklus beginnt dann wiederum von neuem.

Es ist überraschend, wie exakt diese Vorstellung von „langen Konjunkturwellen" auf die Situation der Bundesrepublik paßt. Denn es sind ja tatsächlich die eigentlich aus der Beschäftigungskrise der 20er Jahre entstandenen Produktinnovationen (wie Auto, Unterhaltungselektronik, Haushaltstechnologie wie Kühlschränke usw.) gewesen, die die Grundlage des „Wirtschaftswunders" ausmachten.

In den 60er und 70er Jahren werden nun immer mehr Sättigung der Märkte in diesen Produktbereichen erkennbar (etwa im Bereich der Haushaltsgeärte) und die Bedrohung der Beschäftigung durch arbeitsteilige Produktionsweise nimmt (z. T. noch verdeckt) zu. Seit Mitte der 70er Jahre stehen wir in einer schweren Beschäftigungskrise. Sie hat ebenfalls wie im Schumpeterschen Modell bereits zu einer ansteigenden Innovationswelle geführt, was sich gegenwärtig insbesondere durch die Betriebsgründungswelle deutlich ausdrückt.

Abbildung 3

Entwicklung des Arbeitskräfte- und Arbeitsplätzepotentials 1950–2000

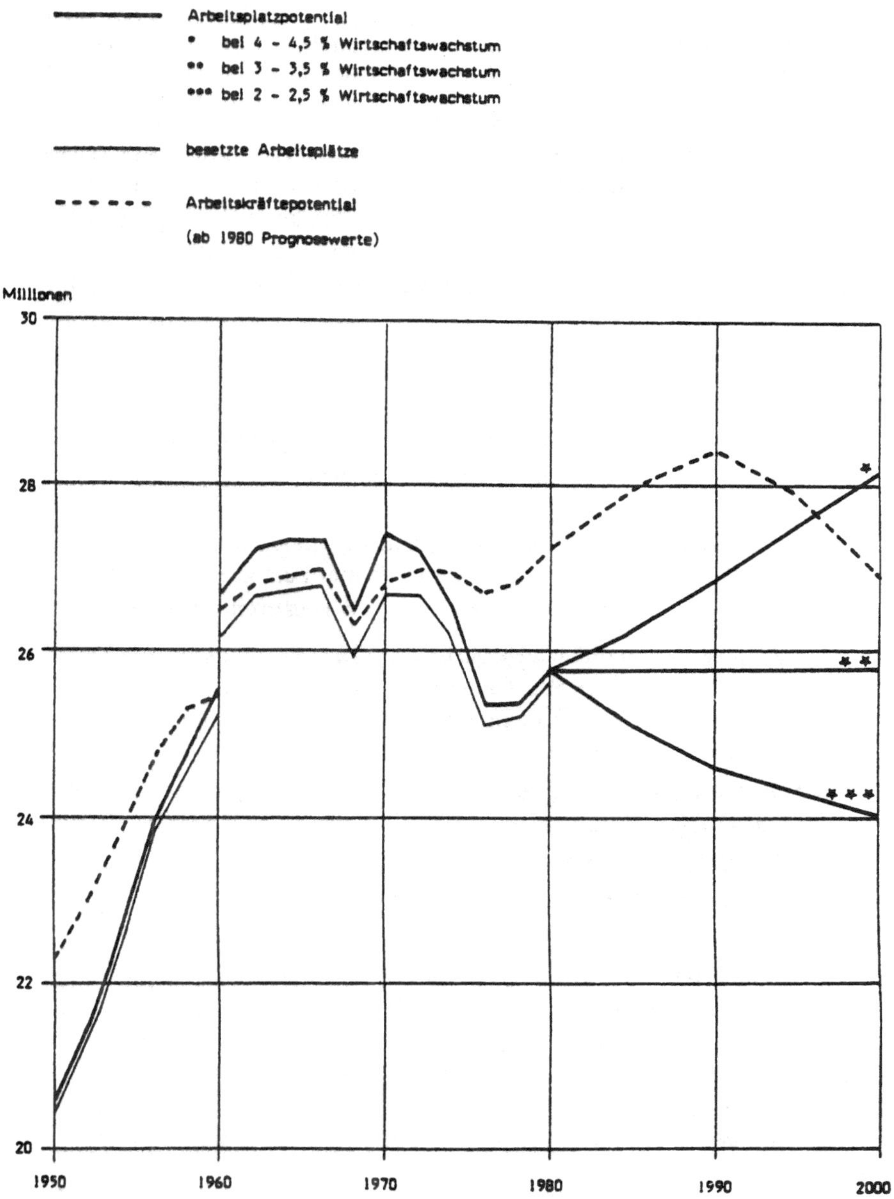

Quellen: *Statistisches Bundesamt* (Hrsg.): Lange Reihen zur Wirtschaftsentwicklung 1982, Stuttgart und Mainz 1982. *Institut für Arbeitsmarkt- und Berufsforschung* (Hrsg.): Perspektiven 1980–2000 – Neue Alternativrechnungen zur Arbeitsmarktentwicklung, 2. Nachtrag zu QuintAB 1, Nürnberg 1982.

Es geht im Licht dieses Gedankenganges – bildlich gesprochen – darum, die Phase der „Innovationswelle" möglichst zeitlich zu überlappen mit der Phase der „entstehenden Beschäftigungskrise". Erst dann werden die negativen sozialen und ökonomischen Folgen dieser Übergangsphasen gelindert. Diese Aufgabe muß nicht nur die Globalwirtschaft Bundesrepublik, sondern auch jede ihrer regionalen Teilwirtschaften leisten.

Dies ist uns bisher – wie der Blick auf die globalen und insbesondere regionalen Arbeitslosenzahlen zeigt – nicht in dem erforderlichen Ausmaß gelungen. Es zeigte sich, daß viele der großtechnologischen Innovationen nicht oder nicht ausreichend „beschäftigungsrelevant" werden konnten. Es geht aufgrund dieser Erfahrungen nun stärker darum, die Potentiale der vielen kleinen und mittleren Betriebe zu nutzen. Ich komme auf die Rolle der kleinen Betriebe noch einmal zurück.

5. Regionalwirtschaftliche Probleme und Chancen in der Übergangsphase

Aus der geschilderten Situation ergeben sich nun vielfältige regionalwirtschaftliche Probleme, aber auch Chancen, die nun kurz genannt und kommentiert werden. Lassen Sie mich zunächst auf die negativen Einflüsse eingehen:

- Der Anstieg der Verdrängungskräfte auf allen Gütermärkten (durch Preiswettbewerb, räumliche Ausdehnung der Absatzmärkte). Hinzu kommen noch Rückgang der Investitionen zur Produktionsausweitung, Stillegungen von Betriebsstandorten.
- Der Rückgang großer Infrastrukturinvestitionen aufgrund der Haushaltskonsolidierungspolitik.
- Der Rückgang von überregionalen Kapitalströmen mit Umverteilungseffekten, Rückgang der betrieblichen Investitionen in den traditionellen Sektoren, wenig mobile Betriebe.

Aufgrund dieser Entwicklungen sind die Erfolgschancen der klassischen „Industrieansiedlungspolitik" als zentrale Strategie (Verlagerung von Betrieben oder Betriebsteilen größerer Firmen im überregionalen Maßstab) stark zurückgegangen. Tatsächlich ist die Ansiedlung einer attraktiven Unternehmung nun ein sehr unwahrscheinliches Ereignis geworden, denn die Zahl der Betriebsverlagerungen ist von 867 (52 230 Arbeitsplätze) im Jahre 1964 auf 165 (13 279 Arbeitsplätze) im Jahre 1981 zurückgegangen.

Auf der anderen Seite entstehen aber auch wiederum Potentiale, die positiv zu bewerten sind, wobei vor allem zu nennen sind:

- Das Entstehen von regionalem „Selbsthelfertum". Auch dies ist Ausdruck der „Innovationswelle" als Konsequenz einer Krisenlage im Sinne Schumpeters.

- Die Entstehung kleiner Teilmärkte (bestehend aus Kleinserien, Unikaten, kundenbezogenen Sonderanfertigungen etc.), wobei diese Teilmärkte zwar klein sind, aber über ihre Häufigkeit dennoch einen stark wachsenden Anteil an dem Gesamtgütermarkt ausmachen. Es ergibt sich daraus eine erhebliche Reduzierung der bis dahin gültigen Effekte der „economies of scale", die Großbetriebe begünstigen. Vor allem die kleinen und mittleren Betriebe sind oft besser in der Lage, diese Märkte abzudecken.
- Das Arbeitsplatzwachstum bei kleinen und mittleren Betrieben zeigt die Abbildung 4. Die empirischen Befunde machen deutlich, daß diese Betriebe in der Übergangsphase oft aufgrund ihrer höheren Flexibilität eher stabil sind als viele der großen Betriebe.
- Die Entstehung von neuen Unternehmen. Es ist typisch für die Krisensituation, daß viele Investitionen in Form von Betriebsgründungen erbracht werden bzw. daß der Strukturwandel sich in Form von Schließung alter und Eröffnung neuer Produktionsstätten vollzieht.

Die Regionen in Süddeutschland sind von diesen Prozessen relativ begünstigt worden, was sich an den arbeitsplatzbezogenen Wachstumsverläufen der letzten 10 Jahre deutlich nachweisen läßt, während die großen Zentralregionen in der nördlichen Hälfte der Bundesrepublik stark von den großbetrieblichen Arbeitsplatzschrumpfungsprozessen betroffen sind und die dadurch entstehenden Arbeitsmarktprobleme auch nicht mehr durch Arbeitsplatzwachstum im Dienstleistungsbereich auffangen können. Man darf sich aber auch hier in Süddeutschland keiner Illusion hingeben. Maßgeblich und betriebsökonomisch auch richtig sind Rationalisierungsmaßnahmen in den großen Betrieben, was für die Beschäftigung Arbeitsplatzstagnation oder -verluste bedeutet. Man braucht hier nur aufmerksam die Abschlußberichte großer Aktiengesellschaften zu studieren.

6. Aktuelle Probleme als Folge demographischer Zyklen

Eine zusätzliche Problematik ergibt sich, wenn die in der Bundesrepublik Deutschland demographischen Zyklen mit in die Überlegungen einbezogen werden.

Die Abbildung 3 zeigt im oberen Teil, wie stark sich aufgrund der geburtenstarken Jahrgänge (und der gering besetzten Jahrgänge, die aus dem Erwerbsleben ausscheiden) das „Arbeitskräftepotential" entwickelt. Die sich öffnende Schere zwischen arbeitsuchenden Menschen und Arbeitsplätzen wird also nicht nur von rezessiven Einflüssen der Konjunktur oder Lohnkostenminimie-

Abbildung 4

Unterschiede in der Beschäftigtenentwicklung 1970–1976 in Betrieben des verarbeitenden Gewerbes nach Betriebsgrößenklassen

Dargestellt sind die absoluten Unterschiede des betriebsgrößenspezifischen Indexwertes zum Gesamtindexwert. Gesamtindexwert nahm die folgende Entwicklung: 1970 = 100; 1972 = 96; 1974 = 94; 1976 = 83.

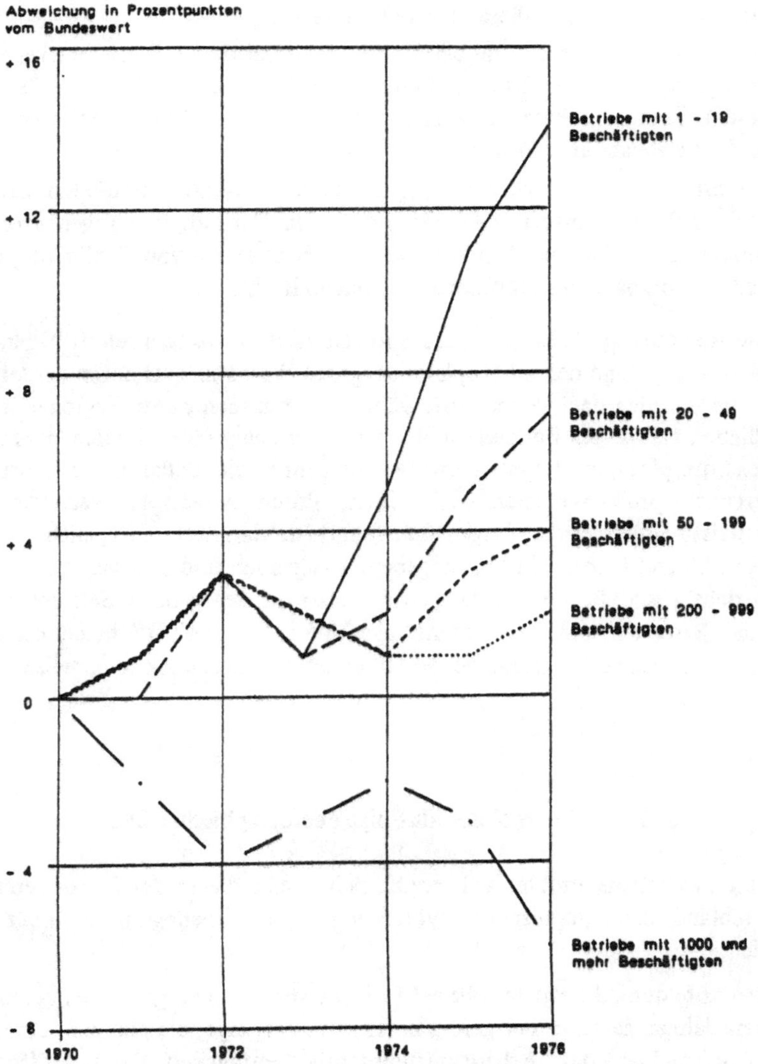

Quellen: *Statistisches Bundesamt* (Hrsg.): Betriebe, Beschäftigte und Umsatz nach Betriebsgrößenklassen 1970 ff., in: Reihe 4 der Fachserie D Sonderbeiträge zur Industriestatistik, Stuttgart und Mainz 1971-1977.

rung in Großbetrieben, sondern auch von demographischen – also nicht ökonomischen – Faktoren beeinflußt.

Man kann sagen, daß die gegenwärtige Situation durch ein äußerst unglückliches zeitliches Zusammentreffen der „langen Wellen“ sowohl der Ökonomie als auch der Demographie gekennzeichnet ist. Viele Regionen sind dabei oft besonders betroffen, weil dort die „Nachwuchsintensität“ höher ist und gleichzeitig die Abwanderung von jungen Menschen, die unter Arbeitsmarktgesichtspunkten eine Erleichterung der angespannten Situation darstellt, nun zurückgeht, weil auch in den Wachstumszentren oft erhebliche Arbeitslosigkeit herrscht.

Daraus ist die Schlußfolgerung zu ziehen, daß zum Innovationsbedarf im ökonomischen/regionalwirtschaftlichen Bereich ein weiterer Bedarf nach Innovationen im sozialen Bereich hinzutritt. Diese neue Aufgabe kann man als „berufliche Integrationspolitik“ bezeichnen. Auch sie müßte vorrangig von den regionalen Trägern durchgeführt werden – so wie dies im Fall der Versorgung mit Ausbildungsplätzen bereits geschehen ist. Dies bedeutet u. a. auch, daß wir neue Aufgaben definieren lernen, deren Erledigung die Grundlage von Berufsstartchancen für diejenigen jungen Menschen darstellt, die aufgrund der Arbeitsplatzknappheit nicht in herkömmlicher Form integriert werden können.

7. Ansatzpunkte von regionalwirtschaftlichen Initiativen

Regionales Selbsthelfertum bedeutet vor allem, daß es die Träger von regionalwirtschaftlichen Initiativen (von Betrieben, den Beschäftigten bis hin zu den politischen Gremien) in die Hand nehmen, die bestehenden Ressourcen in der Region „zu sichern“ und neu zu kombinieren. Man muß sich dabei bewußt werden, daß diese Fähigkeit des regionalen „Selbsthelfertums“ in der Vergangenheit zurückgegangen ist, weil in der Wachstumsphase die Ressourcen oft sozusagen von alleine von „außen“ zuflossen.

Es gilt hier, neue Handlungsbereiche zu entdecken und vor allem die verschiedenen Querbezüge und Verkopplungen von regional vorhandenen Handlungsbereichen voranzutreiben. Die Initiative einer stärkeren Verbindung von regionaler Wirtschaft und regionaler Hochschulinfrastruktur zur Förderung des regionalen Innovationsprozesses – wie dies auch in diesem Seminar zum Ausdruck kommt – ist dafür ein gutes Beispiel.

Aus den vorangegangenen Ausführungen zeichnen sich vor allem die folgenden Ansatzpunkte einer regionalen und regional gesteuerten Förderung von Wirtschaft und Beschäftigung ab:

– Regionale Wirtschaftspolitik durch Information und Koordination verlangt ein bestimmtes Niveau von Transparenz und Zusammenwirken in der

Region. Regionale Instanzen haben in den letzten Jahren Gremien – wie regionale Wirtschaftsbeiräte usw. – geschaffen, die dieses „Zusammenrücken“ zum gegenseitigen Vorteil fördern. Die Verbände der Wirtschaft (Handwerkerschaft, Handwerkskammern, Industrie- und Handelskammern, regionale Wirtschaftsförderungsgesellschaften) verdeutlichen die Handlungsnotwendigkeiten und Querbezüge in der Region.

- Produktinnovationen. Es wurde unter Hinweis auf Schumpeter gezeigt, daß diese für die langfristige Stabilität des regionalen Arbeitsmarktes die wichtigste Größe darstellt. Sie kann aber zugleich die kostenintensivste / risikoreichste Form regionalwirtschaftlicher Entwicklung sein, obwohl sich durch neue, spezialisierte, oft sehr kleine Gütermärkte die Chancen der kleinen und mittleren Betriebe erheblich verbessert haben. Durch Zusammenarbeit z. B. von regionaler Bildungsinfrastruktur (berufsbildende Schule, überbetriebliche Ausbildungsstätte, Hochschule) und Unternehmen kann dieses Risiko erheblich vermindert werden. Es gibt inzwischen viele Beispiele in den Regionen der Bundesrepublik Deutschland, in denen sich eine enge Zusammenarbeit dieser Art herausgebildet hat.
- Technologieinnovationen / Technologieanwendung. Sie ist vor allem für den Qualitäts- und Preiswettbewerb eine entscheidende Größe und damit bedeutsam für die Arbeitsplatzbestandssicherung. In der Regel ist die Anwendung neuer Technologien heute mit erheblichen Qualifizierungsnotwendigkeiten verbunden. Deshalb stellt sich auch in diesem Bereich die Frage, wie berufsbildende Schulen, Fachhochschulen und Hochschulstruktur daran beteiligt werden können. Die Beispiele reichen hier von der Unterrichtung etwa an computergesteuerten Werkzeugmaschinen bis zur intensiven betrieblichen Weiterbildung im Rahmen der Umrüstung. Im Gegensatz zur oft geäußerten Meinung begünstigen die neuen Technologien das Entstehen kleiner Betriebe (insbesondere bei CNC-Maschinen).
- Die Steigerung der Innovationstätigkeit hat viele Facetten. Unter anderem muß auch der Zugang von kleinen und mittleren Firmen zu den finanziellen Fördermitteln in diesem Bereich verbessert werden. Dies ist oft erschwert, weil die Inhaber dieser Betriebe ihre auf die Produktentwicklung gerichtete Tätigkeit nicht als „Innovationstätigkeit“ ansehen bzw. weil ihnen dieser Charakter abgesprochen wird. Regionale Instanzen können darauf einwirken, daß sich andere Einstellungen durchsetzen. Viele sogenannte spitzentechnologische Projekte sind sehr kostenintensiv, aber im Hinblick auf Arbeitsplätze wenig ertragreich bzw. werden zu wenig produktionsrelevant. In der Regel sind Innovationsvorhaben in kleinen und mittleren Betrieben zwar weniger spektakulär, dafür aber marktnäher und vergleichsweise billig und daher besonders arbeitsplatzwirksam.
- Verbesserung des Innovationstransfers. Auch hier gilt es, Formen der gegenseitigen Sicherung zu finden, wobei z. B. die Hochschulen ihren räumlichen

Bezug stärker beachten und ihren Beitrag zur Innovationstätigkeit leisten müssen. Eine solche Zusammenarbeit hat bereits in vielen Regionen eine Tradition.

- Bevorzugung der kleinen und mittleren Betriebe bei den unterschiedlichen Formen der finanziellen Förderung. Eine internationale Untersuchung zeigte, daß das Verhältnis zwischen eingesetzten Subventionen und dadurch geschaffenen bzw. erhaltenen Arbeitsplätzen bei kleinen Betrieben sehr viel günstiger ist als bei Großprojekten, deren teure Realkapitalausstattung mitfinanziert werden muß. Dementsprechend gilt es, die kleinen und mittleren Betriebe bei der Vergabe von Finanzmitteln und Aufträgen zu bevorzugen oder wenigstens nicht zu benachteiligen.
- Unternehmensführung vor allem bei kleinen und mittleren Betrieben. Vergleichende Untersuchungen der Existenzbedingungen von Firmen unterschiedlicher Größe zeigen, daß die Managementleistungen in der Regel die Schwachstelle bei den kleinen und mittleren Betrieben sind. Oft stehen auch individualpsychologische Gründe einer aus der Sicht der Beschäftigungssicherung erwünschten Vergrößerung solcher Betriebe entgegen. In vielen Initiativen werden z. Z. Modelle erprobt, wie Probleme dieser Art überwunden werden können. Sie reichen von der teilweisen Übernahme von Managementleistungen, von der spezifischen Betriebsleiterschulung bis hin zur betriebsübergreifenden Erledigung bestimmter Tätigkeiten.
- Betriebsgründungen. Wer an dieser Art des Wirtschaftswachstums teilnimmt, legt wichtige Grundlagen für die Zukunft. Es gilt also, diese Initiativen möglichst zu ermutigen und zu unterstützen. Dabei sind die ersten fünf Jahre der Existenz solcher Betriebe besonders schwierig. Unterstützende Leistungen der regionalen Wirtschaftsförderung der Gemeinden sind deshalb erforderlich.
- Intensivierung der inneren Produktionsverflechtungen. In allen Regionalwirtschaften bestehen Handlungsspielräume, die bisher nicht gesehen bzw. vernachlässigt wurden. Dazu gehört auch die Ausnutzung der Möglichkeiten innerer Produktionsverflechtung. Auf diese Weise wird erreicht, größere Anteile der Produktionskette abzudecken, was im allgemeinen eine Erhöhung des Ertragswertes für die Regionalwirtschaft bedeutet.
- Sicherung existenzbedrohter Betriebe. Es liegen verschiedene Modelle vor, existenzbedrohte Betriebe zu reaktivieren. Diese reichen von der traditionellen Form des Besitzerwechsels bis hin zu einer gänzlichen Rekonstruktion der betrieblichen Existenz durch Veränderung des Güterprogramms und entsprechenden Neuordnungen im Bereich der beruflichen Kompetenz, der maschinellen Ausstattung usw. Kleine Betriebe geraten oft im Generationenwechsel ihrer Besitzer in existenzbedrohende Krisen. Es gilt, solche Probleme möglichst frühzeitig durch Lösung des Nachfolgerproblems zu beheben.

- Veränderung der regionalen Struktur beruflicher Kompetenz. Aktiv sich entwickelnde Betriebe bzw. Regionalwirtschaften verändern im Entwicklungsprozeß ihre Qualifikationsanforderungen erheblich. Dabei kann sich die Struktur des Qualifikationsbedarfs nach Berufen erheblich verändern. Eine an dem Bestand an beruflicher Qualifikation arbeitende Regionalwirtschaft wird versuchen, diese neuen Bedarfe möglichst frühzeitig an die Berufsbildungsinfrastruktur zu signalisieren, so daß dort im Erstausbildungs- und Weiterbildungsbereich die neu benötigten Berufe ausgebildet werden können.
- Rekrutierung von Innovatoren. Meister- und Technikerausbildung sind Grundvoraussetzungen dafür, daß das Innovatorenpotential einer Region sich vergrößert. Ein dementsprechend hoher Stellenwert muß der Förderung von Bildungsgängen dieser Art zugewiesen werden.
- Unterstützung „neuer" Formen von Arbeitsplatzwachstum bzw. Wiederanstieg des Stellenwertes von Gewerben. Im Gegensatz zu den 50er und 60er Jahren ist der positive Zusammenhang zwischen Bruttosozialproduktentwicklung und Arbeitsplatzwachstum in vielen Branchen aufgehoben. Diese Tatsache ist eine Bedingung, die viele davon betroffene Menschen zu neuen Verhaltensweisen im Erwerbsleben drängt. Aus diesem Prozeß ergeben sich neue Formen des Arbeitsplatzwachstums, die mit Begriffen wie neue Selbständigkeit, alternative Produktion usw. bezeichnet werden.

8. Die Rolle der kleinen und mittleren Unternehmen

In diesen strategischen Vorstellungen spielt neben dem Faktor „berufliche Kompetenz" der Faktor „kleine und mittlere Betriebe" eine zentrale Rolle. Dies wird verschiedentlich mit dem Hinweis kritisiert, es handle sich hier um „Small is Beautiful-Ideologie" oder um eine unkritische Übernahme der Befunde des amerikanischen Ökonomen Birch auf die Situation in der Bundesrepublik.

Um die These einer besonderen Bedeutung der kleinen und mittleren Betriebe für die wirtschaftliche Erneuerung und das Arbeitsplatzwachstum zu überprüfen, wurde von Prof. Ewers und Dr. Fritsch von der Technischen Universität Berlin ein vom Bundesministerium für Raumordnung, Bauwesen und Städtebau finanziertes Forschungsprojekt durchgeführt.

Es konnte auf der Grundlage der Auswertung von rd. 112 Tausend Kreditfällen bei der Kreditanstalt für Wiederaufbau gezeigt werden, daß Investitionen in kleinen und mittleren Betrieben arbeitsplatzschaffend sind, Investitionen in Großbetrieben dagegen oft mit Arbeitsplatzverlusten einhergehen. Vgl. zu den Eckwerten dieser Untersuchung die Werte in Tabelle 1.

Tabelle 1

Arbeitsplatzeffekte geplanter Investitionsprojekte nach Unternehmensgrößenklassen 1974–1982

a) nur Regionalprogramm sowie Programm M 1 / M 2 einschließlich 1981/82er Sonderprogramm

Unternehmens-größe	Anzahl der Fälle	Ant. d. Unt. m. zus. Arb.-plätzen	Zus. Arbeits-plätze insgesamt	Ant. an zus. Arbeits-plätzen
1 – 9	52 757	75,0	93 022	22,9
10 – 19	20 428	75,2	59 911	14,7
20 – 49	18 250	69,7	78 222	19,3
50 – 99	8 954	62,0	56 350	13,9
100 – 199	5 600	52,7	44 125	10,9
200 – 499	4 043	43,8	40 639	9,9
500 – 999	1 272	42,3	20 799	5,1
1 000 u. mehr	535	37,9	13 145	3,2
insgesamt	111.839	70,4	406.213	100,0

b) nur Programme zur Förderung spezieller Umwelt-, Umstellungs- und Modernisierungsinvestitionen

Unternehmens-größe	Anzahl der Fälle	Ant. d. Unt. m. zus. Arb.-plätzen	Zus. Arbeits-plätze insgesamt	Ant. an zus. Arbeits-plätzen
1 – 9	1 994	41,8	1 601	20,1
10 – 19	1 286	31,6	1 147	14,4
20 – 49	1 800	22,9	1 687	21,2
50 – 99	1 214	17,4	1 443	18,2
100 – 199	862	12,2	1 059	13,3
200 – 499	706	9,6	853	10,7
500 – 999	220	2,7	90	1,1
1 000 u. mehr	208	1,9	66	0,8
insgesamt	8 290	24,7	7 946	100,0

Quelle: Entwurf des Abschlußberichtes MFPRS-Projekt 83.02: „Bildungs- und qualifikationsorientierte Strategien der Regionalförderung unter besonderer Berücksichtigung kleiner und mittlerer Unternehmen".

Um so mehr ist es notwendig, die kleinen und mittleren Betriebe mehr als bisher zum Partner einer regionalen Arbeitsplatzentwicklungspolitik zu machen.

9. Schlußbemerkung

Es war mein Anliegen, mögliche Handlungsfelder zu kennzeichnen, die Ansatzpunkte von Initiativen sein können. Veranstaltungen wie diese tragen dazu wesentlich bei, daß solche und ähnliche Initiativen begonnen und stetig weitergeführt werden.

AKTIVE ARBEITSMARKTPOLITIK „VOR ORT“ – GESTALTUNGSSPIELRÄUME IM BEREICH DER BERUFLICHEN BILDUNG UNTER BESONDERER BERÜCKSICHTIGUNG VON AUFTRAGSMASSNAHMEN

Von Manfred Rademacher

1. Allgemeine Begrenztheit der Gestaltungsmöglichkeiten vor Ort

Schon beim ersten Augsburger Arbeitsmarkt-Workshop (29./30. 4. 1981) hatte ich darauf hingewiesen, daß das Arbeitsamt als eine am Arbeitsmarkt unmittelbar agierende Stelle nur sehr begrenzte Gestaltungsspielräume hat[1]. Sieht man einmal von seinen ausgleichenden Funktionen ab, die die Schaffung von Arbeitsmarkttransparenz und das Zusammenführen von Angebot und Nachfrage zum Gegenstand haben, beschränken sich seine Möglichkeiten auf

- die Erhaltung von Arbeitsplätzen durch Gewährung von Kurzarbeitergeld oder Schlechtwettergeld
- die Überwindung persönlicher Vermittlungshemmnisse durch die Zahlung von Mobilitätshilfen oder Lohnkostenzuschüssen
- die Anpassung an berufliche und qualifikatorische Veränderungen durch Hilfen zur beruflichen Fortbildung und Umschulung
- die vorübergehende Schaffung zusätzlicher Arbeitsgelegenheiten durch die Einrichtung von Arbeitsbeschaffungsmaßnahmen.

Alle diese Maßnahmen haben aber nur eine sehr begrenzte arbeitsmarktpolitische Wirkung. Sie verändern das Volumen der Nachfrage nach Arbeitsleistung nicht, wenn man einmal von den Arbeitsbeschaffungsmaßnahmen absieht, von denen eine zumindest vorübergehende Vergrößerung der Beschäftigung ausgeht. Nun wird auch niemand erwarten, daß über die lokale und regionale Arbeitsmarktpolitik die großen Beschäftigungsprobleme gelöst werden können. Diese sind vielmehr von allgemeinen Bestimmungsgrößen des Arbeitsmarktes abhängig, also dem Wirtschaftswachstum, der Produktivitätsentwicklung, der demographischen Entwicklung und dem Arbeitszeitfaktor. Auf diese Bestimmungsgrößen hat das Arbeitsamt keinen Einfluß.

---

1 *Rademacher*, Manfred: Begrenzte Gestaltungsspielräume der lokalen Arbeitsverwaltung, in: *Hurler*, Peter / *Pfaff*, Martin (Hrsg.): Gestaltungsspielräume der Arbeitsmarktpolitik auf regionalen Arbeitsmärkten, Berlin 1984, S. 57 ff.

2. Es bleiben dennoch Gestaltungsmöglichkeiten für das Arbeitsamt

Trotz dieser sich aus der allgemeinen Situation und den rechtlichen Regelungen ergebenden Begrenztheit des Handlungsfeldes des Arbeitsamtes sind seine arbeitsmarktpolitischen Gestaltungsmöglichkeiten durchaus offen. Es liegt im Rahmen seines Verantwortungsbereiches, ob und welche Maßnahmen es initiiert, um die arbeitsmarktpolitischen Zielsetzungen, wie sie im Arbeitsförderungsgesetz dargestellt sind, zu realisieren. Und wenn Werner Tegtmeier beim 1. Workshop in seinem Referat[2] u. a. darauf hinwies, daß „sich die günstigere Situation in einigen Arbeitsamtsbezirken nicht nur aufgrund der vorhandenen Wirtschaftsstruktur eingestellt hat, sondern auch auf die besonders ausgeprägte Aktivität der örtlichen Arbeitsämter zurückzuführen ist", so wird dem beigepflichtet werden müssen. Der Gesetzgeber hat nicht nur den Direktoren der Arbeitsämter aufgegeben, im Rahmen des abgegrenzten Handlungsfeldes aktiv und engagiert die Gestaltungsmöglichkeiten auszuschöpfen, er hat darüber hinaus auch die Verwaltungsausschüsse der Arbeitsämter als Selbstverwaltungsorgane aufgefordert, ihre Kenntnisse und Erfahrungen mit einzubringen. Dem liegt der Gedanke zugrunde, den Sachverstand der unmittelbaren Arbeitsmarktpartner bei der Initiierung und Durchführung lokaler arbeitsmarktpolitischer Maßnahmen zu nutzen und diese auf eine breitere Basis zu stellen.

Alle diese örtlichen Gestaltungsmöglichkeiten und Aktivitäten finden allerdings ihre Grenze in den zur Verfügung stehenden Geldern. Das Arbeitsamt verfügt über kein eigenes Budgetrecht; es hat keine eigenen Finanzierungsquellen. Als Dienststelle der Bundesanstalt für Arbeit kann es seine Aktivitäten und Ideen nur umsetzen, soweit ihm die entsprechenden Mittel zur Verfügung gestellt werden. Die sich zunächst einmal als offen darstellenden Gestaltungsmöglichkeiten erfahren von daher eine beträchtliche Einschränkung. Hier seien beispielsweise die arbeitsmarktpolitisch nur als „zweckmäßig", aber nicht als „notwendig" einzustufenden Maßnahmen der beruflichen Bildung, die Arbeitsbeschaffungsmaßnahmen und Lohnkostenzuschüsse, genannt.

3. Die Maßnahmen zur beruflichen Fortbildung und Umschulung – ein wesentliches Instrument zur arbeitsmarktpolitischen Gegensteuerung

Geht man den eingangs genannten Katalog des arbeitsmarktpolitischen Handlungsfeldes des Arbeitsamtes nochmals durch, dann stellen sich als wichtigstes Instrument die Maßnahmen zur Anpassung der Arbeitnehmer an berufliche Veränderungen dar. Allerdings werden damit nur solche Schwierigkeiten

---

2 *Tegtmeier*, Werner: Was sollte und was kann regionale Arbeitsmarktpolitik leisten?, in: *Hurler / Pfaff* (Hrsg.), S. 45 ff.

am Arbeitsmarkt erreicht oder abgewendet, die ihre Ursache in den unterschiedlichen beruflichen Strukturmerkmalen von Angebot und Nachfrage am Arbeitsmarkt haben. Es wird damit aufs Ganze gesehen kein Mehr an Arbeitsplätzen geschaffen, sondern die Ausschöpfung des vorhandenen Stellenangebotes erhöht. Allerdings kann für eine Region ein Mehr an Arbeitsplätzen entstehen, weil möglicherweise das Vorhandensein entsprechend qualifizierter oder qualifizierbarer Arbeitskräfte die Standortwahl eines neuen oder die Erweiterung eines vorhandenen Betriebes bestimmt. Konjunkturelle Arbeitslosigkeit kann damit nicht angegangen werden.

Zum anderen kann das Instrument nur insoweit eingesetzt werden, als Bildungsfähigkeit und -bereitschaft auf seiten des Anbieters von Arbeitsleistung vorhanden sind. Dies ist in der Praxis ein sehr großes Problem. Die Problemgruppen des Arbeitsmarktes wie Ältere, Leistungsgeminderte, Instabile werden kaum erreicht.

Im Durchschnitt nahmen 1983 im Bezirk des Arbeitsamtes Augsburg 4 360 Personen an Maßnahmen zur beruflichen Fortbildung und Umschulung, Grundausbildungslehrgängen und betrieblichen Einarbeitungsmaßnahmen teil. 2 905 Personen waren arbeitslos. Es wurden 99 Auftragsmaßnahmen durchgeführt, die vom Arbeitsamt initiiert und finanziert wurden. Für 1984 ist etwa die gleiche Zahl vorgesehen. Es sind allein 110 Auftragsmaßnahmen für rd. 2 100 Arbeitslose geplant. Bezogen auf Juni 1984 ergibt sich aufgrund der beruflichen Bildungsmaßnahmen ein Entlastungsfaktor bei der Arbeitslosigkeit, der sich mit 0,4 %-Punkten bei der Arbeitslosenquote niederschlägt. Die Aufwendungen, die das Arbeitsamt Augsburg für die vorgenannten Maßnahmen erbringt, liegen bei rd. 33 Mio. DM im Jahr. Bezieht man einmal die Zahl der jahresdurchschnittlich an beruflichen Bildungsmaßnahmen teilnehmenden Personen auf die sozialversicherungspflichtig Beschäftigten im hiesigen Arbeitsamtsbezirk von rd. 185 000, so sind dies gut 2,3 % aller Arbeitnehmer, die sich innerhalb eines Jahres in einer vom Arbeitsamt geförderten Maßnahme befinden.

Nun wird immer wieder auch zu Recht die kritische Frage nach dem Erfolg der Maßnahmen gestellt. Nimmt man einmal als Kriterium für den Erfolg der Maßnahmen an, wieviele der arbeitslosen Teilnehmer innerhalb von sechs Monaten nach Beendigung der Maßnahme einen Arbeitsplatz gefunden haben, so ergibt sich nach der letzten Untersuchung für die Zeit von August 1982 bis Juli 1983, daß von 1 002 Teilnehmern, die Bildungsmaßnahmen in dieser Zeit beendet hatten, 68 % innerhalb eines halben Jahres in Arbeit untergekommen sind. Dies ist ein hoher Anteil, der dafür spricht, daß die knappen Mittel richtig eingesetzt worden sind, wobei sicherlich weiter untersucht werden könnte, wieviele von den in Arbeit getretenen Personen auch ohne die Bildungsmaßnahme untergekommen wären.

4. Probleme bei der Einrichtung und Durchführung beruflicher Bildungsmaßnahmen

– Die beruflichen Bildungsmaßnahmen müssen arbeitsmarktpolitisch zweckmäßig sein, d. h. es müssen durch die Maßnahme die Eingliederungschancen erhöht werden. Die Maßnahmen müssen dem zu erwartenden qualitativen Bedarf entsprechen. Hier setzen in der Regel Schwierigkeiten und Vorwürfe ein. Bei der Einrichtung einer Maßnahme muß gewissermaßen prognostiziert werden, welcher Arbeitskräftebedarf mit welchen Qualifikationsanforderungen mittelfristig zu erwarten ist. Kann der Arbeitsberater solche Voraussagen aufgrund des ihm zur Verfügung stehenden Materials, betrieblicher Informationen und seiner Erfahrungen machen? Da für die Mehrzahl der Arbeitnehmer die arbeitsmarktliche Entwicklung in einem bestimmten regionalen Bereich für sein Arbeitsleben maßgebend ist, können bundesweite Aussagen zwar bestimmte Tendenzen aufweisen, sie bleiben aber für den regionalen Arbeitsmarkt zu wenig konkret. Hier sind regionale Untersuchungen über Beschäftigungsperspektiven hilfreicher. Sie können sicherlich nicht die alleinige Grundlage für eine Beurteilung bilden; aber sie stützen die Meinungsbildung doch beträchtlich ab.

  Dabei kann es nicht darauf ankommen, ob ein sofortiger Bedarf an bestimmten Qualifikationen besteht. Entscheidend muß sein, wo Schwerpunkte der Qualifikation bei Ausschaltung konjunktureller Aspekte auf dem Arbeitsmarkt liegen würden. Zu der Grundlinie, die eine regionale Arbeitsmarktuntersuchung aufzeigen kann, müssen allerdings Abstimmungen mit den Sachverständigen der Wirtschaft und der Bildungsträger über die inhaltliche Ausgestaltung der Maßnahmen kommen.

– Diese für die Einrichtung von Auftragsmaßnahmen so wichtige Grundentscheidung, welcher qualitative und quantitative Bedarf mittelfristig auf dem Arbeitsmarkt besteht, ist auch für die Beratung von Beschäftigten für die Teilnahme an sogenannten freien Maßnahmen und die Bezuschussung solcher Maßnahmen wichtig. Die Aufwendungen persönlicher und finanzieller Art, die der einzelne Arbeitnehmer beim Besuch einer Fortbildungsmaßnahme erbringt, sind beträchtlich. Er verlangt deshalb zu Recht in der Arbeitsberatung eine fundierte Information über die Entwicklung in den Berufen, die notwendigen Anpassungen, die Möglichkeiten eines Umsteigens und des beruflichen Weiterkommens. Dazu kommt die Knappheit der Mittel, die bei einer arbeitsmarktpolitischen zweckmäßigen Maßnahme seit 1. 1. 1984 hinsichtlich des Unterhaltsgeldes kontingentiert sind und nur noch als Kann-Leistungen gewährt werden. Sowohl die Interessen des ratsuchenden Arbeitnehmers, als auch die Interessen der Gesamtheit der Beitragszahler erfordern eine Beratung, die die voraussichtlichen Beschäftigungsperspektiven auf dem regionalen Arbeitsmarkt einigermaßen zutreffend einbeziehen.

– Ein anderes Problem ist die Einrichtung und Ausstattung der Fortbildungs- und Umschulungsplätze. Die Bildungsträger sind in der Regel nicht in der Lage, die notwendigen Kosten der Investitionen vollständig zu tragen. Ein Teil dieser Aufwendungen kann durch Zuschüsse oder zinsgünstige Darlehen institutionell gefördert werden. Für solche Investitionen wurden in den letzten Jahren durch die Bundesanstalt für Arbeit rd. 25 Mio. DM auf Vorschlag des Arbeitsamtes im hiesigen Wirtschaftsraum zur Verfügung gestellt. Dazu kommen weitere Finanzierungshilfen des Bayer. Staatsministeriums für Arbeit und Sozialordnung und des Bayer. Wirtschaftsministeriums. Bei der Knappheit der Mittel ist Voraussetzung für die Förderung, daß sich die Bildungseinrichtung als arbeitsmarktpolitisch zweckvoll darstellt und insbesondere auch mit einem längerfristigen Bedarf zu rechnen ist. Das verlangt wiederum eine Abschätzung der mittelfristigen Beschäftigungsperspektiven auf dem regionalen Arbeitsmarkt.

– Der größere Teil der beruflichen Bildungs- und Umschulungsmaßnahmen wird durch entsprechende Kurse von Bildungsträgern abgedeckt. Im Durchschnitt nehmen 15 Personen an einem Lehrgang teil. Zum Teil richten sie sich spezifisch an jüngere Arbeitslose im Alter bis zu 25 Jahren oder an jugendliche Arbeitslose bis zu 20 Jahren ohne Berufsabschluß mit dem Ziel, im Vorstadium einen qualifizierten Hauptschulabschluß nachzuholen oder sie zu einer vollen Berufsausbildung zu befähigen. Andere Maßnahmen betreffen jüngere Arbeitslose mit Berufsabschluß, bei denen es an einer Berufspraxis mangelt. Hier sollen durch ein berufspraktisches Jahr die fehlende berufliche Praxis eingeübt und bestehende Defizite ausgeglichen werden. Damit soll der Forderung von Nachfragern Rechnung getragen werden, die zwar einen jüngeren ausgebildeten Mitarbeiter suchen, die aber nicht auf den Nachweis einer Berufspraxis verzichten. Die übrigen Maßnahmen sind ohne altersmäßige Beschränkungen berufsfachlich ausgerichtet. Sie betreffen kaufmännische Berufe, gewerblich-technische Berufe und sozialpflegerische Berufe. Arbeitsmarktliches Ziel ist die Qualifizierung in den jeweiligen Berufen entsprechend den hohen Anforderungen, die bei der Einstellung verlangt werden. Es handelt sich immer um Berufe, die unter Berücksichtigung der regionalen Situation zu den arbeitsmarktlichen Mangelberufen gehören. Sie enden, soweit es sich um volle Umschulungen handelt, mit der Prüfung durch die zuständige Stelle; im übrigen mit bestimmten Zertifikaten, die Auskunft über den Inhalt der Maßnahme und die erworbenen Kenntnisse geben. Einige Beispiele hierzu sind Übersicht 1 zu entnehmen.

Übersicht 1

Qualifizierungsmaßnahmen für ausgewählte Berufe/Tätigkeiten im Wirtschaftsraum Augsburg

Bisheriger Beruf/ bisherige Tätigkeit	Arbeitsmarktproblem	Maßnahme/Ziel
Elektrofacharbeiter	Veraltete/unzureichende Kenntnisse	Anpassung an derzeitige Anforderungen – mit Abschluß Elektronikpaß oder -zertifikat. Ziel: Elektrofacharbeiter
Kraftfahrzeug mechaniker	Fehlende Spezialkenntnisse	LKW-Reparatur und -wartung; Einbeziehung neuer Techniken wie Elektronik, Hydraulik, Pneumatik. Ziel: Spezialisierung zum LKW-Mechaniker
Lagerarbeiter	Keine kaufmännischen Kenntnisse, Fehlen von Grundkenntnissen elektronisch gesteuerter Lagerhaltung, Fehlen des Führerscheines für Gabelstapler-Fahrer	Vermittlung von Grundkenntnissen in nebenstehenden Fächern; Gabelstapler-Führerschein. Ziel: Lagerhelfer
Lehrer	Kein beruflicher Ansatz	Umschulung zum Computer-Fachmann, Systemvertriebsberater. Ziel: Erschließung eines neuen Arbeitsfeldes im Betrieb/ Vertrieb
Ingenieur	Kein beruflicher Ansatz, fehlende Spezialkenntnisse	Fortbildung/Spezialisierung in Konstruktionstechnik. Ziel: Konstruktions-Ingenieur

Dies sind nur einige wenige Beispiele aus der sehr umfangreichen Palette von über 100 Auftragsmaßnahmen in diesem Jahr. Die Maßnahmen sind häufig mit einem praktischen Teil, der in Betrieben absolviert wird, verbunden. Das gilt vor allem bei Maßnahmen, die mit der Facharbeiterprüfung enden.

Neben diesen Lehrgangsmaßnahmen bestehen zwei kaufmännische Übungsfirmen und bei gewerblich-technischen Ausbildungen eine vorgeschaltete Übungswerkstätte.

Wünschenswert wäre es, in verstärktem Maße die betriebliche Einzelumschulung voranzubringen. Auch solche Maßnahmen bestehen. Sie fallen aber zahlenmäßig im Vergleich zu den Lehrgangsmaßnahmen zurück. Sie haben neben der direkten Ausbildung im Betrieb den großen Vorteil der sich anschließenden Übernahme, so daß ein zweifaches arbeitsmarktliches Ziel erreicht ist.

5. Ausblick

Die hohe Arbeitslosigkeit ist zwar in erster Linie eine Folge der zu geringen Nachfrage nach Arbeitsleistung, also Ausfluß der gesamtwirtschaftlichen Entwicklung. In Teilbereichen stellt sie aber auch ein qualitatives Problem dar. Angebot und Nachfrage können von den Strukturmerkmalen her nicht in Übereinstimmung gebracht werden. Da die technischen Entwicklungen fortschreiten, werden sich diese strukturellen Diskrepanzen verstärken. Neben der aktiven Wahrnehmung seiner Transparenz-, Beratungs- und Ausgleichsfunktionen wird deshalb auf lange Sicht die Einrichtung beruflicher Bildungsmaßnahmen aktuelle arbeitsmarktpolitische Aufgabe des Arbeitsamtes vor Ort bleiben. Das entspricht der arbeitsmarktpolitischen Zielsetzung des Arbeitsförderungsgesetzes, die Beschäftigungsstruktur ständig zu verbessern, die berufliche Beweglichkeit der Erwerbstätigen zu sichern und zu verbessern, nachteilige Folgen für die Erwerbstätigen, die sich aus der technischen Entwicklung oder aus wirtschaftlichen Strukturveränderungen ergeben, zu vermeiden, auszugleichen oder zu beseitigen. Bei aller Begrenztheit der arbeitsmarktpolitischen Gestaltungsmöglichkeiten, die ein Arbeitsamt vor Ort hat, bietet sich hier eine Vielzahl von Ansatzpunkten für eine regionale Arbeitsmarktpolitik.

ZUSAMMENFASSUNG DER DISKUSSION ZU DEN REFERATEN VON WOLFGANG KLAUDER, ROLF DERENBACH UND MANFRED RADEMACHER

Von Ernst Stark

Die Diskussion im Anschluß an die Referate von W. Klauder, R. Derenbach und M. Rademacher konzentriert sich vor allem auf die folgenden Bereiche:

1. Strukturwandel und Beschäftigung
2. Tendenzen zur Dezentralisierung
3. Informationen des Arbeitsamtes Augsburg über den Qualifizierungsbedarf
4. Bildungsmaßnahmen für die Problemgruppe der Frauen
5. Qualifizierungsmaßnahmen der Arbeitsämter.

ad 1: Unter Bezug auf das Referat von W. Klauder weist *F.-J. Bade* auf den Zusammenhang zwischen Strukturwandel und Wirtschaftswachstum hin. Seine These, Strukturwandel sei eine Voraussetzung für Wirtschaftswachstum, begründet er wie folgt: Aufgrund der internationalen Verflechtung der Volkswirtschaft der Bundesrepublik Deutschland hängt deren Wachstumsrate auch von ihrer internationalen Wettbewerbsfähigkeit ab. Die bundesrepublikanischen Unternehmen können dabei nicht auf den Preis-, sondern nur auf den Qualitätswettbewerb setzen. Eine notwendige Voraussetzung hierfür sind „tertiäre Aktivitäten", z. B. für technologische Innovationen oder im Bereich des Marketing. Daraus folgt, daß tertiäre Aktivitäten notwendig sind, um Wachstum zu erreichen. *W. Klauder* stimmt dieser Betrachtungsweise zu, ergänzt jedoch, daß es sich hier um ein interdependentes Problem handle, das von beiden Seiten betrachtet werden müsse.

Bei der Beziehung zwischen Strukturwandel und Qualifikation der Arbeitskräfte hebt *G. Schmid* unterschiedliche Positionen von W. Klauder und M. Rademacher hervor: Während ersterer von einem „Stau an Strukturwandel" ausgehe, der durch Qualifikationsengpässe bedingt sei, vertritt letzterer die These, daß Arbeitsmarktpolitik keinen zusätzlichen Arbeitsplatz schaffen könne. G. Schmid ist der Ansicht, daß gerade im Bereich der Dienstleistungen ein qualitativ hochwertiges Angebot Nachfrage schaffen könne; durch die Beseitigung von Qualifikationsengpässen können also sowohl Nachfrage als auch Arbeitsplätze geschaffen werden. Eine statische Angebots-Nachfrage-Betrachtung sei folglich nicht angemessen. Übereinstimmend erklären *W. Klauder* und *M. Rademacher*, daß sich dieser Widerspruch dann auflöse, wenn man die der Betrachtung zugrundegelegten Fristen berücksichtige: Kurzfristig seien mit Qualifikationsmaßnahmen keine zusätzlichen Arbeitsplätze zu schaffen, langfristig wirke sich aber der Produktionsfaktor Humankapital aus. Die Beseitigung von Qualifikationsengpässen sei eine wichtige Möglichkeit bei der Durchsetzung neuer Technologien, wodurch das Wachstum erhöht werden könne.

ad 2: Zur Frage der Dezentralisierungsmöglichkeiten durch die neuen Technologien merkt *F.-J. Bade* an, daß Dezentralisierung bisher immer eine Art „Notpflaster" gewesen sei. Die Erfahrung lehre, daß auf dezentrale Organisationsstrukturen meistens dann zurückgegriffen werde, wenn Schwierigkeiten auftreten; damit sollen die besseren Informationen vor Ort genutzt werden. Sobald man diese Informationen jedoch genutzt hat, werde wieder – z. B. aus Machtinteresse – zentralisiert. Zur regionalen Dezentralisierung betont *F.-J. Bade*, Untersuchungen hätten gezeigt, daß auch neue Technologien zu keiner Dezentralisation geführt haben. Dies sei schon allein deswegen nicht zu erwarten, da weiterhin Agglomerationsvorteile genutzt werden sollen. Hinzu komme, daß aufgrund der Schrumpfung des Fertigungsbereichs der Flächendruck, der normalerweise die regionale Dezentralisierung fördere, stark abgenommen habe. Unter diesen Annahmen ist auch in Zukunft keine Dezentralisation zu erwarten. *W. Klauder* stimmt diesen Ausführungen im wesentlichen zu, verweist aber auf die *Möglichkeiten* zur Dezentralisierung aufgrund der neuen Technologien; bisher habe dagegen ein Zwang zur Zentralisierung bestanden.

ad 3: Auf die Frage von *W. Ohndorf*, woher die Informationen über den Bedarf an Qualifikationsmaßnahmen im Arbeitsamtsbezirk Augsburg bezogen werden, antwortet *M. Rademacher*, daß diese vor allem aus den laufenden Betriebsgesprächen der Berater und Vermittler gewonnen werden. Dabei fehle jedoch die längerfristige Perspektive; benötigt werden Informationen über Ausbildungen und Qualifikationen, die in den nächsten Jahren nachgefragt werden.

ad 4: *S. Brander* weist auf Probleme von Frauen bei Weiterbildungsmaßnahmen hin. Sie vermutet, daß die Erfolgsquote von Frauen bei Weiterbildungsmaßnahmen geringer ist als die von Männern, da Frauen tendenziell an kürzeren Maßnahmen teilnehmen. Zudem sei ein Weiterbildungsbedarf gerade für ältere Frauen gegeben. Hinzu komme, daß Erwerbspersonen aus der stillen Reserve keinen Anspruch auf Weiterbildungsmaßnahmen haben – ein Problem, von dem gerade Frauen betroffen seien. *W. Klauder* vertritt die Ansicht, daß viele dieser Probleme durch flexiblere Arbeitszeiten von Männern und Frauen gelöst werden könnten. Er verweist auf Befragungen, die zu dem Ergebnis kommen, daß in der Tendenz eine Flexibilisierung der Arbeitszeit bei unverändertem Familienarbeitsvolumen gewünscht werde. Bei den Bildungsmaßnahmen für Frauen sieht *M. Rademacher* vor allem darin ein Problem, daß das Berufsspektrum für Frauen nach wie vor begrenzt sei. So komme eine gewerblich-technische Umschulung praktisch nicht in Frage, da die Nachfrage am Arbeitsmarkt hierfür fehle. Problematisch sei auch, daß für den großen Anteil der arbeitslosen Frauen der Altersgruppe von 40 bis 60 Jahren mit Bildungsmaßnahmen nicht operiert werden könne.

ad 5: Im Hinblick auf die Qualifizierungsmaßnahmen, die der Bundesanstalt für Arbeit zur Verfügung stehen, weist *W. Bezler* darauf hin, daß s. E. eine Verschiebung der Zielgruppen notwendig sei. Mit den z. Z. zur Verfügung stehenden Instrumenten, wie Fortbildung und Umschulung, könne die Arbeitslosigkeit nicht abgebaut werden. Neben der Weiterbildung sollten vor allem Erst- oder Doppelausbildung und die Vermittlung von Kenntnissen an Nicht-Arbeitslose in den Vordergrund treten.

II. Regionale Arbeitsmarktforschung und Umsetzung der Ergebnisse im Rahmen lokaler Arbeitsmarktpolitik – dargestellt am Beispiel der Studie „Regionaler Arbeitsmarkt Augsburg"

DIE STUDIE „REGIONALER ARBEITSMARKT AUGSBURG" – ERGEBNISSE UND ERFAHRUNGEN

Von Peter Hurler

1. Einleitende Bemerkungen

Als wir im Frühjahr 1981 an gleicher Stelle die Konzeption für unser Forschungsvorhaben der Öffentlichkeit vorgestellt haben[1], war ich mir nicht sicher, ob es uns gelingen würde, die Zweifler zu überzeugen, unsere Kritiker zu einer sachlichen Betrachtung des Vorhabens zu veranlassen und die Untersuchung mit der damals vorgeschlagenen Konzeption durchzusetzen. Inzwischen sind drei Jahre vergangen. Es wurden zwar noch nicht alle Teile der Untersuchung veröffentlicht – die Ergebnisse für die Teilbereiche „Handel" und „Dienstleistungen" liegen vor, wurden jedoch noch nicht innerhalb der projektbegleitenden Arbeitsgruppe diskutiert und abgestimmt –, dennoch halte ich es für angebracht, ein Fazit zu ziehen.

Lassen Sie mich mit einer persönlichen Bewertung beginnen. Ich will dies tun, obwohl eine solche Bewertung eigentlich an den Schluß eines Vortrages gehört. Ich hoffe, Sie sehen mir nach, wenn ich von diesem Grundsatz abweiche.

Zunächst ist man froh, ein solches Projekt „hinter sich" zu haben. Mir fehlt sicher auch heute noch die nötige Distanz zu einer umfassenden und ausgewogenen Bewertung. Einige Widrigkeiten und Enttäuschungen sind noch allzu frisch in Erinnerung. Dennoch möchte ich an dieser Stelle und vor diesem Auditorium meiner Freude Ausdruck geben, daß es uns in Augsburg gelungen ist, trotz mancher Einwände und trotz teilweise heftigen Widerstands einiger „ideologisch motivierter Saboteure" diese Untersuchung in der ursprünglich konzipierten Form zu realisieren. Dies wäre sicher nicht möglich gewesen, wenn nicht der Direktor des Arbeitsamtes Augsburg, Herr Rademacher, und der Oberbürgermeister der Stadt Augsburg, Herr Breuer, als Initiatoren und Antriebsmotoren sich für diese Studie eingesetzt hätten. Ihnen gebührt mein besonderer Dank. Danken möchte ich auch den Präsidenten und Hauptgeschäftsführern der Handwerkskammer und der Industrie- und Handelskammer

---

[1] Siehe hierzu die Beiträge von M. Held und P. Hurler im Tagungsband *Hurler*, Peter / *Pfaff*, Martin (Hrsg.): Gestaltungsspielräume der Arbeitsmarktpolitik auf regionalen Arbeitsmärkten, Berlin 1984.

für Schwaben sowie den Landräten des Landkreises Augsburg und des Landkreises Aichach-Friedberg. Hervorheben möchte ich auch das große Engagement der Mitglieder der projektbegleitenden Arbeitsgruppe[2], die uns wichtige Tips gegeben und wesentlich dabei mitgeholfen haben, „verschlossene Türen zu öffnen".

In meinem Beitrag möchte ich – obwohl dies schon an anderer Stelle ausführlich geschehen ist[3] – noch einmal auf Ziele und Anspruch der Studie eingehen. Ich tue dies deshalb, weil wir an unseren eigenen Ansprüchen und an unserer in der Vorstudie explizit dargelegten Zielsetzung gemessen werden wollen und nicht an einigen, teilweise sehr hoch gesteckten Erwartungen, die – während das Projekt schon begonnen hatte – mit jeder Presseinformation und jeder Veröffentlichung von Teilergebnissen größer wurden. Denn so sehr wir uns auch gefreut haben, daß eine so große Zahl von Funktionsträgern und Persönlichkeiten aus dem öffentlichen Leben sich für diese Studie eingesetzt und sie aktiv unterstützt haben, so war es dennoch eine etwas weniger angenehme Begleiterscheinung, daß mit steigendem öffentlichen Interesse auch der Erwartungsdruck im Hinblick auf die Ergebnisse und ihre unmittelbare politische Umsetzung zugenommen hat. Vor einem undifferenzierten Optimismus der Art, daß man sagt, wir haben jetzt die Studie gemacht und damit werden die Arbeitsmarktprobleme des Wirtschaftsraumes Augsburg gelöst, möchte ich eindringlich warnen. Eine Verbesserung der Situation am regionalen Arbeitsmarkt wird in erster Linie davon abhängen, was mit den Ergebnissen geschieht und inwieweit sie von den arbeitsmarktpolitischen Akteuren im Raum Augsburg in konkrete Maßnahmen umgesetzt werden (können). Die Studie enthält eine Reihe diagnostischer und prognostischer Aussagen, teilweise auch Therapieempfehlungen. Welche Therapie zur Verbesserung der Lage am regionalen Arbeitsmarkt aber angewandt werden soll und welche arbeitsmarktpolitischen Maßnahmen ergriffen werden, das ist Sache der (intra-)regionalen Arbeitsmarktpolitik.

Nach der Darstellung der Ziele (unter Punkt 2.) und der Vorgehensweise (Punkt 3.) werde ich im 4. Abschnitt auf die Beteiligung der Unternehmen an der Studie eingehen. In Abschnitt 5. werde ich einige ausgewählte Ergebnisse der Studie vorstellen. Vor allem möchte ich aber auch auf die Erfahrungen eingehen, die wir während des Projekts gemacht haben; ich möchte über unsere guten, aber auch über unsere schlechten Erfahrungen berichten, in der Hoffnung, daß die begangenen „Sünden" andernorts vermieden werden.

---

2 In dieser projektbegleitenden Arbeitsgruppe haben neben der regionalen Arbeitsverwaltung und der Stadt Augsburg Vertreter nahezu aller „arbeitsmarktrelevanten Akteure" mitgewirkt.

3 Vgl. *Hurler*, Peter: Möglichkeiten und Grenzen einer mittelfristigen Prognose der Arbeitskräftenachfrage nach Wirtschaftszweigen und Berufen im Wirtschaftsraum Augsburg – Anspruch, Untersuchungskonzept, Methoden und erste Erfahrungen, in: *Hurler / Pfaff*, S. 88 ff.

2. Ziele der Augsburg-Studie

Ziel der Studie war es, zu erfassen, wie sich der Strukturwandel mittelfristig auf Niveau und Struktur des Arbeitskräftebedarfs im regionalen Wirtschaftsraum Augsburg auswirken wird. Als „mittelfristig“ wurde dabei ein Zeitraum von ca. fünf Jahren bezeichnet. Im Mittelpunkt des Interesses standen die zu erwartenden Veränderungen der Arbeitskräftebedarfsstruktur nach Wirtschaftszweigen und Berufen.

Das forschungsleitende Interesse konzentrierte sich dabei insbesondere auf folgende Fragen:

- Wie wird sich die Wirtschaftsstruktur des Wirtschaftsraumes Augsburg in einem Zeitraum von fünf Jahren verändern?
- In welchen Branchen ist mittelfristig eine expansive Beschäftigtenentwicklung zu erwarten, wo ist mit einem Rückgang der Beschäftigtenzahl zu rechnen?
- Welche Arbeitsmarktperspektiven ergeben sich daraus für den regionalen Arbeitsmarkt Augsburg?
- Bei welchen Berufen ist am regionalen Arbeitsmarkt in Zukunft mit Engpässen zu rechnen?
- Welches sind die Berufe, bei denen – ausgehend von den Status-quo-Bedingungen der Jahre 1981/82 – mittelfristig mit einem Überangebot an Arbeitskräften gerechnet werden muß?
- In welchen Wirtschaftszweigen werden neue Berufsfelder und Tätigkeitsbereiche entstehen? Wie lassen sie sich kennzeichnen? Welche speziellen Kenntnisse und Fertigkeiten erfordern sie von den Arbeitskräften?

Wir sind uns darüber im klaren, daß der Anspruch, diese Fragen beantworten zu wollen, sehr ambitiös ist und deshalb bei manchem überzogene Erwartungen geweckt hat. Wir sind jedoch der Ansicht, daß im Hinblick auf eine „aktive“ Arbeitsmarkt- und Beschäftigungspolitik die Beschäftigung mit diesen Fragen eine notwendige Voraussetzung ist. Die so häufig zitierte vorausschauende, zukunftsorientierte Arbeitsmarktpolitik muß m. E. endlich einmal über den Punkt des „Mit-der-Stange-im-Nebel-Stocherns“ hinausgehen. In ganz besonderem Maße eignet sich für die Untersuchung dieser Problemstellung ein regionaler Arbeitsmarkt.

Hinter diesen Fragen steht die Aufgabe, eine verbesserte Informationsgrundlage für den Einsatz von zukunftsorientierten Arbeitsförderungsmaßnahmen – insbesondere von Maßnahmen der beruflichen Fortbildung und Umschulung – zu schaffen. Die Antworten auf die o. a. Fragen können nicht nur der lokalen Arbeitsverwaltung, sondern auch anderen Trägern der beruflichen Aus- und Fortbildung wichtige Entscheidungshilfen geben bei der Planung von Berufsbildungsmaßnahmen. Diese können z. B. darin bestehen festzulegen, für welche Berufe, welche Maßnahmen von welcher Dauer und in welcher zeitlichen Abfolge durchgeführt werden sollen. Sie können auch dazu beitragen, daß knappe finanzielle Mittel beispielsweise nicht für Umschulungsmaßnahmen in „Überschußberufen" ausgegeben werden und daß bei Auftragsmaßnahmen die arbeitsmarktpolitische Notwendigkeit oder Zweckmäßigkeit die Entscheidung für die Durchführung bestimmt und nicht die leerstehenden Kapazitäten eines Maßnahmenträgers.

3. Vorgehensweise

Die Konzeption dieses Forschungsvorhabens wurde bereits an anderer Stelle[4] vorgestellt und ausführlich diskutiert. Lassen Sie mich dennoch unsere Vorgehensweise bei der Datenerhebung noch einmal kurz skizzieren. Nach einer Vorstudie, die die Aufgabe hatte zu prüfen, mit welchen Alternativen die erforderlichen Daten beschafft werden können, fiel die Entscheidung zugunsten einer eigenen Primärerhebung bei den Unternehmen und Arbeitsstätten im Wirtschaftsraum Augsburg.

Ausgehend von der Zielsetzung und vom inhaltlichen Anspruch der Befragung war klar, daß als „Informanten" bzw. Interviewpartner nur Personen in führenden Positionen in Frage kommen würden, also Unternehmer, Geschäftsführer und/oder leitende Angestellte.

Grundlage für die Durchführung der Interviews war ein – jeweils nach Wirtschaftsbereichen geringfügig modifizierter – Gesprächsleitfaden, der insgesamt sechs Themenbereiche umfaßte, nämlich

- Beschäftigtenentwicklung in der Vergangenheit und ihre Ursachen sowie die erwartete Entwicklung in der Zukunft
- Nichtbesetzbarkeit von Arbeitsplätzen
- Betriebliche Ausbildung
- Weiterbildung
- Teilzeitbeschäftigung
- Auswirkungen technischer und/oder organisatorischer Änderungen auf die betriebliche Arbeitskräftesituation.

Inhalt und Aufbau des Gesprächsleitfadens wurden nach einer vorbereitenden Phase mit acht Expertengesprächen festgelegt. Die einzelnen Fragen wurden aus einem umfassenden Fragenkatalog ausgewählt. Der Gesprächsleitfaden enthielt sowohl geschlossene als auch offene Fragestellungen. Auch die Antwortkategorien in den standardisierten Vorgaben wurden erst nach eingehender Diskussion im Rahmen der Expertengespräche festgelegt.

---

4 Vgl. *Hurler*, Peter: Möglichkeiten und Grenzen ..., S. 93 ff.

Für die mündlichen Interviews war – aufgrund der Erfahrungen in einer Reihe von Pre-Tests – ein Zeitbedarf von maximal 90 Minuten pro Interview angesetzt worden. Diese Obergrenze wurde nur in wenigen Fällen erreicht bzw. überschritten; in der Regel dauerten die mündlichen Interviews zwischen 60 und 70 Minuten.

Ein ganz wesentlicher Faktor für das Gelingen des Projekts war die mehrstufige Vorgehensweise. Da es sich ausschließlich um „hochkarätige“ Gesprächspartner mit knapp bemessenem Zeitbudget handelte, war uns von den Kollegen des IAB[5] empfohlen worden, die für das mündliche Interview zur Verfügung stehende Zeit nicht mit dem „Abfragen“ allgemeiner statistischer Angaben über das Unternehmen zu belasten, sondern eine schriftliche Befragung dem mündlichen Interview vorzuschalten.

Mit dieser Vorgehensweise war eine Reihe von positiven Auswirkungen im Hinblick auf die Aussagefähigkeit und den Informationsgehalt der Interviews verbunden. Die schriftliche „Voraberhebung“ allgemeiner statistischer Daten ermöglichte dem Interviewer eine ausgezeichnete Vorbereitung auf das Interview und die Akzentuierung bestimmter Schwerpunkte im Rahmen der offenen Fragestellungen. Aufgrund dieser Vorinformationen war es auch einfacher, „am Thema zu bleiben“. Bemerkenswert war ferner, daß es mit den im schriftlichen Fragebogen erhobenen Zahlen gelungen ist, gegenüber den Gesprächspartnern den mittelfristigen Aspekt besser zu akzentuieren. Darüber hinaus hat die Gegenüberstellung von statistischen Zahlen für bestimmte Zeitpunkte im schriftlichen Fragebogen a priori zu einer Präzisierung der Antworten und der Begründungen beigetragen.

4. Beteiligung an der Befragung

Aus forschungslogistischen Gründen wurde die Kernstudie in vier Teilprojekten abgewickelt. Die einzelnen Teilprojekte bezogen sich auf die Wirtschaftsbereiche

- Verarbeitendes Gewerbe
- Baugewerbe
- Handel
- Dienstleistungen (ohne Handel).

Im Rahmen dieser vier Teilprojekte wurden insgesamt 425 Interviews durchgeführt. Bei einer Zahl von 693 verschickten Fragebogen entspricht dies einer

---

5 Mein ganz besonderer Dank gilt an dieser Stelle den Kollegen Manfred *Lahner* und Lothar *Troll* im *Institut für Arbeitsmarkt- und Berufsforschung (IAB) der Bundesanstalt für Arbeit* für ihre Unterstützung, insbesondere für ihre Geduld, ihre kritischen Anmerkungen und die vielen wertvollen Tips.

Beteiligung von 61,2 v. H. In den 425 befragten privaten und öffentlichen Unternehmen waren zum Zeitpunkt der Befragung rd. 104 000 sozialversicherungspflichtige Arbeitnehmer beschäftigt. Das heißt, daß die befragten Betriebe mehr als 56 v. H. aller Beschäftigten im Wirtschaftsraum Augsburg repräsentieren. Die hohe Beteiligung ist meiner Ansicht nach – wenn man unsere Rücklaufquote mit der ähnlicher Untersuchungen vergleicht – ein hervorragendes Ergebnis. Ausschlaggebend dafür waren m. E. vor allem folgende Faktoren:

- die Einbeziehung aller am regionalen Arbeitsmarkt beteiligten Institutionen (Gebietskörperschaften, Arbeitsverwaltung, Kammern, Gewerkschaften, Institutionen der beruflichen Bildung) bereits bei der Konzipierung und Vorbereitung der Befragung;
- die aktive Unterstützung durch alle Akteure am regionalen Arbeitsmarkt, angefangen vom Oberbürgermeister der Stadt Augsburg über die Landräte der Kreise Augsburg und Aichach-Friedberg bis hin zu den Kammerpräsidenten von Industrie- und Handelskammer und Handwerkskammer;
- eine gezielte Öffentlichkeitsarbeit in der Vorphase;
- Engagement und Ausdauer unseres Interviewer-Teams, insbesondere die Zähigkeit und Hartnäckigkeit der Interviewer bei den durchgeführten „Erinnerungsaktionen".

Differenziert nach Wirtschaftsbereichen ergibt sich für die Beteiligung folgendes Bild (vgl. Übersicht 1):

Übersicht 1

Beteiligung an der Unternehmensbefragung nach Wirtschaftsabteilungen

Wirtschaftsabteilung	Verschickte Fragebogen Teil A (1)	Durchgeführte Interviews (2)	Beteiligung (2) : (1) (in v. H.)
Energieversorgung	2	2	100,0
Verarbeitendes Gewerbe	267	184	68,9
Baugewerbe	45	34	75,6
Handel	184	96	52,2
Dienstleistungen (ohne Handel)	198	109	55,1
Insgesamt	696	425	61,2

- Im *Verarbeitenden Gewerbe* liegt die Beteiligung mit 184 durchgeführten Interviews bei 68,9 v. H. Mit diesen 184 Interviews wurden knapp 77 v. H. aller Beschäftigten des Verarbeitenden Gewerbes „erfaßt“.
- *Baugewerbe*: Die Ergebnisse für diesen Teilbereich können nur im Hinblick auf das Bauhauptgewerbe als repräsentativ angesehen werden, da die Bereitschaft zur Beteiligung im Ausbau- und im Bauhilfsgewerbe gering war. Im Rahmen der durchgeführten 34 Interviews im Bauhauptgewerbe – dies entspricht einer Rücklaufquote von 75,6 v. H. – wurde immerhin etwa die Hälfte der sozialversicherungspflichtigen Arbeitnehmer im Bauhauptgewerbe erfaßt.
- An der mündlichen Befragung im *Handel* beteiligten sich 96 Betriebe. Bei 184 verschickten Fragebögen entspricht dies einem Rücklauf von 52,2 v. H. In den befragten Betrieben waren zum Stichtag rd. 10 000 sozialversicherungspflichtige Arbeitnehmer beschäftigt. Bezogen auf die Gesamtzahl der im Handel Beschäftigten entspricht dies einer Nachweisquote von rd. 41 v. H.
- Im *Dienstleistungsbereich* beteiligten sich 109 der 198 Unternehmen, Behörden und anderen Organisationen, die um ihre Mitwirkung gebeten worden waren; dies entspricht einer Beteiligung von 55,1 v. H. Diese repräsentieren rd. 23 000 sozialversicherungspflichtige Arbeitnehmer, d. h. 40 v. H. der im Dienstleistungsbereich Beschäftigten.

Ausgehend von der Tatsache, daß

- im Rahmen dieses Projektes 425 mündliche Interviews durchgeführt wurden,
- sich 61,6 v. H. der um ihre Mitwirkung gebetenen Unternehmen, Behörden und sonstigen Organisationen an der Studie beteiligt haben,
- die befragten Unternehmen mehr als 105 000 sozialversicherungspflichtige Arbeitnehmer des Wirtschaftsraumes Augsburg – das sind rd. 57 v. H. – repräsentieren,

meine ich, daß wir mit Recht stolz sein können. Ich möchte diese ausgezeichnete Beteiligung zum Anlaß nehmen, allen beteiligten Unternehmen für ihre Aufgeschlossenheit, ihre Kooperationsbereitschaft und ihre Unterstützung bei diesem Projekt zu danken. Ich bin froh darüber, daß die im Rahmen der Expertengespräche geäußerten Befürchtungen, daß die Unternehmen die gewünschten Angaben nicht machen würden, sich nicht bewahrheitet haben und daß wir mit dieser hohen Beteiligung die Bedenken einiger Skeptiker zerstreuen konnten, die Ergebnisse seien wegen mangelnder Repräsentativität nicht brauchbar.

In bezug auf die Unternehmensgröße – gemessen an der Zahl der Beschäftigten – variiert die Teilnahmebereitschaft allerdings sehr stark. Während die Bereitschaft zur Beteiligung an der Befragung insbesondere bei größeren Betrieben sehr groß war, ließ die Beteiligung bei kleinen und mittleren Betrieben (mit weniger als 50 Beschäftigten) deutlich zu wünschen übrig. Dies hat uns – insbesondere von seiten der Handwerkskammer für Schwaben – einige kritische Anmerkungen eingetragen. Ich gehe davon aus, daß der Vertreter der Handwerkskammer, Herr Simnacher, in seinem Statement darauf noch ausführlich zu sprechen kommen wird und möchte an dieser Stelle nichts vorwegnehmen. Ich möchte jedoch bereits an dieser Stelle darauf hinweisen, daß der evtl. erhobene Vorwurf mangelnder Repräsentativität für das Handwerk zu einem ganz erheblichen Teil auf die geringe Beteiligungsbereitschaft von kleinen und mittleren Betrieben im Handwerk zurückzuführen ist. Die umfangreichen Vorarbeiten meines Kollegen Helmut Büscher, der versucht hat, mit Hilfe geschichteter Stichproben[6] eine angemessene Berücksichtigung mittelständisch strukturierter Wirtschaftsbereiche sicherzustellen, waren – so gesehen – umsonst.

Zusammenfassend möchte ich zum Problem der Beteiligung folgendes feststellen: Meines Erachtens ist mit dieser Untersuchung eindrucksvoll unter Beweis gestellt worden, daß es bei entsprechender Vorbereitung und hinreichender Information der „Betroffenen" über die Ziele eines solchen, doch stark politisch akzentuierten Projekts möglich ist, alle Arbeitsmarktakteure – trotz mancher Interessengegensätze – für ein gemeinsames Ziel zu gewinnen. Ich meine, daß unsere Überlegungen bezüglich der Vorgehensweise richtig waren und daß unsere Erfahrungen für potentielle „Nachahmer" von wesentlicher Bedeutung sein können.

5. Ausgewählte Ergebnisse

Im folgenden möchte ich einige ausgewählte Ergebnisse aus den einzelnen Wirtschaftsbereichen darstellen und erläutern. Ich werde mich hierbei insbesondere auf die Darstellung jener Ergebnisse konzentrieren, die für die zukünftige Entwicklung der Arbeitsmarktsituation im Wirtschaftsraum Augsburg von Bedeutung sind und eigentlich das „Kernstück" der Untersuchung darstellen.

Die Auswahl der Ergebnisse orientiert sich an folgenden Fragen:

– Welches sind „Mangelberufe" am regionalen Arbeitsmarkt?
– Bei welchen Berufen und in welchen Wirtschaftsbereichen ist mittelfristig mit einer steigenden Arbeitskräftenachfrage zu rechnen?
– Welche Berufe werden in Zukunft an Bedeutung verlieren?

---

6 Vgl. *Büscher*, Helmut: Die Stichprobe für die Betriebsbefragung, INIFES-Arbeitspapier AM-06/81, Leitershofen im Dezember 1981.

- Welche Beschäftigungsperspektiven ergeben sich daraus für den Wirtschaftsraum Augsburg?
- Wo und inwieweit verändern sich traditionelle Berufsbilder?
- In welchen Wirtschaftsbereichen entstehen „neue" Tätigkeitsbereiche und welche Qualifikationsanforderungen sind daraus abzuleiten?

a) Verarbeitendes Gewerbe[7]

Die mittelfristige Beschäftigtenentwicklung im Verarbeitenden Gewerbe des Wirtschaftsraumes Augsburg wird vor allem durch die Zukunftsperspektiven der strukturdominanten Wirtschaftszweige „Maschinenbau" und „Textilindustrie" beeinflußt. Expansive bzw. stabilisierende Wirkungen auf die regionale Beschäftigungssituation des Verarbeitenden Gewerbes sind zu erwarten aus den Bereichen

- Elektrotechnik
- Herstellung von Datenverarbeitungsanlagen
- Stahl- und Leichtmetallbau
- Lüftungs-, Wärme- und Klimatechnik
- EBM-Waren
- Kunststoffverarbeitung
- Papierherstellung und -verarbeitung
- Herstellung von Nahrungsmitteln.

Ausgehend von den Befragungsergebnissen ist damit zu rechnen, daß die Zahl der Teilzeitbeschäftigten im Verarbeitenden Gewerbe zunehmen wird; wir erwarten einen Anstieg der Teilzeitquote von gegenwärtig 3,6 v. H. auf 4 v. H. Es muß jedoch davon ausgegangen werden, daß die „Zunahme" bei Teilzeitarbeitsplätzen zu einem großen Teil durch Umwandlung von Vollzeit- in Teilzeitarbeitsplätze zustande kommt. Mit der Erhöhung der Teilzeitquote wird allerdings keine Erweiterung des ohnehin engen Berufsspektrums bei Teilzeitkräften verbunden sein. Auch in Zukunft werden sich Teilzeitregelungen weitgehend auf die bekannten Einsatzfelder konzentrieren.

Das Angebot an Ausbildungsplätzen wird mittelfristig noch zunehmen. Bereits absehbar ist jedoch, daß mit dem in den Jahren 1985/86 einsetzenden Rückgang bei den Schulabgängern der Sekundarstufe I die Zahl der Ausbildungsplätze spürbar zurückgehen wird. Ein wichtiger Grund dafür liegt darin, daß ein großer Teil der Betriebe die eigene betriebliche Ausbildung mehr und

---

7 Vgl. hierzu den Ergebnisbericht für das Verarbeitende Gewerbe: *Hurler*, Peter, unter Mitarbeit von *Büscher*, Helmut: Beschäftigungsperspektiven des verarbeitenden Gewerbes im Wirtschaftsraum Augsburg, hrsg. vom *Amt für Wirtschaftsförderung der Stadt Augsburg*, Augsburg 1983.

mehr unter dem Aspekt der zukünftigen Beschäftigungsperspektiven sieht und – teilweise – mit der Reduzierung von Ausbildungsplätzen innerbetriebliche Konflikte bei Übernahme der Ausgebildeten in ein Beschäftigungsverhältnis vermieden werden sollen.

Der im Rahmen der Untersuchung ermittelte mittelfristige Rückgang bei den betrieblichen Ausbildungsplätzen von −5 v. H. ist insofern zurückhaltend zu beurteilen, als gerade in dem Zeitraum, in dem die Interviews durchgeführt wurden, durch die öffentliche Diskussion vielfach eine „Übersensibilisierung" gegenüber dieser Problematik zu registrieren war. Ausgehend davon dürfte der tatsächliche Rückgang höher ausfallen.

Bezüglich der zukünftigen Veränderungen der Berufsstruktur läßt sich die zu erwartende Entwicklung auf die Kurzformel bringen: Ingenieure, Techniker, Datenverarbeitungs- und Organisationsfachleute werden gesucht, Kaufleute und Bürokräfte werden vom Personalabbau überproportional betroffen sein. In den Jahren bis 1986 wird vor allem der Bereich „Büro und Verwaltung" von Rationalisierungs- und Personaleinsparungsmaßnahmen verstärkt betroffen sein. Dies wird sich in einem spürbaren Rückgang bei den wichtigsten und zahlenmäßig am stärksten besetzten Berufsgruppen niederschlagen. Der Rückgang wird in erster Linie zu Lasten der Angestellten in einfacher Tätigkeit gehen, d. h. zu Lasten von Kaufleuten, Rechnungskaufleuten, bestimmten Bürofachkräften und Bürohilfskräften. Im Gegensatz dazu wird der Bedarf an Organisations- und Datenverarbeitungsfachleuten und der Bedarf an qualifizierten Sekretärinnen – dies beinhaltet die Übernahme von Assistentenfunktionen, Fremdsprachenkenntnisse sowie Erfahrungen mit Textverarbeitung – zunehmen.

Eine tendenziell leichte Zunahme wird auch für *Dienstleistungsberufe*, die im Zusammenhang mit dem betrieblichen Funktionsbereich „Vertrieb und Verkauf" stehen, erwartet.

Bei *Ingenieur- und Technikerberufen* ist von einer deutlich steigenden Nachfrage auszugehen. Die höchsten Zuwachsraten sind zu erwarten für

- Elektroingenieure, insbesondere für Entwicklung und Konstruktion,
- Informatikingenieure,
- Elektrotechniker.

Mit einem steigenden Bedarf wird ferner gerechnet für

- Maschinenbauingenieure, vor allem für Konstruktion und Fertigung sowie im Außendienst,
- Ingenieure für die Arbeitsvorbereitung,
- Maschinenbautechniker,
- bestimmte physikalisch-technische Sonderfachkräfte.

Was die *Fertigungsberufe* betrifft, so ergibt sich ein heterogenes Bild, das jeweils eng mit den branchenspezifischen Perspektiven verbunden ist. Branchen-

und sogar betriebsspezifische Entwicklungen schlagen hier deutlich sichtbar auf die Berufsstruktur durch. Abnahmen werden erwartet in den klassischen Druckberufen (wie z. B. Buchdrucker (Hochdruck), Schriftsetzer (Handsatz) und Buchbinder), in einigen Metallberufen – dies betrifft bestimmte Berufe im Bereich der spanlosen Verformung sowie Schlosserberufe –, in einem großen Teil der Textilberufe, bei bestimmten Berufen im Bereich der Herstellung von Möbeln sowie in einigen Elektroberufen. Darüber hinaus sind generell alle Hilfsarbeiter- und Helfertätigkeiten vom Personalabbau – teilweise in erheblichem Maße – betroffen. Fertigungsberufe, in denen mit einem steigenden Arbeitskräftebedarf gerechnet wird, sind vor allem

- Kunststoffverarbeiter, darunter Kunststoff-Formgeber, -Schweißer und Kunststoffspritzgießer,
- bei den Drucker-Berufen Setzer für neuere Verfahren (Lichtsatz, Computersatz), Druckformhersteller (Offsetmontierer, Offsetätzer, Klischeeätzer) sowie Flachdrucker (Offset, Mehrfarben-Rollenoffset),
- NC/CNC-Dreher und NC/CNC-Fräser,
- Schweißer, insbesondere Schutzgas-, Schmelz- und Dünnblechschweißer,
- Feinblechner,
- Rohrinstallateure,
- Blech- und Kunststoffschlosser,
- Elektriker mit Elektronikkenntnissen.

b) Baugewerbe[8]

Auf der Grundlage der Angaben der befragten Bauunternehmen ist davon auszugehen, daß die Zahl der Beschäftigten im Bauhauptgewerbe bis 1986 – unabhängig von den für das Baugewerbe charakteristischen zyklischen Schwankungen – in der Tendenz zurückgehen wird.

Wesentliche Charakteristika der zu erwartenden Entwicklung im Baugewerbe sind nach Ansicht der befragten Betriebe

- eine weitere Verbesserung der technischen Ausstattung im Baumaschinenbereich;
- eine zunehmende Spezialisierung und in Verbindung damit eine stärkere Arbeitsteilung durch Vergabe von Unteraufträgen an Spezialunternehmen (Schalungen, Fuhrpark, Gerüstbau, Baureinigung etc.);
- die Verwendung von Großflächenelementen im Tiefbau bzw. Kanalbau;

8 Vgl. hierzu im einzelnen den Ergebnisbericht für das Baugewerbe: *Hurler*, Peter, unter Mitarbeit von *Büscher*, Helmut: Die Beschäftigungssituation im Baugewerbe – Entwicklungstendenzen und Perspektiven für den Wirtschaftsraum Augsburg, hrsg. vom *Amt für Wirtschaftsförderung der Stadt Augsburg*, Augsburg 1984.

- zunehmende Bedeutung von Fertigteilen und des Wiederholungsfaktors bei Hochbauten;
- arbeitssparende Wirkungen zu Lasten von Hilfskräften;
- die Einführung bzw. die erweiterte Anwendung der elektronischen Daten- und Textverarbeitung im Bereich Organisation und Verwaltung.

Als weitere bedeutsame Auswirkungen der verbesserten technischen Ausstattung wurden „höhere Anforderungen" hinsichtlich der technischen Kenntnisse der Arbeitskräfte und ein deutlich „geringerer Bedarf an Hilfskräften" genannt.

Hinsichtlich der erwarteten Veränderungen der Berufsstruktur im Baugewerbe kommt die Studie zu folgendem Ergebnis:

- Die mittelfristig zu erwartende Entwicklung läßt sich auf die Kurzformel bringen: Qualifizierte Arbeitskräfte in den „typischen Bauberufen" Maurer, Zimmerer und Betonbauer werden – trotz allgemein skeptischer Beurteilung der Lage im Baugewerbe – weiterhin stark gesucht sein. Ein wesentlicher Grund dafür sind die ungünstige Altersstruktur der Beschäftigten im Baugewerbe und die seit Jahren beobachtbaren Nachwuchsprobleme. Auf der anderen Seite werden vor allem Bauhilfsarbeiter und Bauhelfer weiter an Bedeutung verlieren und vom Beschäftigtenrückgang weit überproportional betroffen sein.
- Unterschiede ergeben sich zwischen den Bereichen Hochbau und Tiefbau: Während Hochbauunternehmen – insgesamt gesehen – von einem quantitativ deutlichen Zusatz- und Ersatzbedarf in bestimmten Berufen (vor allem bei Maurern und Zimmerern) ausgehen, zeigt sich im Straßenbau und Tiefbau ein grundlegend anderes Bild; zwar besteht in einzelnen Berufen ein Bedarf (wie z. B. Pflasterer, Kanalmaurer, Rohrleger und Baumaschinenführer), bei den meisten branchentypischen Berufen wird jedoch überwiegend von einem stagnierenden bzw. sinkenden Bedarf ausgegangen.
- Der Arbeitskräftebedarf in bezug auf „technische Berufe" wird sich – im Gegensatz zum Verarbeitenden Gewerbe – nicht nennenswert ändern: Während bei Bauzeichnern vereinzelt mit einem rückläufigen Bedarf gerechnet wird, zeigt sich bei Bauingenieuren eine leicht steigende Tendenz. Bei Bautechnikern wird von keinem der befragten Unternehmen eine Veränderung erwartet.
- Insbesondere bei größeren Unternehmen wird der Bereich „Büro und Verwaltung" auf Personaleinsparungsmöglichkeiten durchleuchtet; von dieser Entwicklung werden in erster Linie Bürohilfskräfte und bestimmte Bürofachkräfte betroffen sein.

Besonders bei den typischen Bauberufen „Maurer" und „Betonbauer" wird die anhaltende Knappheit an qualifizierten Fachkräften auch in Zukunft zu den wesentlichen Merkmalen der Arbeitskräftesituation gehören. Hinzu kommt eine im Vergleich zu anderen Branchen teilweise stark kopflastige Altersstruktur der Beschäftigten, die einen erhöhten Ersatzbedarf als Folge altersbedingter Abgänge auslösen wird.

Darüber hinaus wurde für folgende weitere Berufe ein steigender Arbeitskräftebedarf artikuliert:

- Zimmerer,
- Maler und Lackierer,
- Dachdecker, insbesondere Kunststoffdachverleger und Verarbeiter für bituminöse Werkstoffe,
- Isolierer (Flachdach) und Klebeabdichter,
- Schweißer,
- Rohrinstallateure,
- Bauschlosser,
- Betriebs- und Reparaturschlosser,
- Baumaschinenführer,
- Pflasterer.

Im Gegensatz dazu wird erwartet, daß die Bedeutung von reinen Hilfsarbeiter- und Helfertätigkeiten weiter abnehmen wird. Davon werden insbesondere Bauhilfsarbeiter und Betonbauerhelfer betroffen sein. Dies belegt folgendes Beispiel: Während vor rd. 20 Jahren auf einen gelernten Maurer zwei Hilfskräfte kamen, beträgt das Verhältnis zwischen Gelernten und Ungelernten heute 3 zu 1.

c) Handel[9]

Die Erwartungen der Betriebe im Handel in bezug auf die wirtschaftliche Entwicklung sind verhalten; die Skepsis überwiegt. Gut 40 v. H. der befragten Betriebe äußerten sich „eher pessimistisch“; weitere 24 v. H. wären bereits „zufrieden, wenn sich die gegenwärtige Situation nicht verschlechtert“. Rund 35 v. H. sehen die Zukunft optimistisch.

Als wesentliche Determinanten der zukünftigen Entwicklung im Handel werden gesehen

- die Entwicklung der Realeinkommen,
- die im Zusammenhang mit der hohen Arbeitslosigkeit reduzierte Kaufkraft,
- die tendenziell steigende Sparneigung,

---

9 Vgl. hierzu im einzelnen den Ergebnisbericht für den Handel: *Hurler*, Peter, unter Mitarbeit von *Büscher*, Helmut: Niveau und Struktur der Beschäftigung im Handel – Entwicklungschancen und Perspektiven für den Wirtschaftsraum Augsburg, INIFES-Forschungsbericht AM-01/85, Stadtbergen 1985.

– der zunehmend härter werdende Preiswettbewerb und – in Verbindung damit – tendenziell sinkende Handelsspannen bei steigenden Kosten.

Auf der Grundlage der Angaben der befragten Betriebe ist davon auszugehen, daß die Gesamtzahl der Beschäftigten im Handel bis zum Jahr 1986 auf einen Beschäftigtenstand von knapp über 24 000 Personen zurückgehen wird. Bezogen auf den Beschäftigtenstand von Ende September 1982 entspricht dies einem Rückgang von – 6 v.H.

Bei der Einschätzung der zu erwartenden Beschäftigtenentwicklung ist zu berücksichtigen, daß Teilzeitbeschäftigte und Auszubildende ebenfalls als „Beschäftigte" i. S. der Beschäftigtenstatistik gelten. Gerade für diese beiden Gruppen werden jedoch spezifische Entwicklungsverläufe prognostiziert. So ist davon auszugehen, daß die Zahl der Teilzeitarbeitsplätze im Handel zunehmen wird, indem eine beträchtliche Zahl von Vollzeitarbeitsplätzen in Teilzeitarbeitsplätze umgewandelt werden wird.

Das bedeutet, daß das Arbeitsvolumen im Handel erheblich stärker zurückgehen wird, als dies in der Beschäftigtenzahl zum Ausdruck kommt. Der Rückgang bei den Vollzeitarbeitsplätzen dürfte demnach bei ca. – 8 v. H. liegen.

Die Antworten auf die Fragen nach den mittelfristig zu erwartenden Veränderungen der Beschäftigtenstruktur nach Berufen ergeben folgendes Bild:

– Ausgehend davon, daß die Chancen für nennenswerte Absatzsteigerungen im allgemeinen als gering eingeschätzt werden, verfolgt die überwiegende Mehrzahl der befragten Betriebe das Ziel, Produktivitätssteigerungen durch eine effizientere Ausnutzung der vorhandenen Arbeitskräftekapazitäten, d. h. mit einem mehr bedarfsorientierten Personaleinsatz, zu erreichen.

– Ansatzpunkte hierfür werden insbesondere gesehen in der
  (a) Optimierung der Warenbewirtschaftung,
  (b) Flexibilisierung des Arbeitskräfteeinsatzes,
  (c) Auslagerung bestimmter Funktionen (Transporte, Reparaturwerkstätten, Werbung etc.) auf andere Dienstleistungsunternehmen.

– Eine Optimierung der Warenbewirtschaftung wird – je nach Handelszweig – mit verschiedenen Schwerpunkten erreicht. Sie reicht von der EDV-gestützten Lagerkarteiführung, die durch schnelleren Zugriff auf wichtige Informationen eine schnellere Bearbeitung der Aufträge, eine bessere Warenbestandskontrolle und niedrigere Lagerkapazitäten ermöglicht, über ein verbessertes innerbetriebliches Controlling mit Hilfe von spezifischen Kenngrößen bis hin zu einer Bereinigung der Angebotspalette und einer Reduzierung der Sortimente.

– Von der stärkeren Flexibilisierung des Personaleinsatzes wird vor allem das Personal in den Bereichen Beratung und Verkauf im Einzelhandel betroffen. Obwohl die Bedeutung der individuellen Kundenberatung – und damit der

Bedarf an „Fachverkäufern“ – zunehmen wird, wird auf mittlere Sicht damit gerechnet, daß die Gesamtnachfrage nach Verkäufern/Verkäuferinnen im Wirtschaftsraum Augsburg absolut zurückgehen wird.

- Eine ambivalente Entwicklung ist im Hinblick auf den Servicebereich festzustellen. Während vorwiegend kleinere und mittlere Betriebe im Einzelhandel dem Kundendienst eine weiter wachsende Bedeutung einräumen, zeigt sich bei größeren Handelsbetrieben eine recht deutliche Tendenz, die personelle Ausstattung der eigenen Werkstätten und des Kundendienstes zu reduzieren oder diese Servicebereiche sogar völlig auf Unterauftragnehmer auszulagern. Diese Bestrebungen dürften im Handel zu einer tendenziellen Reduzierung des Personals in Fertigungsberufen führen.
- Im Hinblick auf den zukünftigen Arbeitskräftebedarf unterscheidet sich der Handel vom Verarbeitenden Gewerbe und vom Baugewerbe vor allem dadurch, daß in keinem betrieblichen Funktionsbereich mit einer Zunahme an Arbeitskräften gerechnet wird. Lediglich im Verkauf besteht ein Bedarf an „geschulten Fachkräften“; in den Bereichen Büro und Verwaltung sowie im Lagerbereich werden sich die Anforderungsprofile der Arbeitsplätze nachhaltig verändern; dies erfordert eine Anpassung der Qualifikationen der Arbeitskräfte.
- Auch in den Bereichen Werbung und Fuhrpark zeigt sich bei einem Großteil der Betriebe eine verstärkte Tendenz, diese Dienstleistungen nicht mehr selbst zu „produzieren“, sondern „einzukaufen“.

Die Auswertungen der Interviews lassen im Hinblick auf einzelne Berufe folgende Aussagen zu:

Von jenen Berufen, die für die Beschäftigung im Handel zahlenmäßig von besonderer Bedeutung sind, ist u. a. bei folgenden Berufen von einem mittelfristig zunehmenden Bedarf auszugehen:

- Groß- und Einzelhandelskaufleute,
- Außendienstmitarbeiter,
- Lagerverwalter,
- Datenverarbeitungsfachleute,
- Schreibkräfte mit Kenntnissen in Daten- und programmierter Textverarbeitung,
- Werbefachleute,
- Warenprüfer.

Was das Angebot an Teilzeitarbeitsplätzen angeht, so ist auf der Grundlage der von den Betrieben gemachten Angaben davon auszugehen, daß die Zahl der Teilzeitbeschäftigten bis 1986 um mehr als 7 v. H. zunehmen wird. Hochgerechnet auf die Gesamtzahl der Teilzeitbeschäftigten im Handel würde die

Zahl bis 1986 auf mehr als 4 600 Personen steigen. Unter Berücksichtigung der gleichzeitig leicht rückläufigen Gesamtbeschäftigtenzahl errechnet sich daraus eine Teilzeitquote von 18,5 v. H.

Darüber hinaus ist davon auszugehen, daß auch die Zahl der nicht-sozialversicherungspflichtigen Teilzeitkräfte mit einem Einkommen unterhalb der Sozialversicherungspflichtgrenze beträchtlich ansteigen wird.

Das Berufsspektrum für Teilzeitkräfte ist auch im Handel begrenzt, wenngleich die Verwendungsmöglichkeiten erheblich breiter sind als beispielsweise im Verarbeitenden Gewerbe. Aufgrund der im Handel absehbaren Tendenzen ist damit zu rechnen, daß sich die Chancen auf Teilzeitbeschäftigung auch für Personen in solchen Berufen verbessern, die bislang Vollzeitkräften vorbehalten sind.

Die Gründe, die die Betriebe für die Erhöhung der Teilzeitarbeitsplätze angeben, sind vielfältig:

- Als wichtigster Grund für die Zunahme der Teilzeitbeschäftigten wird von den Betrieben am häufigsten genannt, daß Teilzeitregelungen einen rationelleren Einsatz von Arbeitskräften ermöglichen. Dies deutet darauf hin, daß im Handel die Vorteile flexiblerer (Teil-)Arbeitszeitregelungen von immer mehr Betrieben erkannt und genutzt werden und zu einer Korrektur der (früher) restriktiven Einstellungen gegenüber Teilzeitarbeit geführt haben.
- 39 v. H. der befragten Betriebe sehen in einer Ausweitung der Teilzeitarbeitsplätze den Vorteil einer „Verringerung der Personalkosten durch Vermeidung von Leerzeiten".
- „Positive Erfahrungen mit Teilzeitkräften im Betrieb" waren für 36,6 v. H. der Betriebe ein wichtiger Grund, ihr Angebot an Teilzeitarbeitsplätzen auszubauen.
- Bemerkenswert ist, daß die in der öffentlichen Diskussion um arbeitslose Frauen mit Teilzeitwünschen immer wiederkehrende These, die angebotenen Teilzeitregelungen würden sich nicht mit den Wünschen der Bewerberinnen decken, durch die Ergebnisse der Befragung nicht gestützt wird; das Arbeitszeit-Argument wird lediglich von jedem sechsten Betrieb als wichtiger Grund für die Nicht-Ausweitung von Teilzeitarbeitsplätzen gesehen.

Hinsichtlich des Angebots an Ausbildungsplätzen ist damit zu rechnen, daß das Angebot an Ausbildungsplätzen im Handel mittelfristig deutlich zurückgehen wird. Die befragten Betriebe rechnen mit einem Netto-Rückgang von etwas mehr als 10 v. H.; bezogen auf die Gesamtzahl der Auszubildenden im Handel würde das heißen, daß die Zahl der Ausbildungsplätze von 2 911 im Jahr 1983 auf rd. 2 600 zurückgehen wird. Die Ausbildungsquote, die 1983 bei 11,9 v. H. lag, dürfte sich bei 11 v. H. einpendeln.

d) Dienstleistungen[10]

Aufgrund der Befragungsergebnisse im Dienstleistungssektor ist damit zu rechnen, daß die Zahl der sozialversicherungspflichtig beschäftigten Arbeitnehmer zunehmen wird. Auf der Basis der Angaben der befragten privaten und öffentlichen Dienstleistungsunternehmen ergibt sich – hochgerechnet – für 1987 – konjunkturbereinigt – ein Beschäftigtenstand von knapp 60 000 sozialversicherungspflichtig Beschäftigten. Diese „Prognose" ist insofern zu relativieren, als auf die Frage nach der erwarteten Beschäftigtenentwicklung von der überwiegenden Mehrheit der Befragten betont vorsichtige Schätzungen abgegeben wurden und immer wieder die Abhängigkeit des Dienstleistungssektors von der Entwicklung im Verarbeitenden Gewerbe betont wurde.

Die erwartete Zunahme an Beschäftigten dürfte insbesondere vom privaten Dienstleistungsbereich ausgehen, während für die staatlichen Dienstleistungsunternehmen nicht von einem Beschäftigungswachstum ausgegangen werden kann. Von den privaten Dienstleistungsunternehmen wurden die optimistischen Erwartungen im Hinblick auf die Beschäftigtenentwicklung insbesondere mit folgenden Entwicklungstendenzen begründet:

- Zunehmende Nachfrage nach Dienstleistungen als Folge einer zunehmenden Arbeitsteilung,
- Erweiterung und Intensivierung von Beratungsleistungen,
- verbesserter Service,
- wachsende Bedeutung von Information und Kommunikation.

Mit wachsenden Beschäftigtenzahlen rechnen insbesondere die Dienstleistungszweige

- Straßenverkehr / Speditionen,
- Kreditinstitute,
- Versicherungsgewerbe,
- Verlags- und Pressewesen,
- Architektur- und Ingenieurbüros,
- Grundstücks- und Wohnungswesen.

Wesentliche Faktoren für die eher optimistischen Erwartungen im Bereich *Straßenverkehr* sind einmal die Ausweitung des Leistungsangebots – darunter auch die Ausweitung des Auslandsgeschäfts – sowie die erwartete Steigerung der Nachfrage nach Transportleistungen sowohl im Personen- als auch im Güterverkehr.

---

[10] Vgl. hierzu im einzelnen den Ergebnisbericht für den Dienstleistungsbereich: *Hurler*, Peter / *Stark*, Ernst, unter Mitarbeit von *Büscher*, Helmut: Arbeits- und Ausbildungsplätze im Dienstleistungssektor des Wirtschaftsraumes Augsburg – Entwicklungstendenzen und Perspektiven, INIFES-Forschungsbericht AM-02/85, Stadtbergen 1986.

Die Beschäftigtenzunahme bei den *Kreditinstituten* wird vor allem mit einer günstigen Nachfrage-/Geschäftsentwicklung bzw. mit weiterem Wachstum begründet. Wesentliche Faktoren sind zum einen die Erweiterung des Dienstleistungsangebots von Banken auf bankfremde Bereiche sowie die Intensivierung der Kundenberatung.

Für die erwartete Beschäftigtenzunahme im *Versicherungsgewerbe* wird insbesondere ein gestiegenes Bedürfnis nach materieller Absicherung sowie eine Ausweitung des Angebots der Versicherungen angeführt.

Im *Verlags- und Pressewesen* wird der erwartete Beschäftigtenzuwachs mit einem „wachsenden Markt" begründet.

Aufgrund der Heterogenität des Dienstleistungssektors ergibt sich mittelfristig für die erwartete Veränderung der Berufsstruktur ein recht vielschichtiges Bild. Für die einzelnen Berufsbereiche lassen sich die Befragungsergebnisse wie folgt zusammenfassen: In den kommenden Jahren wird auch im Dienstleistungssektor der Bereich „Büro und Verwaltung" von einschneidenden Veränderungen betroffen sein. Diese Veränderungen – sie sind fast ausschließlich im Zusammenhang mit der Einführung neuer Techniken in Büro und Verwaltung zu sehen – werden sich primär in Rationalisierungsmaßnahmen und Personaleinsparungen niederschlagen; auf der anderen Seite jedoch entstehen eine Reihe neuer Arbeitsplätze mit stark veränderten Anforderungsprofilen. Personaleinsparungsmaßnahmen werden zu einem spürbaren Rückgang bei den zahlenmäßig am stärksten besetzten Berufsgruppen – dies sind Schreibkräfte, Bürohilfskräfte und Buchhalter – führen. Ein mittelfristig deutlich steigender Bedarf wurde artikuliert für Organisations- und Datenverarbeitungsfachleute, Verwaltungsfachleute und Bürofachkräfte.

Bei den typischen Dienstleistungsberufen werden für eine ganze Reihe gute bis sehr gute Zukunftsaussichten prognostiziert; dies gilt für

- Bankfachleute,
- Krankenversicherungsfachleute,
- Lebens-/Sachversicherungsfachleute,
- Speditionskaufleute,
- Fremdenverkehrsfachleute,
- Werbefachleute.

Hinsichtlich der Beschäftigungschancen für Teilzeitkräfte ist im Dienstleistungssektor – im Gegensatz zum Verarbeitenden Gewerbe und zum Handel – nicht zu erwarten, daß die Teilzeitbeschäftigung deutlich stärker wachsen wird als die Gesamtbeschäftigung. Vielmehr scheint im Dienstleistungssektor die Möglichkeit der Schaffung zusätzlicher Arbeitsplätze durch Ausweitung von Teilzeit bereits weitgehend ausgereizt. Die Entwicklung wird vor allem durch drei wesentliche Merkmale gekennzeichnet sein: Es muß davon ausgegangen werden, daß die Erhöhung des Angebots an Teilzeitarbeitsplätzen vor allem durch eine Umwandlung von Vollzeitarbeitsplätzen zustande kommt. Zum zweiten wird sozialversicherungspflichtige Teilzeitbeschäftigung durch die steigenden Personalnebenkosten für Arbeitgeber mehr und mehr unattraktiv; ausgehend davon ist zu erwarten, daß – unter Status quo-Bedingungen – vor allem die „nicht-sozialversicherungspflichtige Teilzeitbeschäftigung“ zunehmen wird.

Betrachtet man die Aussagen differenziert nach Dienstleistungszweigen, so fällt auf, daß auf seiten öffentlicher Arbeitgeber die Chancen für eine Ausweitung von Teilzeitarbeitsplätzen erheblich pessimistischer eingeschätzt werden als von Arbeitgebern im privaten Dienstleistungsbereich. So wurde beispielsweise bei den Interviews in öffentlichen Unternehmen mehrfach auf die „Pufferfunktion“ von Teilzeitarbeitsplätzen hingewiesen; dies bringt mit sich, daß bei geplanten Stelleneinsparungen zunächst vor allem Teilzeitplätze gestrichen werden. Eine Erhöhung des Teilzeitplatzangebots kann somit nur über eine freiwillige Teilung von Vollzeitarbeitsplätzen zustande kommen.

Im privaten Dienstleistungssektor fällt auf, daß gerade jene Dienstleistungszweige, die im besonderen Maße zum Teilzeitangebot beitragen – wie z. B. Banken und Versicherungen – mittlerweile eine Grenze erreicht sehen, die eine Ausweitung von Teilzeitarbeitsmöglichkeiten nicht mehr sinnvoll erscheinen läßt.

Was die Berufsstruktur der Teilzeitarbeitsplätze angeht, so ist – wie im Verarbeitenden Gewerbe und im Handel – nicht damit zu rechnen, daß sich das relativ enge Berufsspektrum mittelfristig wesentlich erweitern wird. Teilzeitmöglichkeiten werden im wesentlichen auf die bereits bekannten Einsatzfelder beschränkt bleiben.

6. Erfahrungen bei der Durchführung des Projekts und Anmerkungen zu den Ergebnissen – Rückblick und Fazit

Ein Ergebnisbericht im Rahmen eines Workshops darf sich nicht ausschließlich auf „nackte Zahlen“ stützen. Er sollte auch auf Punkte eingehen, die sich nicht unmittelbar und direkt sichtbar in den Ergebnissen niederschlagen, die jedoch auch „Ergebnisse“ im eigentlichen Sinn des Wortes sind. Dazu gehören nicht nur die Erfahrungen, die man im Verlauf der Studie sammelt, sondern auch die „Beobachtungen am Rande“. Einige davon möchte ich herausgreifen, weil ich glaube, daß diese für evtl. „Nachahmer“, aber auch im Hinblick auf die geplante Fortschreibung dieser Studie eine wichtige Hilfe sein können. Dabei liegt es mir fern, Schönfärberei zu betreiben; mir liegt vielmehr daran, mit diesem Bericht über unsere Erfahrungen anderen zu helfen und Denkanstöße zu geben, die in Vorüberlegungen für die Konzeption ähnlicher Studien einfließen könnten.

Mein Erfahrungsbericht umfaßt sowohl inhaltliche, als auch methodische, konzeptionelle und organisatorische Aspekte. Er konzentriert sich insbesondere auf folgende Fragen:

- Inwieweit rechtfertigen Ergebnisse und Erfahrungen die doch sehr aufwendige Konzeption dieses Forschungsvorhabens?
- Welche Vorüberlegungen waren richtig, welche nicht?
- Inwieweit könnte diese Forschungskonzeption noch verbessert werden?
- Welche inhaltlichen Aspekte sollen stärker akzentuiert werden?

Was die *Konzeption der Studie* angeht, so haben unsere Erfahrungen die Vorüberlegungen weitgehend bestätigt und die gewählte Konzeption gerechtfertigt. Als absolut richtig erwiesen haben sich

- die Durchführung vorbereitender Expertengespräche unter Einbeziehung *aller* arbeitsmarktrelevanten Institutionen und Gruppen,
- die Auswahl der Themenbereiche,
- der inhaltliche Aufbau des Interviewer-Leitfadens,
- die zweistufige Vorgehensweise (schriftlicher Fragebogen zur Vorbereitung auf das mündliche Interview),
- die Wahl der Zielgruppe für die Interviews.

Was die Wahl der Zielgruppe angeht, so sollte bei einer Neu-Auflage der Untersuchung lediglich stärker auf eine größere „Homogenität" der Interviewpartner geachtet werden; d. h. Kaufleute *und* Techniker sollten angemessen vertreten sein und gleichermaßen zu Wort kommen. Darüber hinaus sollte dem Themenbereich „Berufliche Weiterbildung" (Fragenkomplex IV) ein erheblich breiterer Raum eingeräumt werden.

Aus der Vielzahl von *Erfahrungen und Beobachtungen* im Verlauf der Interviews erscheinen mir insbesondere folgende erwähnenswert:

- Personalplanung: Bei den Interviews, die ich selbst durchgeführt habe, habe ich den Eindruck gewonnen, daß Personal-„Planung" bei einer ganzen Reihe von Unternehmen nicht systematisch betrieben wird und längerfristig angelegt ist, sondern eher kurzfristiger Natur ist und Entscheidungen oft von der Dringlichkeit des aktuellen Bedarfs diktiert werden. Eine längerfristige Personalbedarfsplanung unter Einbeziehung der Überlegung, welche Kenntnisse und Fertigkeiten heute vermittelt werden müssen, um morgen und übermorgen die entsprechenden Fachkräfte zu haben, unterbleibt häufig. Investitionen in Sachkapital werden meiner Einschätzung nach wesentlich genauer geplant als „Investitionen in Humankapital". Die Erfahrungen zeigen, daß man sich in Fragen der Personalbeschaffung bzw. -bereitstellung in der Regel darauf verläßt, daß „der Arbeitsmarkt" die benötigten Fachkräfte zu liefern vermag. Insbesondere im Zusammenhang mit der Einführung neuer Techniken kommt es dann zu der – eigentlich grotesken – Situation, daß von den Betrieben bei der Arbeitsverwaltung ein Bedarf an Fachkräften angemeldet wird, die bis zu diesem Zeitpunkt niemand oder nur ganz wenige Betriebe ausgebildet haben. Eine solche Situation ist in den letzten Jahren in einigen Berufen aufgetreten (z. B. „neue" Druckberufe, Metallberufe). Ein „Schuldiger" ist dann meist schnell gefunden. Im Brustton der Überzeugung wird lauthals Unverständnis geäußert, daß trotz hoher Arbeitslosigkeit „keine Fachkräfte zu bekommen" seien. Diese Feststellung beinhaltet dann zugleich den Vorwurf an die Arbeitsverwaltung, ihre Mittel im Rahmen der Arbeitsförderung falsch und ineffizient einzusetzen. Die eigentliche Ursache des „Arbeitsmarkt-Versagens", nämlich die Tatsache, daß möglicherweise die betriebliche Personalbedarfsplanung unzureichend war bzw. keine dem Bedarf entsprechenden Ausbildungsplätze geschaffen wurden, wird meist diskret verschwiegen. Anhaltspunkte dafür ergeben sich aus einer Reihe von Interviews, wo einerseits über einen Mangel an qualifizierten Arbeitskräften geklagt wurde, zugleich aber anhand der Angaben zum Fragenkomplex III („Ausbildungsplätze") festzustellen war, daß der Betrieb überhaupt nicht ausgebildet bzw. die Zahl seiner Ausbildungsplätze verringert hatte.

– Ein aus meiner Sicht ebenfalls bemerkenswertes Ergebnis der Befragung war, daß viele Betriebe – obwohl zum Teil keine ausreichenden Ausbildungskapazitäten vorhanden waren und vielfach überhaupt keine Chance auf eine Übernahme der Auszubildenden in ein Beschäftigungsverhältnis bestand – unter Zurückstellung betriebswirtschaftlicher Überlegungen den Appellen gefolgt sind, über den Bedarf hinaus auszubilden. Dabei stand die Absicht im Vordergrund, den Schulabgängern die Möglichkeit einer beruflichen Ausbildung zu eröffnen. Der Einwand, daß das Problem der Jugendarbeitslosigkeit nur verschoben werde von der ersten Sprungstelle („Übergang vom Schulsystem ins Ausbildungssystem") bis zur zweiten Sprungstelle („Übergang vom Ausbildungssystem ins Beschäftigungssystem") wurde von der Mehrzahl der Interviewpartner nicht akzeptiert: Vielmehr wurde die Ansicht geäußert, daß es kurzfristig wichtiger sei, den Jugendlichen zu helfen und ihnen eine berufliche Ausbildung zu ermöglichen, selbst wenn absehbar sei, daß für die so Ausgebildeten auch mittelfristig kein Bedarf bestehe. Betont wurde dabei immer wieder, daß es vor allem darum gehe, den Betroffenen den „Einstieg ins Berufsleben" zu ermöglichen. Eine Orientierung auf der Grundlage einer beruflichen Ausbildung und auf der Basis entsprechender Berufserfahrung sei immer besser, als die Jugendlichen von einer betrieblichen Ausbildung auszusperren. Trotz der Tatsache, daß für die zusätzlich Ausgebildeten mittelfristig keine Arbeitsplätze im Ausbildungsberuf vorhanden sind, waren jene Ausbildungsbetriebe in der Minderheit, die ihr Spektrum an Ausbildungsberufen erweitert haben. Die Regel war, daß mehr Auszubildende auf den vorhandenen Ausbildungsplätzen ausgebildet wurden; nur bei einer Minderheit war es so, daß die Struktur der Ausbildungsplätze unter dem Aspekt des zukünftigen Arbeitskräftebedarfs verändert und auch in „neuen" Ausbildungsberufen (z. B. Datenverarbeitungskaufleute) ausgebildet wurde. Im Hinblick auf diese Problematik sollte dieser Fragenkomplex bei einer Neu-Auflage der Studie stärker akzentuiert werden.

- Bemerkenswert sind m. E. auch die Untersuchungsergebnisse über die Teilzeitproblematik. Hier zeigt es sich deutlich, daß negative Einstellungen zur Teilzeitbeschäftigung in der weitaus überwiegenden Mehrzahl der Fälle nicht auf „schlechten Erfahrungen" mit Teilzeitkräften beruhen, sondern daß Vorurteile bei den für Personalentscheidungen Verantwortlichen die Einstellungen beherrschen. Wie wäre es sonst zu erklären, daß gerade jene Betriebe, die bereits über einen relativ hohen Teilzeitbeschäftigungsanteil verfügen, Teilzeitbeschäftigung – vor allem auch unter betriebswirtschaftlichen Gesichtspunkten – als positiv beurteilen und deshalb forcieren wollen. Vor allem die öffentliche Diskussion um eine Flexibilisierung des Arbeitskräfteeinsatzes unter Hinweis auf verschiedene Möglichkeiten von Teilzeitarbeit hat m. E. wesentlich dabei geholfen, diese „Vorurteile" zu korrigieren. Im Fall einer Fortschreibung der Studie wäre es interessant, diesen Aspekt zu vertiefen und die Untersuchung durch Einstellungsmessungen über Teilzeitarbeit zu erweitern.
- Auffallend war bei den Interviews auch eine – teilweise extrem – hohe Sensibilität hinsichtlich der Entwicklung der Personalkosten. Gerade im Hinblick auf die Frage nach dem aktuellen bzw. dem zu erwartenden Arbeitskräftebedarf war häufig die Sorge zu spüren, Arbeitskräfte, die man neu einstellt, nicht dauerhaft beschäftigen zu können. Auch dieser Aspekt sollte im Rahmen einer evtl. Neu-Auflage der Studie vertieft werden.

Als weiteren Punkt, der nicht nur aus inhaltlicher und methodischer Sicht, sondern auch im Hinblick auf die Öffentlichkeitsarbeit und die Veröffentlichungsstrategie von Bedeutung ist, möchte ich auf das Thema „Prognose des regionalen Arbeitsplatzangebots" (Fragenkomplex I) eingehen. Bei der Frage nach der voraussichtlichen mittelfristigen Entwicklung der Beschäftigtenzahlen müßte zunächst der (konjunktur-)psychologische Aspekt besser berücksichtigt werden. In einzelnen Phasen der Untersuchung war bei den Interviews deutlich zu spüren, wie stark Pressemeldungen über steigende Arbeitslosenzahlen und über den Konjunkturverlauf in die Antworten bei den Interviews eingeflossen sind. Teilweise war sogar „herauszuhören", welche Zeitungen die Interviewpartner gelesen hatten. Gerade im Hinblick auf diese Problematik hat sich die „Ventilfunktion" des Themenbereichs I im Interview als sehr positiv erwiesen. Darüber hinaus sollten Überlegungen angestellt werden, ob und inwieweit die Angaben der Betriebe über die Personalentwicklung auf der Basis betrieblicher Kennziffern (z. B. Produktivitätskennzahlen) transparenter gemacht werden können. Letzteres hatten wir in unserer ursprünglichen Konzeption beabsichtigt; aufgrund der Empfehlungen der Kollegen im IAB haben wir jedoch darauf verzichtet, diese Kennziffern zu erfragen, da es sich hierbei in den meisten Fällen um streng gehütete „Betriebsgeheimnisse" handelt und wir mit Aussageverweigerungen hätten rechnen müssen. Ausschlaggebend für den Verzicht war, daß diese Angaben für unser eigentliches Untersuchungsziel nur von untergeordneter Bedeutung waren und wir das Interview nicht mit Dingen belasten wollten, die die Auskunftsbereitschaft unserer Gesprächspartner reduziert hätten. Zu unserem Leidwesen haben genau diese Ergebnisse über die voraussichtliche Beschäftigtenentwicklung im Wirtschaftsraum Augsburg in Zeitungsveröffentlichungen und in der öffentlichen Diskussion einen viel zu breiten Raum eingenommen. Es wurde übersehen, daß die im Rahmen der Studie ermittelten Voraussagen zur globalen Beschäftigtenentwicklung lediglich ein „Kuppelprodukt" dieser Untersuchung waren. Gerade diese Zahlen aber, die gar nicht das eigentliche Anliegen unserer Studie waren, standen im Mittelpunkt des öffentlichen Interesses. Im Falle einer Fortschreibung der Studie oder bei einer Neu-Auflage wäre es deshalb besser, entweder auf eine Veröffentlichung dieser Zahlen vollkommen zu verzichten oder im offiziellen Abschlußbericht lediglich am Rande darauf hinzuweisen.

Das aus *methodischer Sicht* zentrale Problem, das allerdings auch bei einer Wiederholung dieser Studie nicht ohne erheblichen Aufwand gelöst werden kann, ist die Verwendung der Berufe-Systematik, die der Statistik der sozialversicherungspflichtig Beschäftigten der Bundesanstalt für Arbeit zugrunde liegt. Bereits nach den Vorgesprächen mit den Kollegen des IAB waren wir uns darüber klar, daß diese Berufe-Systematik für unsere Zwecke nur sehr bedingt geeignet sein würde. Wir haben uns dennoch – mangels Alternative – für diese „Second-best-Lösung" entschieden. Unsere Erfahrungen mit dieser Systematik haben die Bedenken und Befürchtungen nachhaltig bestätigt. So haben wir beispielsweise festgestellt, daß es erhebliche Unterschiede in der Erfassung der Beschäftigten nach der ausgeübten Tätigkeit gibt; teilweise werden die Beschäftigten nach ihrem Ausbildungsberuf klassifiziert. Dies zeigt das Beispiel mehrerer Kreditinstitute, in denen es nur zwei Arten von Beschäftigten gibt: Bankkaufleute und Raumpfleger-/innen; ähnliches gilt auch für Versicherungen.

In manchen Betrieben wiederum besteht die gesamte Verwaltung nur aus Bürofachkräften, während andererseits die Struktur der Berufe recht detailliert wiedergegeben wird. Häufig sind wir auch auf das Problem gestoßen, daß Beschäftigte nur einmal – nämlich beim Eintritt in die Firma – entsprechend ihrer Ausbildung bzw. ihrer ersten Tätigkeit klassifiziert werden und dann dauerhaft mit dieser Berufsordnung erfaßt werden, selbst wenn sich die ausgeübte Tätigkeit im Laufe der Zeit wesentlich verändert hat. Wiederholt ist auch der Fall eingetreten, daß vor Beginn des mündlichen Interviews die

Angaben des Betriebes über die Struktur der Berufe überprüft und korrigiert werden mußten, da den Gesprächspartnern bei der Vorbereitung auf das mündliche Interview Berufsbezeichnungen für die Beschäftigten ihres eigenen Betriebes aufgefallen waren, deren Zustandekommen sie sich nicht erklären konnten.

Angesichts unserer Erfahrungen müssen wir zugeben, daß die Verwendung dieser Systematik ein entscheidender „Schwachpunkt" der ganzen Untersuchung ist. Es wäre hier falsch, etwas beschönigen zu wollen. Da zur Erfassung der Berufe jedoch keine bessere Systematik vorliegt, stellt sich nur die Alternative, entweder auch bei anderen derartigen Studien auf diese Hilfskonstruktion zurückzugreifen, oder aber – und das wäre m. E. die Konsequenz, die nicht nur aus unseren Erfahrungen, sondern auch aus Erfahrungen des IAB mit dieser Systematik resultiert – diese doch sehr aufwendige Erfassung der sozialversicherungspflichtig Beschäftigten nach Berufsordnungen schnellstmöglich auf eine valide Grundlage zu stellen.

Was die *forschungslogische Seite der Untersuchung* angeht, so hat uns insbesondere zu schaffen gemacht, daß unser Interviewer-Team relativ klein war und nicht über den gesamten Zeitraum der Untersuchung zur Verfügung stand. Wie Sie wissen, bestand unser Interviewer-Team zunächst aus 6 Mitarbeitern, die im Rahmen einer AB-Maßnahme zur Verfügung standen. Aufgrund der zeitlichen Begrenzung dieser Maßnahme waren wir gezwungen, im Laufe der Untersuchung das Interviewer-Team auszuwechseln. Nicht zuletzt dadurch haben sich erhebliche zeitliche Verzögerungen bei der Durchführung der Interviews ergeben. Mit unseren Interviewern hatten wir großes Glück. Es waren überwiegend ältere Personen (über 50 Jahre alt), die früher selbst im mittleren Management, z. T. sogar in leitenden Positionen, tätig waren und die von Betriebsschließungen betroffen waren. Sie hatten somit von ihrer Persönlichkeit, ihrer eigenen beruflichen Erfahrung und von ihrem Auftreten her keine „Status-Probleme" mit ihrer Rolle als Interviewer.

Bei einer Fortführung der Studie muß in jedem Fall sichergestellt werden, daß das Interviewer-Team bis zum Ende der Befragung zur Verfügung steht.

7. Der Stellenwert der Untersuchungsergebnisse für die Gestaltung der regionalen Arbeitsmarktpolitik – spürbare Auswirkungen und zukünftiger Handlungsbedarf

Die Studie ist nunmehr nahezu abgeschlossen; wir Wissenschaftler haben unsere Arbeit getan. Jetzt sind Politik und Verwaltung gefordert. Jetzt geht es darum, die gewonnenen Erkenntnisse umzusetzen, d. h. aus den Ergebnissen die richtigen Schlüsse zu ziehen und die erforderlichen Maßnahmen in die Wege zu leiten.

Ich möchte mir erlauben, abschließend einige Anmerkungen dazu zu machen, wie die Ergebnisse dieser Studie aus unserer Sicht sinnvoll in die Praxis umgesetzt werden könnten und welche Konsequenzen mittelfristig daraus gezogen werden müßten. Zu fragen ist:

- Wozu kann die Studie wirklich beitragen?
- Was können die Ergebnisse bewirken?
- Inwieweit kann sie ihren Ansprüchen genügen?

Den Nutzen dieser Studie zu quantifizieren, ist sehr schwierig. Dies wird sicher erst nach einigen Jahren möglich sein. Der „Nutzen" wird jedoch im wesentlichen davon bestimmt, was Politiker und Verwaltung mit diesen Ergebnissen tun. Eines steht fest: Wenn die Berichte in den Schubladen der Verwaltung verschwinden und ohne Konsequenzen für die regionale Arbeitsmarktpolitik und das Angebot an Weiterbildungsmaßnahmen im Wirtschaftsraum Augsburg bleiben, dann wurde hier nicht nur eine Menge Geld zum Fenster hinausgeworfen, sondern auch eine große Chance vertan. Zum jetzigen Zeitpunkt aber haben es alle beteiligten Gruppen in der Hand, aus den Ergebnissen „etwas zu machen". Die Voraussetzungen sind gegeben.

Ein nicht zu unterschätzendes positives und sichtbares Ergebnis dieser Untersuchung ist zunächst die Tatsache, daß es gelungen ist, alle am regionalen Arbeitsmarktgeschehen beteiligten Akteure an einem Tisch zu versammeln und die mit den Untersuchungsergebnissen zusammenhängenden Fragen und Probleme weitgehend frei von den formellen Zwängen institutionalisierter Gremien diskutieren zu können. Dabei hat die Studie nicht nur zu einer verbesserten Information über die Entwicklungen am regionalen Arbeitsmarkt beigetragen; sie hat sicher auch das Problembewußtsein bei den Beteiligten verstärkt und damit eine wichtige Voraussetzung dafür geschaffen, gemeinsam Maßnahmen zur Bekämpfung dieses Problems zu beschließen und durchzusetzen.

Bei der Beurteilung der Nutzen dieser Studie sollte auch nicht übersehen werden, daß die Studie bereits nach Vorliegen der ersten Ergebnisse – zu einer Reihe von unmittelbaren Folgeaktivitäten im Bereich der Arbeitsverwaltung und bei den Maßnahmenträgern der beruflichen Weiterbildung geführt hat. So sehen Vertreter des Arbeitsamtes die Untersuchungsergebnisse als eine durchaus wichtige Informationsgrundlage für die Arbeitsverwaltung. Ihrer Ansicht nach vermag die Studie wichtige Entscheidungshilfen für eine situationsgerechte Handhabung des arbeitsmarktpolitischen Instrumentariums zu geben. Die Untersuchungsergebnisse sind nicht nur in die Arbeit der Berufsberatung mit eingeflossen, sie fanden auch Verwendung bei internen Fachkräfteschulungen der Arbeitsverwaltung und in Veranstaltungen zur Berufswahlvorbereitung in Kooperation mit den Schulen. Darüber hinaus wurden die Untersuchungsergebnisse bei der Darstellung einschlägiger Berufsbilder in der Presse einbezogen. Seitens des Arbeitsamtes wurde sogar mehrfach betont, daß das Defizit an Fachkräften in den einschlägigen Berufen lange nicht so groß wäre, wenn sich Ausbildungsentscheidungen der Berufswähler und der Betriebe stärker an den Untersuchungsergebnissen orientiert hätten.

Ein hoher Stellenwert kommt den Befragungsergebnissen auch in den Bereichen Arbeitsvermittlung und Arbeitsberatung als Informations- und Führungsinstrument zu. So fanden die Untersuchungsergebnisse u. a. Eingang in Überlegungen hinsichtlich des arbeitsmarktpolitischen Handlungsbedarfs. Darüber hinaus haben sie auch wesentlich die Konkretisierung der Zielvorstellungen für die einzelnen Berufsbereiche beeinflußt. Insofern haben die Ergebnisse dazu beigetragen, die Bemühungen des Arbeitsamtes zur beruflichen Qualifizierung von Arbeitslosen auf eine gesicherte Basis zu stellen.

Des weiteren hat die Studie wichtige Anhaltspunkte geliefert für die Planung von Weiterbildungs- und Umschulungsmaßnahmen. Seitens des Arbeitsamtes wurde die verbesserte Effektivität solcher Planungsgespräche betont. Eingang fanden die Ergebnisse auch bei der Diskussion um die Ausrichtung der Lerninhalte und bei der Entwicklung von Rahmenstoffplänen im Hinblick auf das Lehrgangsangebot im Bereich neuer Techniken.

Dies sind nur einige Beispiele, die belegen, in welche Bereiche die Ergebnisse einer solchen Studie einfließen können. M. E. muß sich die Umsetzung dieser Ergebnisse jedoch nicht ausschließlich auf den Bereich der Arbeitsverwaltung beschränken. Die Ergebnisse können sicher auch einen wichtigen Beitrag im Rahmen der kommunalen/regionalen Wirtschaftsförderung sowie für die Planung der Weiterbildungsträger leisten.

Wenn es gelingen würde, das Fortbestehen der projektbegleitenden – im Sinne eines unabhängigen Diskussionsforums bzw. Beratungsgremiums – sicherzustellen, erscheint es durchaus realistisch, auf der Grundlage von regelmäßigen Fortschreibungen im Abstand von 3 bis 5 Jahren ein sehr effektives „Informations- und Planungsinstrument" der regionalen Arbeitsmarktpolitik aufzubauen. Ohne dem Urteil der „Praktiker" vorgreifen zu wollen, möchte ich abschließend zwei Behauptungen aufstellen, nämlich

a) daß die Ergebnisse der Studie bereits in erheblichem Maße dazu beigetragen haben, Arbeitsförderungsmittel effektiver einzusetzen und Fehlplanungen zu vermeiden, und

b) daß die Studie eindrucksvoll deutlich gemacht hat, wie wichtig es insbesondere für eine zukunftsorientierte Arbeitsmarktpolitik auf einem regionalen Arbeitsmarkt ist, über entsprechende Planungs- und Entscheidungshilfen zu verfügen.

MÖGLICHKEITEN EINER FORTSCHREIBUNG DER STUDIE „REGIONALER ARBEITSMARKT AUGSBURG“

Anforderungen, methodische Voraussetzungen, Möglichkeiten der Durchführung

Von Martin Pfaff und Ernst Stark

1. Technische Entwicklung und Fortschreibung

Der Arbeitsmarkt des Wirtschaftsraumes Augsburg hat in den vergangenen Jahren einen bedeutenden Strukturwandel erfahren. Die bereits vorgestellten Ergebnisse unserer Prognose des Arbeitskräftebedarfs nach Wirtschaftszweigen und Berufen deuten an, daß sich der Prozeß der technischen Entwicklung beschleunigt hat und in Zukunft viel kräftiger auf den Arbeitsmarkt des Wirtschaftsraumes Augsburg durchschlagen wird; exemplarisch sei hier nur auf die Bereiche Mikroelektronik, Text- und Datenverarbeitung in Büro, Organisation und Verwaltung sowie Qualitätskontrolle und Qualitätssicherung verwiesen.

Für eine Fortschreibung der Studie spricht, daß mit der Einführung der neuen Technologien, die zeitlich in etwa mit dem Beginn der ersten Augsburger Studie zusammenfällt, eine neue Entwicklungsphase eingeleitet wurde und daß sich diese Entwicklungen künftig verstärkt auf den regionalen Arbeitsmarkt auswirken werden.

Betrachten wir vor diesem Hintergrund die Situation im Wirtschaftsraum Augsburg:

– Im Verarbeitenden Gewerbe lag der Beschäftigtenanteil (gemessen an den sozialversicherungspflichtig Beschäftigten insgesamt) 1984 im Wirtschaftsraum Augsburg mit 42,9 v. H. ca. 4 v. H. über dem Südbayerns (38,5 v.H.) und des gesamten Bundesgebietes (38,9 v. H.) (vgl. Tabelle 1). Demgegenüber liegt der Anteil der Beschäftigten im Dienstleistungssektor (ohne Handel) im Wirtschaftsraum Augsburg (32,4 v. H.) etwa 4 v. H. unter den entsprechenden Werten für Südbayern (36,3 v. H.) und für das Bundesgebiet (36,1 v. H.). Diese Unterschiede haben sich seit 1977 zwar tendenziell verringert, aber sie zeigen doch eine Schwäche der Wirtschaftsstruktur Augsburgs: Gerade der „Hoffnungsträger“ für Beschäftigungsmöglichkeiten – der Dienstleistungssektor – ist hier, verglichen mit überregionalen Beschäftigtenstrukturen, unterrepräsentiert.

- Innerhalb des Verarbeitenden Gewerbes sind im Jahr 1982 neben der schrumpfenden Branche „Textil“ die potentiellen Wachstumsbranchen „Maschinenbau“, „DV-Anlagen“, „Elektronik“ unter den sechs bedeutendsten Branchen (gemessen an der Beschäftigtenzahl) zu finden [1]. Hier deuten sich also überdurchschnittliche Wachstumschancen an, sofern die Gesamtentwicklung nicht am Wirtschaftsraum Augsburg vorbei – z. B. nach München – geht.
- Aufgrund der Befragungsergebnisse der ersten Studie [2] muß mittelfristig im Verarbeitenden Gewerbe, im Bauhauptgewerbe [3] und im Handel mit einer *Abnahme* an Beschäftigten gerechnet werden. Dieser prognostizierten Entwicklung steht nur eine erwartete leichte Zunahme im Dienstleistungssektor gegenüber, die voraussichtlich nicht ausreichen wird, um die Abnahmen in den anderen Bereichen zu kompensieren.
- Hinter diesen globalen Entwicklungen stehen sehr differenzierte und teilweise gegenläufige Trends: So wurde z. B. deutlich, daß sich die Qualifikationsanforderungen erheblich verändern – beispielsweise werden in Zukunft EDV-Kenntnisse zunehmend sowohl von Dienstleistungs- als auch von Fertigungs- und Technischen Berufen gefordert. Dieser einheitlichen Tendenz stehen aber auch konträre erwartete Verläufe entgegen: Während im Dienstleistungssektor (ohne Handel) beispielsweise mit einem steigenden Bedarf an Bürofachkräften gerechnet wird, ist im Verarbeitenden Gewerbe und im Handel mit einer Abnahme zu rechnen. Ein weiteres Beispiel für gegensätzliche Erwartungen ist, daß im Handel zwar insgesamt von einem Rückgang bei Verkäufern ausgegangen wird, jedoch Fachverkäufer an Bedeutung gewinnen werden.

Aus diesen allgemeinen Entwicklungstendenzen und den Besonderheiten des Wirtschaftsraumes Augsburg folgt, daß die *lokale Arbeitsmarktpolitik* in Zukunft einen erhöhten Bedarf an Informationen über die zu erwartenden

---

1 Vgl. hierzu *Hurler*, Peter, unter Mitarbeit von *Büscher*, Helmut: Beschäftigungsperspektiven des verarbeitenden Gewerbes im Wirtschaftsraum Augsburg, hrsg. vom *Amt für Wirtschaftsförderung der Stadt Augsburg*, Augsburg 1983, S. 3.

2 Zu den Ergebnissen der ersten Studie vgl.: *Hurler*, Peter, unter Mitarbeit von *Büscher*, Helmut: Beschäftigungsperspektiven ... ; *Hurler*, Peter, unter Mitarbeit von *Büscher*, Helmut: Die Beschäftigungssituation im Baugewerbe – Entwicklungstendenzen und Perspektiven für den Wirtschaftsraum Augsburg, hrsg. vom *Amt für Wirtschaftsförderung der Stadt Augsburg*, Augsburg 1984; *Hurler*, Peter, unter Mitarbeit von *Büscher*, Helmut: Niveau und Struktur der Beschäftigung im Handel – Entwicklungschancen und Perspektiven für den Wirtschaftsraum Augsburg, INIFES-Forschungsbericht AM-01/85, Stadtbergen 1985; *Hurler*, Peter / *Stark*, Ernst, unter Mitarbeit von *Büscher*, Helmut: Arbeits- und Ausbildungsplätze im Dienstleistungssektor des Wirtschaftsraumes Augsburg – Entwicklungstendenzen und Perspektiven, INIFES-Forschungsbericht AM-02/85, Stadtbergen 1986.

3 Im Ausbau- und Bauhilfsgewerbe war aufgrund der geringen Interviewzahl keine Angabe der erwarteten Beschäftigungsentwicklung möglich.

Tabelle 1

Sozialversicherungspflichtig Beschäftigte nach Wirtschaftszweigen (in v. H.)

	Wirtschaftsraum Augsburg			Südbayern			Bundesgebiet		
	1977	1981	1984	1977	1981	1984	1977	1981	1984
Primärer Sektor	2,2	2,2	2,3	2,5	2,5	2,5	3,5	3,5	3,5
Verarb. Gewerbe	47,9	45,3	42,9	41,9	40,1	38,5	42,4	40,5	38,9
Baugewerbe	8,4	8,6	8,8	9,3	9,5	9,2	8,1	8,1	7,8
Handel	13,2	13,8	13,6	13,2	13,4	13,4	14,0	13,8	13,7
Dienstleistungen (o. Handel)	28,4	30,1	32,4	33,1	34,6	36,3	32,1	34,0	36,1

*Quelle: **Bundesanstalt für Arbeit*** (Absolutzahlen von Ende September) und eigene Berechnungen.

Entwicklungen auf dem Arbeitsmarkt Augsburg haben wird, insbesondere bezüglich

– etwaiger Unterschiede in der wirtschaftlichen Entwicklung im Wirtschaftsraum Augsburg gegenüber überregionalen Entwicklungen;
– den Auswirkungen des zu erwartenden Strukturwandels sowie der technischen und/oder organisatorischen Änderungen auf die Berufsstruktur;
– der Berufe, die aufgrund dieser Änderungen an Bedeutung gewinnen bzw. verlieren;
– der künftig zu erwartenden Verteilung der Berufe nach Wirtschaftszweigen.

Diese Informationen können zum einen der Arbeits- und Berufsberatung dienen, zum anderen werden auch weitere Entscheidungshilfen für die Planung, Einrichtung und Durchführung bestimmter fachspezifischer, überbetrieblicher Berufsausbildungs-, Fortbildungs- und Umschulungsmaßnahmen von Nutzen sein.

Für die *Wissenschaft* besteht – neben der Motivation, die arbeitsmarktpolitische Praxis anwendungsorientiert zu unterstützen – das erkenntnisleitende Interesse, die angewandte Methode der direkten Informationsgewinnung über Primärerhebungen bei den Unternehmen durch Berücksichtigung der gewonnenen Erfahrungen und einen Vergleich von Prognosewerten und tatsächlicher Entwicklung zu überprüfen und gegebenenfalls zu verbessern. Vor allem muß das Instrument der direkten Befragung empfindlich genug auf neue Problembereiche reagieren, die bei der Konzeption des Fragebogens im Bewußtsein der Forscher und der Arbeitsmarkt- und Berufsbildungspraktiker noch nicht das entsprechende Gewicht erlangt hatten.

Diese ersten Überlegungen deuten an, daß eine Fortschreibung der Augsburger Studie sowohl aus der Sicht der Praxis als auch aus der Sicht der sie unterstützenden Wissenschaft sinnvoll ist.

Für eine Fortschreibung der Augsburger Studie sollen im folgenden

- inhaltliche Anforderungen,
- methodische Voraussetzungen und
- Möglichkeiten der Durchführung

aufgezeigt werden.

2. Anforderungen

Fortschreibung bedeutet zunächst einmal, daß ein bestehendes Konzept auch in Zukunft fortgeführt wird und daß sich eine solche Fortführung an bestehenden Zielen und Inhalten orientiert. Fortschreibung heißt jedoch nicht, daß das bestehende Fragebogeninstrument in der Zukunft unverändert übernommen werden muß. Sicher läßt die Gesamtzielsetzung und die Konzeption eine flexible Anpassung an veränderte Umstände zu, ohne daß das Grundanliegen einer Fortschreibung dadurch gefährdet wird.

In Anlehnung an die erste Studie können für eine Fortschreibung der Augsburg-Studie folgende forschungsleitende Fragen formuliert werden:

- Verändern sich traditionelle Berufsbilder und entstehen neue Berufsfelder und Tätigkeitsbereiche aufgrund der technologischen Entwicklung?

  Wie wirken sich beispielsweise die Verwendung der Steuerregeltechnik bei der Qualitätssicherung und die DV-gestützte Lagerhaltung auf den Arbeitskräftebedarf aus?

  Welche neuen Kenntnisse und Fertigkeiten werden von Drehern und Fräsern aufgrund der CNC-Technik künftig erwartet? Hält die Tendenz weg vom Elektrikter / Elektroinstallateur hin zum „Elektroniker“ an?
- Wie zuverlässig waren die Einschätzungen der Betriebe und die daraus resultierende Prognose?
- In welchen Branchen ist mittelfristig mit einer expansiven und in welchen mit einer rückläufigen Beschäftigtenentwicklung zu rechnen?
- Welche Berufe werden aufgrund der erwarteten technischen und/oder organisatorischen Veränderungen an Bedeutung verlieren? Setzt sich z. B. der erwartete überproportionale Rückgang bei Kaufleuten und Bürokräften fort?

– Bei welchen Qualifikationsanforderungen ist ein Engpaß zu erwarten? Welche Qualifizierungsmaßnahmen sind notwendig?

Aus diesen Problemfragen ergibt sich, daß für eine Fortschreibung einerseits statistische Angaben (zum Vergleich der Prognose mit der tatsächlich eingetretenen Entwicklung), andererseits die Einschätzung der Betriebe bezüglich künftiger technischer und/oder organisatorischer Veränderungen benötigt werden. Aufgrund dieser Angaben ist dann eine neue Prognose der zu erwartenden Beschäftigtenstruktur nach Wirtschaftszweigen und Berufen möglich.

Im Rahmen einer Fortschreibung ist gerade dem letzten oben angesprochenen Problemkreis – also der Ermittlung von Qualifizierungsbedarfen – besondere Aufmerksamkeit zu schenken. Dies gilt zum einen, weil dies bei der ersten Augsburg-Studie aus verschiedenen Gründen nicht erreicht werden konnte, zum anderen, weil es die „Krönung" einer solchen Arbeitsmarktstudie wäre, den Trägern von Bildungsmaßnahmen eine „Mängelliste" als Orientierungshilfe für das Kursangebot zur Verfügung zu stellen. Die Umsetzung müßte natürlich diesen Institutionen vorbehalten bleiben.

Bei der Durchführung der Fortschreibung müßte das Erhebungsinstrumentarium entsprechend modifiziert bzw. verfeinert werden. Dazu müßten in einem ersten Schritt die Ursachen dafür ermittelt werden, warum dieses Teilziel bei der ersten Augsburg-Studie nicht erreicht werden konnte; denkbare Gründe sind organisatorische Schwächen oder Ungeeignetheit des Erhebungsinstruments (schriftliche statt mündliche Befragung).

Das Erreichen dieses Teilzieles im Rahmen der Fortschreibung würde die Politikrelevanz und Umsetzungsmöglichkeiten der Studie zusätzlich erhöhen.

3. Methodische Voraussetzungen

Unter methodischen Gesichtspunkten müssen bei einer Fortschreibung der Studie die folgenden Elemente beibehalten werden:

1. Die Analyse muß „flächendeckend" für die Bereiche Verarbeitendes Gewerbe, Baugewerbe, Handel und Dienstleistungssektor sein, d. h. daß die Prognose wieder diese vier Bereiche erfassen muß.

2. Die Studie muß repräsentativ für die vier genannten Bereiche und für eine Differenzierung nach Groß- und Kleinbetrieben sein. Das im Rahmen der ersten Studie entwickelte Konzept (Einbeziehung aller Betriebe mit mindestens 50 Beschäftigte und die Ziehung einer Stichprobe für Betriebe mit weniger als 50 Beschäftigten) müßte im Rahmen einer Fortschreibung der Augsburger Studie beibehalten werden.

3. Auch im Rahmen einer Fortschreibung sollten wieder Expertengespräche[4] zur Vorbereitung der Befragung durchgeführt werden. Hierbei hätten sie v. a. folgende Funktionen zu übernehmen:
   - Die Überarbeitung und Aktualisierung der Fragebogen müßte erfolgen.
   - Im Zusammenhang mit dem bereits angesprochenen Komplex der Ermittlung des Qualifizierungsbedarfs sollten Ursachen für die Nichterreichung dieses Teilziels im Rahmen der ersten Studie sowie organisatorische und/oder methodische Modifikationen diskutiert werden.
4. Eine wichtige Voraussetzung für eine Fortschreibung der Studie ist die Verwendung der selben Methode wie im Verlauf der ersten Studie, nämlich einer Primärerhebung durch Betriebsbefragungen[5]. Diese Vorgehensweise hat sich im Verlauf des Projekts als vorteilhaft erwiesen. Sie muß – und kann folglich auch – für eine Fortschreibung beibehalten werden.

Im folgenden wollen wir hier noch auf die Befragungsart, d. h. auf die Frage, ob die Befragung schriftlich und/oder mündlich erfolgen sollte, eingehen.

Gleich vorweg kann festgehalten werden, daß für den statistischen Teil (der im wesentlichen wieder den Teil A des ersten Projekts umfassen dürfte) wiederum eine schriftliche Befragung zu empfehlen ist. Die Überlegungen, die zu Beginn des ersten Projekts hierzu angestellt wurden, haben sich im Verlauf des Projekts als richtig erwiesen: Diese Vorgehensweise wurde damals damit begründet, daß die z. T. ziemlich detaillierten statistischen Angaben im Rahmen eines mündlichen Interviews unnötig viel Zeitaufwand verlangen und somit das Interview insgesamt gefährden können[6].

Bleibt also zu fragen, ob die Angaben zur Nichtbesetzbarkeit von Arbeitsplätzen und die Einschätzung der Betriebe bezüglich künftiger Entwicklungen schriftlich oder mündlich erfragt werden sollten. Bei der Beantwortung dieser Frage können wir uns einerseits auf Plausibilitätsüberlegungen über Erhebungsmethoden, andererseits auf die von uns im Verlauf des Projekts gesammelten Erfahrungen stützen. Beurteilen wollen wir diese Möglichkeiten anhand der Kriterien

---

4 Zu Aufgabe, Durchführung und Ergebnissen der Expertengespräche in der ersten Studie vgl. *Held*, Martin: Strukturierte Expertengespräche im Rahmen des Projektes „Regionaler Arbeitsmarkt Augsburg", in: *Hurler*, Peter / *Pfaff*, Martin (Hrsg.): Gestaltungsspielräume der Arbeitsmarktpolitik auf regionalen Arbeitsmärkten, Berlin 1984, S. 111-128.

5 Weitere prinzipiell zur Debatte stehende Methoden (Prognosemodelle und Trendprojektionen) wurden aufgrund theoretischer und methodischer Probleme zu Beginn des Projekts nicht weiter verfolgt. Vgl. *Hurler*, Peter: Möglichkeiten und Grenzen einer mittelfristigen Arbeitskräftenachfrage nach Wirtschaftszweigen und Berufen im Wirtschaftsraum Augsburg – Anspruch, Untersuchungskonzept, Methoden und erste Erfahrungen, in: *Hurler / Pfaff*, S. 94-100.

6 Vgl. *Hurler*, Peter: Möglichkeiten ..., S. 106.

- inhaltliche,
- methodische und
- forschungsökonomische Aspekte.

Unter *inhaltlichen Gesichtspunkten* sprechen folgende Argumente für eine mündliche Befragung:

- die Exaktheit der Bearbeitung des Fragebogens ist erfahrungsgemäß höher, wenn eine mündliche Befragung erfolgt;
- bei der mündlichen Befragung bereitet sich der Interviewpartner im allgemeinen besser vor;
- über die Absichten des Betriebes können detailliertere Informationen, beispielsweise die Anwendung neuer Technologien, gesammelt werden, als dies bei einer schriftlichen Befragung möglich erscheint;
- aus dem Gesamtkontext der Interviewsituation kann oft die Zuverlässigkeit der Angaben, Aufgeschlossenheit der Interviewten u. a. m. beurteilt werden.

Methodische Aspekte sprechen ebenfalls eher für mündliche Interviews; hierzu die folgenden Argumente:

- Die Befragungssituation ist bei der schriftlichen Befragung nicht kontrollierbar: Insbesondere kann auf diese Weise nicht gewährleistet werden, daß die Angaben von denjenigen „Informanten" gemacht werden, die dazu auch tatsächlich in der Lage sind, nämlich Unternehmer, Geschäftsführer und/oder leitende Angestellte aus dem Personalbereich und aus dem technischen Bereich.
- Bei der schriftlichen Befragung besteht die Gefahr, daß einzelne Fragen unvollständig bzw. überhaupt nicht beantwortet werden; zudem ist das Nachfragen bei Verständnisschwierigkeiten nicht möglich.
- Das im Prinzip mögliche Problem, daß Interviewer selbst eine Ursache von Fehlern sind, kann durch eine sorgfältige Auswahl und Schulung der Interviewer weitgehend ausgeschaltet werden.

Allerdings besteht trotz der Vorteile aus inhaltlicher und methodischer Sicht der Nachteil, daß die mündliche Befragung sehr aufwendig ist.

4. Möglichkeiten der Durchführung

Prinzipiell kann man die Möglichkeiten für eine Fortschreibung danach unterscheiden, ob eine Total- oder eine Partialbetrachtung vorgenommen wird. Entscheidet man sich für eine Partialbetrachtung, so kann man entweder die Anzahl der Betriebe verringern oder sich auf bestimmte Wirtschaftszweige konzentrieren.

Die erste Art der Partialbetrachtung geht zu Lasten der Repräsentativität, bei der zweiten wird das Prinzip der „flächendeckenden“ Analyse aufgegeben. Diese beiden Punkte waren jedoch bei der Untersuchung der methodischen Voraussetzungen als notwendig für eine Fortschreibung der Augsburger Studie erachtet worden, so daß unter den Gesichtspunkten der Fortschreibung reine Partialanalysen ausscheiden. Im folgenden wollen wir deshalb zwei Varianten zur Diskussion stellen, deren wesentliche Gemeinsamkeit eine Totalbetrachtung (ab einer bestimmten Betriebsgröße) ist:

Variante 1: Prognose der Beschäftigtenstruktur nach Wirtschaftszweigen und Berufen.

Variante 2: Kombination von Beschäftigtenprognose nach Wirtschaftszweigen und Berufen mit einer vertiefenden Detailanalyse.

a) Beschäftigtenprognose nach Wirtschaftszweigen und Berufen

Die Variante 1 impliziert im Prinzip eine Wiederholung der Vorgehensweise der ersten Augsburger Studie. Dies bedeutet, daß wesentliche Teile des Fragebogens aus den Teilen A (statistische Angaben) und B (Auswirkungen der organisatorischen und/oder technologischen Veränderungen; Fragenkomplex VI) wieder für eine mittelfristige Prognose von fünf Jahren – durchzuführen im Jahr 1986 – ausgewählt werden müßten. Herr Hurler hat in seinem Referat die Vorteile dieser Vorgehensweise geschildert; darüber hinaus hat er darauf hingewiesen, daß die wichtigsten Voraussetzungen („Geeignetheit“ der Interviewer, geringe Anzahl von Verweigerungen, Beachtung des zeitlichen Rahmens) erfüllbar sind. Gerade die bei der ersten Studie aufgetrenen organisatorischen Schwierigkeiten können im Rahmen der Fortschreibung besser betrachtet werden. Hier soll noch auf einige Vorteile der Variante 1 hingewiesen werden, die sich speziell unter dem Blickwinkel der Fortschreibung ergeben:

- Für das letzte Jahr des ersten Prognosezeitraumes, nämlich das Jahr 1986, ist ein Vergleich der prognostizierten Werte der tatsächlichen Entwicklung möglich. Darüber hinaus wird ein neuer Prognosezeitraum eingeleitet, für den Veränderungen im Fragenkatalog auf der Grundlage der Erkenntnisse der ersten Arbeitsphase und auf der Grundlage neuer Entwicklungen implementierbar sind.
- Die Beachtung des zeitlichen Rahmens wird dadurch wesentlich erleichtert, daß die Programme für die Auswertung der Ergebnisse bereits vorliegen.
- Für die Befragung selbst ist kein neues Instrumentarium nötig.
- Im Verlauf des ersten Projekts wurden Erfahrungen gesammelt, die die Arbeit bei der Fortschreibung wesentlich erleichtern können.

b) Kombination von Beschäftigtenprognose nach Wirtschaftszweigen und Berufen mit einer vertiefenden Partialanalyse auf der Basis eines Arbeitsmarkt-Panels

Bei der Variante 2 sollen neben der Beschäftigtenprognose nach Wirtschaftszweigen und Berufen (Variante 1) vertiefende Partialanalysen für einige „sensible" Bereiche auf der Basis eines Arbeitsmarkt-Panels vorgenommen werden.

Für diese kombinierte Lösung im Rahmen einer Fortschreibung der Augsburg-Studie sprechen:

- Die Einführung neuer Technologien stand zu Beginn der ersten mittelfristigen Prognose am Anfang einer neuen Entwicklung. Eine detaillierte Analyse müßte sich insbesondere auf diejenigen Bereiche konzentrieren, in denen die Berufsbilder aufgrund der jüngsten Entwicklung erhebliche Veränderungen erfahren haben. Sinnvoll erscheint eine solche Analyse beispielsweise im Metall- und Druckbereich, in denen die Einführung neuer Technologien (NC-Technik, Offset-Verfahren) die herkömmlichen Berufsbilder weitgehend verändert hat.
- Die strukturdominanten Wirtschaftszweige beeinflussen die regionale Arbeitsmarktentwicklung in besonders hohem Maße. Wenn für diese strukturdominanten Wirtschaftszweige gravierende Umbrüche bezüglich der Technologie oder der Marktanteile am Weltmarkt festgestellt werden können, wäre dies Anlaß dazu, diese Wirtschaftszweige speziell und mit größerem Tiefgang zu untersuchen.
- Für die arbeitsmarktpolitischen Institutionen können gerade im Hinblick auf die Weiterbildungs- und Umschulungsbedarfe im lokalen Raum für bestimmte Berufe und Wirtschaftszweige, beispielsweise Maschinenbau- und Metallbereich im Wirtschaftsraum Augsburg, bessere Informationen geliefert werden.

Da das Konzept eines lokalen Arbeitsmarktpanels von der bisherigen Vorgehensweise abweicht, wollen wir der Diskussion dieser Alternative breiteren Raum widmen.

Als besondere Form einer Längsschnitt- bzw. Zeitreihenuntersuchung bietet das Panel die Möglichkeit, in bestimmten zeitlichen Abständen bei denselben Untersuchungseinheiten die selben Merkmale bzw. Variablen zu erheben. Dadurch können Prozesse des technologischen Wandels auf der Ebene der einzelnen Betriebe besser erfaßt werden, als dies bei der Betrachtungsweise mit einer Totalanalyse möglich ist.

Die Panel-Untersuchung hat einen großen Vorteil gegenüber der Trendanalyse: In der Trendanalyse werden an zwei oder mehreren aufeinanderfolgenden Zeitpunkten die gleichen Variablen von vergleichbaren Untersuchungseinheiten ermittelt, die mit Hilfe einer erneuten Stichprobe aus der Grundgesamtheit gezogen werden. Eine solche wiederholte Repräsentativerhebung ermöglicht zwar den Wandel im ganzen, d. h. im gesamten Arbeitsmarkt Augsburg zu ermitteln, sie gibt aber keine Information, wie diese Veränderung im einzelnen zustande kommt.

Wesentlich ist, daß die Strukturveränderungen auch auf ihre Einflußfaktoren zurückgeführt und somit erklärt werden können (wobei diese Einflußfaktoren in konstante, intermittierende und covariierende Einflußfaktoren untergliedert werden können)[7]. Nachdem sich konstante Einflußfaktoren in der Zeitperiode zwischen den Ergebnissen nicht verändern, kann die Erklärung des Wandels auf intermittierende Einflußfaktoren, d. h. solche, die sich zwischen zwei Messungen ereignen, und auf covariierende Einflußfaktoren, die sich gegenseitig bedingen, die also interagierende Variablen beim Erklärungsansatz darstellen, zurückgreifen.

Die methodischen Probleme von Paneluntersuchungen sind

- die Stichprobenproblematik (die sich daraus ergibt, daß die Mitarbeit der Panel-Teilnehmer über einen längeren Zeitraum erforderlich ist),
- die Panel-Mortalität (d. h. das Ausscheiden von einzelnen Panel-Mitgliedern während des Panel-Zeitraums) und
- die Lerneffekte (Paneleffekte).

Die beiden ersten Probleme können zum einen durch eine Quotenauswahl teilweise ausgeschaltet werden, da diese in der Lage ist, die Struktur einer Stichprobe auch dann zu erhalten, wenn einzelne Panel-Teilnehmer im Laufe der Panel-Untersuchung ausscheiden sollten. In diesem Fall können neue Panel-Teilnehmer in das Panel aufgenommen werden, die dieselben Quotenmerkmale wie die ausgeschiedenen besitzen. Zum anderen lassen die guten Erfahrungen mit der Zusammenarbeit der Betriebe im Rahmen der ersten Strukturprognose vermuten, daß dies kein unüberbrückbares Problem darstellen sollte.

Die bei Panel-Untersuchungen auftretenden Lerneffekte (Re-Interviewing-Bias) manifestieren sich in Verhaltens- und Wissensänderungen sowie in Änderungen von Meinungen und Erwartungen. Jedoch läßt die Erfahrung gerade mit den wirtschaftlichen Panels vermuten, daß in den Bereichen, bei denen Daten erhoben werden, die den einzelnen Panel-Teilnehmern aus der täglichen Praxis bekannt sind, solche Lerneffekte minimal sein sollten[8]. Da es sich ja bei der Arbeitsmarktuntersuchung weniger um Werte und Einstellungen, sondern vielmehr um Entwicklungen im eigenen Betrieb handelt, sind solche Lerneffekte als relativ geringes Problem anzusehen.

---

7 Vgl. *Meyer*, Paul W. / *Hermanns*, Arnold: Panel-Untersuchungen, in: *Roth*, Erwin / *Heidenreich*, Klaus (Hrsg.): Sozialwissenschaftliche Methoden, München/Wien 1984, S. 294.

8 Vgl. *Meyer / Hermanns*, S. 298 f.

Welche der beiden hier vorgestellten Varianten für eine Fortschreibung eher in Frage kommt, hängt selbstverständlich davon ab, welche Informationen die Institutionen benötigen, die für die berufliche Fortbildung, Umschulung und Weiterbildung verantwortlich sind.

5. Zum Abschluß

Wir wollen zum Abschluß dieser Überlegungen über die Möglichkeiten und Grenzen der Fortschreibung der Ergebnisse ganz bewußt von einer zusammenfassenden Wertung der Varianten absehen. Dies soll ja das Resultat der folgenden Diskussion sein. Auch aus dem Umfang, den wir den Alternativen gewidmet haben, sollten keine Präferenzen unsererseits signalisiert werden. Die vorgetragenen Überlegungen sollen vielmehr die Beteiligten motivieren, aus ihrer Perspektive für die Vor- und Nachteile der Varianten Stellung zu nehmen, bzw. neue Anregungen in die Diskussion zu bringen.

DER STELLENWERT DER AUGSBURG-STUDIE AUS DER SICHT DES INSTITUTS FÜR ARBEITSMARKT- UND BERUFSFORSCHUNG

Anmerkungen zum Projekt-Design, zur Methode und zu den Ergebnissen

Von Gerhard Engelbrech

1. Anmerkungen zur Augsburg-Studie

Für die Analyse und Gegenüberstellung von Angebot und Nachfrage auf regionalen Arbeitsmärkten und für frühzeitige Überlegungen zu Einwirkungsmöglichkeiten bei zu erwartenden Ungleichgewichten sind Daten über die wirtschaftliche Entwicklung und die Auswirkungen für das Arbeitsplatzpotential der Region grundlegende Voraussetzungen. Die dafür notwendigen sektoral, regional und nach Berufen differenzierten Beobachtungen der Beschäftigtenentwicklung wurden – wenn überhaupt – bisher überwiegend flächendeckend für das Bundesgebiet durch amtliche Statistiken mit Hilfe von Großzählungen, insbesondere der Volks- und Berufs- bzw. der Arbeitsstättenzählungen ermöglicht.

Gerade in der für unsere Zwecke sehr bedauerlichen Situation – der Aufschiebung der Volks-, Berufs- und Arbeitsstättenzählung und des Mikrozensus – wird die Bedeutung von repräsentativen Erhebungen derzeit offensichtlich. Aber nicht nur durch die Sensibilisierung der Bevölkerung gegenüber Großstatistiken mit den – noch nicht absehbaren – Konsequenzen wird die regionale Planung abhängiger von repräsentativen und auch kleinräumig angelegten Erhebungen. Auch die Möglichkeiten und die Aussagekraft von amtlichen Massenstatistiken, von denen in der Regel nur Strukturdaten zu erwarten sind, verdeutlichen, wie erforderlich zusätzliche Daten sind: Abgesehen von Aktualitätsproblemen aufgrund der langen Zeiträume zwischen Großerhebungen (einschließlich den Auswertungszeiten) liegt es „im Selbstverständnis der amtlichen Statistiken, auch nur ‚objektiv' feststellbare Informationen anzubieten. Informationen über die von den Betroffenen erwartete Wirkweise von Gesetzen, Prognosen, Maßnahmen (Instrumentinformationen) oder über das zukünftige Verhalten von privaten Haushalten und Betrieben sowie die Einschätzung der strukturellen Situation und der Wirkung planerischer Maßnahmen dürften auch künftig nicht von der amtlichen Statistik zu erwarten sein"[1].

---

1 *Gatzweiler*, H. P.: Die Regionalstatistik aus der Sicht der Bundesforschungsanstalt, Bundesforschungsanstalt für Landeskunde und Raumordnung, Bonn 1981, S. 4.

a) Notwendigkeit von Unternehmensbefragungen

Da zwischen den Großzählungen keine regional und sektoral gegliederten und gesicherten Daten vorliegen, können regionalpolitische Entscheidungen häufig nur aufgrund von hochgerechneten Daten des Zensus aus dem Jahre 1970 getroffen werden. Auch trotz einer ständigen Aktualisierung und Modifizierung der Prognosemodelle wird eine Vorausschätzung den Charakter einer – status quo – Trendprojektion behalten.

Dagegen liegt der Vorteil von Prognosen auf der Grundlage von Unternehmensbefragungen in der Aktualität von Primärdaten, so daß auf Hochrechnungen über alternative Übergangsquoten verzichtet werden kann. Hierbei wird aber – wie in der vorliegenden Studie – unterstellt, daß den Betriebsleitungen – auch bei Filialen und Tochterunternehmen – die wirtschaftszweigspezifische Entwicklung in der Region transparent ist und insofern auch die darauf aufbauenden einzelbetrieblichen Planungen realisiert werden bzw. werden können. Unter Berücksichtigung regionaler Spezifika kann eine repräsentative Primärerhebung bei Unternehmen somit zum zukünftigen Arbeitsplatzbedarf Information liefern,

- nach der (wie im Projekt angeführt) eine mittelfristige Angebots- und Bedarfsbilanz nach Branchen bzw. Berufen erfolgen kann bzw.
- nach der (was als zusätzliches Projektziel vorgesehen ist) eine Übertragbarkeit auf andere Regionen möglich wäre, die damit auch Grundlage für weitere regionale und mit Hilfe von Hochrechnungen überregionale Vorausschätzungen bilden könnte.

Damit kann eine auf Unternehmensbefragungen aufbauende Vorausschätzung des Arbeitsplatzpotentials für die derzeit vorhandenen und noch weiterzuentwickelnden regionalisierten Arbeitsmarktinstrumente, z. B. der BA und des IAB – auf die später noch eingegangen wird –, realitätsorientierte Ausgangsbasis sein, die die regional und sektoral differenzierte Arbeitsmarktvorausschau verbessern würde.

b) Probleme bei Unternehmensbefragungen

Der Durchführung dieses Forschungsprojektes gingen umfangreiche theoretische, methodische und konzeptionelle Überlegungen voraus, die in der Vorstudie dargelegt sind. So stand u. a. bei der Wahl des Untersuchungsansatzes im Vordergrund, daß nicht wie in den meisten bisherigen Regionalprognosen gesamtwirtschaftliche Daten, wenn auch mit hohem Disaggregationsgrad, zugrundeliegen, sondern wie in der vorliegenden Untersuchung gerade die regionalen Spezifika – „die ansonsten a priori ausgeklammert sind“ – berücksichtigt werden[2].

Im folgenden soll exemplarisch auf zwei Schwachstellen, die einerseits aufgrund der konjunkturell und strukturell nicht vorhersehbaren Entwicklung unvermeidlich sind, aber andererseits auch von der Antwortbereitschaft und der Zuverlässigkeit der Auskunft der Betriebe abhängen[3], eingegangen werden.

aa) Beispiele für Befragungsschwierigkeiten

Vor allem durch die Komplexität größerer Unternehmen wird ein Problem, das im Zusammenhang mit Betriebsbefragungen auftritt, besonders deutlich: Inwieweit kann für arbeitsmarktpolitische Fragestellungen die personalpolitisch relevante Stelle für die Beantwortung gefunden werden? So steht man „entweder der Abschaltung der Personalpolitik von der allgemeinen Unternehmenspolitik und der damit verbundenen Kompetenzeinbußen in bezug auf allgemeine betriebswirtschaftliche Fragestellungen“ oder „der Identität von Geschäftsführung und Personalleitung gegenüber“[4].

Im ersten Fall wäre jedoch die Verbindlichkeit der Befragungsergebnisse der Personalleitung erheblich zu relativieren[5].

bb) Beispiele für Unsicherheiten bei Vorausschätzungen von Unternehmen

Obwohl von den ortsansässigen Unternehmen aufgrund der Einschätzung ihrer wirtschaftlichen Situation und ihrer eigenen Planungen die Auswirkungen für den regionalen Arbeitsmarkt „aus erster Hand“ beurteilt werden können, bleiben Unsicherheiten bei Betrieben im Hinblick auf die konjunkturelle, sektorale und technologische Entwicklung mit Konsequenzen wie z. B. Produktionseinschränkungen bis hin zu Betriebsstillegungen und Konkursen.

Beispiele für Unsicherheitsfaktoren bei den Ergebnissen von Betriebsbefragungen:

– Bei der Kosten- und Personlaplanung können mögliche tarifvertragliche Veränderungen (wie Arbeitszeitverkürzungen) und gesetzliche oder fiska-

---

2 *Hurler*, P.: Möglichkeiten und Grenzen mittelfristiger Prognosen der Arbeitskräftenachfrage nach Wirtschaftszweigen und Berufen im Wirtschaftsraum Augsburg, in: *Hurler*, P. / *Pfaff*, M. (Hrsg.): Gestaltungsspielräume der Arbeitsmarktpolitik auf regionalen Arbeitsmärkten, Berlin 1984, S. 98.

3 *Adams*, E. u. a.: Sektorale Strukturwandlungen als Problem einer regionalspezifischen Arbeitsmarktpolitik, Opladen 1982, S. 192.

4 Ebenda, S. 192.

5 *Hurler*, P., S. 98 ff.

lische Vorgaben (z. B. bei Staatsaufträgen) nicht von vornherein abgesehen werden. Die Folge wären insbesondere Fehlschätzungen im Hinblick auf die quantitative Nachfrage nach Arbeitsplätzen in der Region.

- Trotz wirtschaftszweigspezifischer Analysedaten können Anpassungsreaktionen an Veränderungen des Absatzmarktes und Möglichkeiten der Umstellung von Produktionsverfahren durch die Einführung neuer Technologien – wie Beispiele der Vergangenheit zeigten – auch nicht mittelfristig vollständig vorhergesehen werden: So wurden z. B. einerseits sowohl bei globalen, aber auch bei Prognosen einzelner Unternehmen der Einsatz neuer Technologien (Telearbeitsplätze) und die Auswirkungen auf die Arbeitsplätze (im Dienstleistungsbereich z. B. bei Banken, Versicherungen) als zu „revolutionär" angenommen. Andererseits haben sogenannte „Wachstums"-Branchen ihr Absatzvolumen und damit das zukünftige Arbeitsplatzpotential häufig überschätzt (z. B. Einführung von Telekommunikationsgeräten).

- In der Vergangenheit zeigte sich, daß gerade mit den Wachstumseffekten in einzelnen sog. „Zukunfts-Branchen" häufig ein Produktivitätszuwachs je Beschäftigten verbunden war (z. B. Elektrotechnik mit sinkenden Beschäftigungszahlen), so daß die ursprünglich zu erwartenden Beschäftigungseffekte nicht im regional erhofften Umfang eintrafen.

- Für die Einführung neuer Technologien bei Betrieben und für den Absatz darauf basierender „Zukunftsprodukte" sind nicht nur die technischen Möglichkeiten bestimmend, sie hängen daneben in starkem Maße von sektoralen, konjunkturellen und gesellschaftlichen Entwicklungen ab. Andererseits spielt für den zukünftigen Technikeinsatz die Kostenentwicklung neuer Technologien (z. B. Software-Kosten bei CAM, CAD-Einsatz) eine nicht unerhebliche Rolle. Kostensenkungen würden aber Rationalisierungseffekte und damit Arbeitsplatzverluste nach sich ziehen.

- Unternehmensentscheidungen über Produkt und Produktionsmenge werden insbesondere bei Tochterfirmen und Filialen in vielen Fällen nicht „vor Ort" getroffen, sondern sind für den Betrieb in der Region autonome Größen, die an einem anderen Standort von der Unternehmenszentrale bestimmt werden.

- Folgewirkungen von Unternehmensentscheidung, Produktionsveränderungen und Anpassungsreaktionen werden sowohl im Hinblick auf die weitere regionale Inzidenz (z. B. Vorleistungen wie Rohstoffe, Zulieferbetriebe aus der Region und Folgeausgaben wie Konsumausgaben), aber auch für auftretende social costs (bis hin zum Umweltschutz) und deren regionsspezifischen Auswirkungen in der Regel bei den Schlußfolgerungen aus Unternehmensbefragungen nicht berücksichtigt. Damit würden aber Multiplikatoreffekte vernachlässigt werden.

c) Gefahren bei berufsspezifischen Prognosen

Eine große Gefahr, die den Empfehlungen zur Qualifikationsanpassung an veränderte Arbeitsmarktungleichgewichte immanent ist, entsteht bei der Ableitung der zukünftigen Beschäftigtenstruktur aus den mittelfristigen Unternehmenserwartungen und -planungen. Gerade in Zeiten verstärkter Arbeitsmarktprobleme können Ergebnisse über zu erwartende Mangelberufe eine Lawine im Sinne einer ‚self-fullfilling-profecy' bzw. ‚self-destroying-profecy' auslösen und damit neue Ungleichgewichte schaffen. Insbesondere wenn aufgrund von Fünf-Jahres-Vorausschätzungen Empfehlungen für die Berufsausbildung von Jugendlichen – aber auch für FuU-Maßnahmen – gegeben werden, können für die Qualifikation des regionalen Erwerbspersonenpotentials Weichen gestellt werden, die z. B. bei Jugendlichen Bedeutung für den gesamten weiteren Berufsverlauf haben können.

So zeigte sich an Beispielen bei der Einführung neuer Technologien, daß sich an verschiedenen Einsatzorten mit unterschiedlich qualifizierten Arbeitskräften die Struktur des Bedienungspersonals sowohl quantitativ als auch qualitativ jeweils dem vorhandenen Arbeitskräftepotential angepaßt hat. Beispielsweise können bei auftretendem Facharbeitermangel in bestimmten Berufen bei derzeit nicht vorhandenen Rekrutierungsmöglichkeiten seitens der Unternehmer folgende Anpassungsstrategien vorgenommen werden[6]:

- Arbeitsorganisatorisches Zerreißen der Facharbeiterplätze in Arbeitsplätze, die nach kurzer Einweisung ausgefüllt werden können oder
- Flexibilisierung der Facharbeiterqualifikationen, d. h. Erweiterung des potentiellen Einsatzbereichs der vorhandenen Facharbeiter.

Der prognostizierte Facharbeitermangel in bestimmten Berufen kann somit bis zum Zeitpunkt einer möglichen Rekrutierung aus dem Arbeitskräftepotential der Region durch alternative Unternehmensstrategien aufgehoben sein.

d) Möglichkeiten der Übertragbarkeit der Ergebnisse

Weiteres Ziel dieser Untersuchung war die Bereitstellung von Daten zur Entwicklung der Beschäftigten in den Wirtschaftszweigen und Berufen, um Strukturen für eine Projektion über den zukünftigen Arbeitsmarkt auch für andere Regionen zu erleichtern. Als Maßstab zur Bewertung der Ergebnisse im Hinblick auf Übertragbarkeit auf andere Regionen wird in Tabelle 1 der Vergleich der relativen Beschäftigtenzunahme bzw. -abnahme je Wirtschaftszweig der Region Augsburg auf der Grundlage der vorliegenden Studie mit

---

6 *Hegelheimer*, A.: Tendenzen des Facharbeiterbedarfs, in: Wirtschaftsdienst, Heft II, 1979, S. 69.

den Daten für das Bundesgebiet nach der Prognos-Untersuchung bzw. der Untersuchung des Rheinisch-Westfälischen Instituts für Wirtschaftsforschung (RWI) dargestellt. Der Regionalfaktor für das Untersuchungsgebiet Augsburg (Verhältnis des Anteils der Beschäftigten je Wirtschaftszweig 1981 zu dem Anteil 1977) wird dem entsprechenden Quotienten für das Bundesgebiet gegenübergestellt, um vergleichbare bzw. unterschiedliche Beschäftigungsentwicklungen der Region Augsburg in Relation zum Bundesgebiet aufzeigen zu können. Neben der Entwicklung der letzten Jahre wird zur Bewertung der regionalen und bundesweiten Vorausschätzungen eine Gegenüberstellung der Anteile auf der Grundlage der Ergebnisse der Augsburg-Studie bis 1986, der Prognos-Berechnungen bis 1985 und der Prognose des RWI für die Zeitpunkte 1980 und 1990 vorgenommen[7].

Obwohl die vier Wirtschaftszweige mit den höchsten Beschäftigtenanteilen in der Region Augsburg (1982: Maschinenbau 23 %, Textil 13 %, Fahrzeugbau 8 % und DV-Anlagenbau 8 %) jeweils konstant blieben bzw. sich tendenziell in die gleiche Richtung wie im Bundesgebiet veränderten, stellten sich für einige Wirtschaftszweige größere Unterschiede heraus.

Dabei ergaben sich in den letzten vier Jahren leicht gegenläufige Trendrichtungen in den Wirtschaftszweigen:

Chemische Industrie; Steine und Erden, Feinkeramik, Glas; Eisen-/Stahlerzeugung, Gießerei; Metallverformung und

gleiche Entwicklungsrichtungen, aber mit unterschiedlichem Niveau in den Wirtschaftszweigen

Stahl-/Leichtmetallbau; Feinmechanik, Optik, Uhren; Ledererzeugung, -verarbeitung.

Für die Vorausschätzung bis 1985 bzw. 1986 ergeben sich die größten Unterschiede der jeweiligen Anteile der erwarteten Beschäftigtenzahlen zwischen der Region Augsburg und dem Bundesdurchschnitt in den Wirtschaftszweigen

Eisen-/Stahlerzeugung, Gießerei; Stahl-/Leichtmetallbau, Fahrzeugbau, EBM-Waren; Papierherstellung, -verarbeitung; Ledererzeugung, -verarbeitung und bei der Nahrungsmittelherstellung.

Wenngleich insbesondere beim bedeutendsten Wirtschaftszweig, dem Maschinenbau, die Beschäftigtenentwicklung in der Region Augsburg und im Bundesgebiet übereinstimmte, zeigen sich in anderen Wirtschaftszweigen Unterschiede im Vergleich zum Bundesdurchschnitt. Ebenso geben die vorausgeschätzten bzw. projezierten Werte Hinweise darauf, daß die Entwicklungen

---

7 *Prognos report*, Nr. 11: Die Bundesrepublik Deutschland 1985, 1990, 2000, Basel 1982. *Rheinisch-Westfälisches-Institut für Wirtschaftsforschung Essen*: Mitteilungen, Heft 3, 1981.

Tabelle 1

Veränderung des wirtschaftszweigspezifischen Beschäftigungsanteils in der Region Augsburg und im Bundesgebiet (Prognos, RWI)

Nr. der WS der BA	Wirtschaftszweig	Veränderung des Beschäftigtenanteils[a]				
		1981/77 Prognos-Studie	1981/77 Augsburg-Studie	1985/81 Prognos-Studie	1986/81 Augsburg-Studie	1990/80 RWI-Studie
09-11	Chemische Industrie	1.02	.91	.99	1.00	1.15
12-13	Kunstoff-verarbeitung	1.05	1.04	1.00	1.08	1.12
14-16	Steine u. Erden, Feinkeramik, Glas	.98	1.07	.98	.98	.91
17-19	Eisen-/Stahlerzeugung, Gießerei	.93	1.10	.96	.82	.88
20-22	Metallverformung	.94	1.06	1.00	1.00	1.00
23-25	Stahl-/Leichtmetallbau	1.00	1.18	1.00	1.10	.92
26-27	Maschinenbau	1.01	1.01	1.04	.99	1.07
28-32	Fahrzeugbau	1.08	1.16	1.06	.94	1.03
33	DV-Anlagen	1.25	1.18	1.10	1.06	1.09
34	Elektrotechnik	.99	1.01	.98	1.04	1.13
35-36	Feinmechanik, Optik, Uhren	1.00	1.15	1.05	1.00	1.00
37-39	EBM-Waren, Musikinstrumente, Spielwaren, Schmuck	.98	1.00	1.00	1.18	.90
40-42	Holzverarbeitung	.98	.96	1.03	.96	.84
43	Papierherstellung, -verarbeitung	1.00	1.13	.96	1.11	.81
44	Druckerei	1.09	1.13	1.00	.96	.81
45-46	Ledererzeugung, -verarbeitung	.92	.71	1.00	.58	.88
47-51	Textil	.87	.84	.87	.93	.75
52-53	Bekleidung	.89	.89	.91	.92	.79
54-58	Nahrungsmittelherstellung	.99	.99	1.00	1.12	1.01
09-58	Verarb. Gewerbe					

a) Verhältnis der Anteile der Beschäftigten eines Wirtschaftszweiges an allen Beschäftigten des Verarbeitenden Gewerbes zu verschiedenen Zeitpunkten.

Quelle: Eigene Berechnungen aus: *Hurler*, P.: Regionaler Arbeitsmarkt Augsburg, Augsburg 1983. – *Prognos report* nr. 11: Die Bundesrepublik Deutschland 1985, 1990, 2000, Basel 1982. – *Rheinisch-Westfälisches-Institut für Wirtschaftsforschung Essen*, Mitteilungen, Heft 3/1981.

in einzelnen Wirtschaftszweigen von den Spezifika der Region beeinflußt werden. Dies hat zur Konsequenz, daß Vorausschätzungen zur Arbeitsplatzentwicklung – wie sie in der vorliegenden Studie durchgeführt wurden – nur unter Berücksichtigung dessen für eine Übertragbarkeit auf andere Regionen geeignet sind und nicht ohne die jeweiligen Kenntnisse der regionalen Besonderheiten verallgemeinert werden können.

e) Bedeutung der Ergebnisse für die Region

Trotz aller angesprochenen Probleme bleibt der Erkenntnisgewinn aus der Augsburg-Studie im Hinblick auf die mittelfristigen Auswirkungen des Strukturwandels auf Quantität und Qualifikation der Arbeitskräfte in der Region außer Frage. Die vorgestellten Ergebnisse sind die am differenziertesten für die Region verfügbaren Daten und geben eine wertvolle Informationsgrundlage für die Empfehlungen der Arbeitsverwaltung und für anstehende Entscheidungen der (zukünftigen) Arbeitskräfte in der Region. Vor allem durch die Analyse der Arbeitsmarktentwicklung auf dem Niveau von Berufen (und nicht nur wie in flächendeckenden Prognosen nach Wirtschaftszweigen) werden auch auf den effektiven Einsatz arbeitsmarktpolitischer Instrumente und damit auch für die berufsspezifische Ausrichtung von Fort- und Umschulungsmaßnahmen zukunftsorientierte Entscheidungshilfen gegeben. Damit wird diese Studie nicht nur zu einem wertvollen nach Berufen differenzierten Bestandteil der regionalen Arbeitsmarkt- und Berufsforschung – wie sie von der Bundesanstalt für Arbeit angestrebt und auf die im folgenden näher eingegangen wird – für die Region Augsburg, sondern bekommt auch Bedeutung als wichtige Voraussetzung für den jeweiligen regionalspezifisch adäquaten Einsatz arbeitsfördernder Maßnahmen.

2. Stellenwert der Augsburg-Studie für die Arbeitsmarkt- und Berufsforschung der Bundesanstalt für Arbeit

a) Regionalpolitischer Handlungsbedarf

Im folgenden werden kurz der gesetzliche Hintergrund für die regionale Arbeitsmarktpolitik der Bundesanstalt für Arbeit (BA) sowie die Folgerungen für die Arbeitsmarkt- und Berufsforschung vorgestellt und der Versuch unternommen, die vorliegende Studie in diesem Rahmen zu bewerten.

Die Notwendigkeit einer regionalisierten Arbeitsmarktbeobachtung und Verpflichtung zu einer aktiven Arbeitsmarktpolitik der BA ergibt sich nach dem Arbeitsförderungsgesetz (AFG) unter verschiedenen Gesichtspunkten:

- § 2 *Arbeitsmarktpolitische Zielsetzungen*, wonach die Maßnahmen nach dem AFG insbesondere dazu beitragen sollen, daß die Struktur der Beschäftigten nach Gebieten und Wirtschaftszweigen verbessert wird (Ziffer 7);
- § 6 *Arbeitsmarktbeobachtung, Arbeitsmarkt- und Berufsforschung, Berichterstattung, Statistiken.*
  „Die Bundesanstalt hat Umfang und Art der Beschäftigung sowie Lage und Entwicklung des Arbeitsmarktes, der Berufe und der beruflichen Bildungsmöglichkeiten im allgemeinen und in den einzelnen Wirtschaftszweigen und Wirtschaftsgebieten, auch nach der sozialen Struktur, zu beobachten, zu untersuchen und für die Durchführung der Aufgaben der Bundesanstalt auszuwerten (Arbeitsmarkt- und Berufsforschung)."
- § 191 *Aufgabe der Selbstverwaltung, Anordnung.*
  Die Organe der Selbstverwaltung haben insbesondere dahin zu wirken, daß auf dem Arbeitsmarkt ihres Bereiches „die Berufe festgestellt werden, in denen ein Mangel an Arbeitskräften besteht oder in absehbarer Zeit zu erwarten ist und diesem Mangel entgegengewirkt wird" (Ziffer 2);
  „das Angebot an Bildungsmaßnahmen und Ausbildungsplätzen bedarfsgerecht gestaltet und die Bildungsbereitschaft der Arbeitnehmer gesteigert werden" (Ziffer 3).

Die in § 6 AFG angesprochene Verpflichtung zur Arbeitsmarkt- und Berufsforschung findet im Hinblick auf den regionalpolitischen Handlungsbedarf im 4. mittelfristigen Schwerpunktprogramm des Instituts für Arbeitsmarkt- und Berufsforschung (IAB) für den Zeitraum 1983-1987 vor allem in der Herausforderung 3 ihre Konkretisierung[8]: Darin wird davon ausgegangen, daß die

> „Weiterentwicklung der Arbeitsmarktpolitik eine stärkere regionale Ausrichtung ihrer Programme und Maßnahmen und die Stärkung der regionalen Selbstverwaltungsgremien der BA mit sich gebracht hat. Dazu zählen auch Ansätze, die regionalen Handlungsmöglichkeiten der BA zu erweitern, die Arbeitnehmervertretungen beim Einsatz der AFG-Instrumente und der Sonderprogramme einzuschalten und die Beteiligten und Betroffenen vor Ort zugunsten größerer Ermessens- und Entscheidungsspielräume einzubeziehen."

Für die Operationalisierung können folgende Forschungsschwerpunkte in diesem Zusammenhang hervorgehoben werden:

---

8 *Institut für Arbeitsmarkt- und Berufsforschung der Bundesanstalt für Arbeit*: 4. mittelfristiges Schwerpunktprogramm, Herausforderungen an die Arbeitsmarkt- und Berufsforschung 1983-1987, Nürnberg 1982, S. 21 ff.

- Die „Ermittlung regionaler Spezifika von Strukturproblemen und Arbeitsmarktrisiken als Orientierungshilfe für regionalpolitischen Handlungsbedarf"
- „Untersuchungen über regionale Mobilität"
- „Analyse der regionalen Konzentration von qualifizierten Arbeitskräften"
- „Entwicklung und Einsatz regionalisierter Stromanalysen (Arbeitskräftegesamtrechnung)"
- „Untersuchung der Bedingungen und Möglichkeiten einer Neuorientierung regionaler Arbeitsmarkt- und Strukturpolitik" (innovationsorientierte Regionalpolitik)
- „Ausbau der Serviceleistungen für regionalpolitische Entscheidungsträger" (Risikofaktoren, Frühwarnsystem).

Neben der verstärkten Koordination regionaler Akteure des Arbeitsmarktes (wie in der Novellierung des AFG festgeschrieben) wird der Ausbau von Serviceleistungen und Prognosegrundlagen auf regionaler Ebene als eine vordringliche Aufgabe gesehen.

Dabei wird explizit darauf hingewiesen, daß es sich neben desaggregierenden Arbeiten hauptsächlich auch um exemplarische, typisierende Arbeiten handeln könnte, was sowohl von den Forschungsinhalten als auch von der Methode zu einer unmittelbaren Verknüpfung zur vorliegenden Studie über die Region Augsburg führt.

Im folgenden werden konkrete Forschungsaktivitäten, die vor allem auf Zeitreihen sowie Bestands- und Bewegungsanalysen der BA und auf Wirtschaftsstatistiken basieren, vorgestellt und der Zusammenhang zu Konzepten und Möglichkeiten von kleinräumig angelegten Erhebungen hergestellt.

b) Aufbau eines EDV-gestützten regionalen Informationssystems

Hauptziel dieses Vorhabens[9] ist es, Entscheidungshilfen für eine regionalgesteuerte Arbeitsmarktpolitik, d. h. Informationen für die Entwicklung der Arbeitsmarktstrukturen und Wirtschaftskraft einer Region, zu gewinnen. Neben der Bereitstellung von Indikatoren für die Beteiligten „vor Ort" und dem Aufzeigen von Risikofaktoren sollen die regionalen Teilarbeitsmärkte im Hinblick z. B. auf Arbeitsplatzmangel, instabile Arbeitsverhältnisse und besondere Vermittlungsprobleme verglichen werden können. Dadurch könnte effektiver entschieden werden, mit welchem Schwerpunkt die Instrumente der Arbeitsmarktbeschaffung und der Qualifikationspolitik eingesetzt werden. So können z. B. die Ergebnisse eines entsprechenden Informationssystems zeigen, daß für die Arbeitskräfte- und Wirtschaftsstruktur der einen Region der Ausbau

---

[9] *Koller*, M.: Entwurf eines regionalen Informations- und Indikatorensystems, unveröffentlichtes Manuskript, Nürnberg 1984.

von Arbeitsbeschaffungsmaßnahmen (z. B. bei Jungakademikerarbeitslosigkeit) sinnvoll ist, während in einer anderen Region eine stärkere Mittelbereitstellung für Fortbildungs- und Umschulungsmaßnahmen (z. B. bei einer überdurchschnittlich hohen Zahl an Arbeitslosen ohne abgeschlossene Berufsausbildung) effizienter erscheint.

Exemplarisch für das sich derzeit im Aufbau befindende Indikatorensystem können folgende Merkmale genannt werden:

- *allgemeine Regionalindikatoren*, darunter fallen z. B. Agglomerationstyp, Pro-Kopf-Einkommen, Erwerbs- und Arbeitslosenquoten, Indikatoren für regionale und berufliche Mobilität, Arbeitsvolumen, Qualifikationspotential;
- *Wirtschaftskraftindikatoren*, darunter fallen z. B. regionalisierte Berechnung des Bruttoinlandprodukts, Produktivität, Lohnniveau, wirtschaftszweig- und qualifikationsspezifische Beschäftigtenstruktur;
- *Arbeitsamtsprofile*, darunter fallen z. B. arbeitsamtsregionspezifische Förderungsmaßnahmen, -ziele, -möglichkeiten und Entlastungseffekte durch AFG-Maßnahmen sowie Merkmalserhebungen zu Effizienz und Kostenanalysen der FuU-Maßnahmen;
- *Arbeitsmarktbewegungen*, darunter fallen z. B. Beschäftigtenquote und Ersatzbedarf, Zu- und Abgänge von Arbeitslosen, Struktur der Arbeitslosigkeit, Saisonfaktoren, Ausbildungsplatznachfrage und -angebot;
- *Risikofaktoren*, darunter fällt z. B. die Berechnung von Standort- und Sektorfaktoren im Hinblick auf Beschäftigungsverluste (Shiftanalysen, Konjunkturanfälligkeit der Branchen, Qualifikationsstruktur, Langzeitarbeitslose).

Für diesen Zweck gilt es, vor allem BA- und Fremdstatistiken auf einer harmonisierten Datenbasis nach dem heutigen Gebietsstand zusammenzuführen. Datentests haben gezeigt, daß die Erstellung bereinigter Reihen zumindest bis 1975 rückwirkend möglich ist.

Auf dieser Grundlage wird derzeit an folgenden Aufgabengebieten gearbeitet:

1. Zügiges Auffüllen der empirischen Daten- und Kenntnislücken (insbesondere bei den Determinanten von Arbeitslosigkeit und Beschäftigung, damit univariate Prognosen durch Arbeitsmarkt-Bilanzen ergänzt werden können);
2. Erarbeitung von Informations- und Strukturrastern für die Dienststellen (leicht handhabbare Indikatorensysteme, die „vor Ort“ gepflegt und genutzt werden können; hierzu gezielte methodische Hilfen aus dem IAB);
3. Erstellung schnell abrufbarer und laufend aktualisierter Prognoserechnungen (für Bestände und Zugänge bei Arbeitslosen und offenen Stellen auf Arbeitsamtsebene und saisonbereinigt);
4. Außerdem sind exemplarische Vorarbeiten *in* und *mit* einzelnen Regionen

erforderlich, damit die Aussagefähigkeit des Statistikangebotes in kleineren Gebietseinheiten geprüft sowie die Möglichkeiten des *Datenabgleichs* und des *Datentausches* effektuiert werden können.

Insbesondere im Zusammenhang mit dem letzten Punkt wird die Bedeutung der vorliegenden Studie für konkrete, laufende IAB-Forschungsschwerpunkte deutlich. Durch vergleichbare regionalisierte Analysen kann eine notwendige Voraussetzung zur Bewertung der Indikatoren einer Regionaldatei vor ihrer Implementierung und den daraus abgeleiteten Entwicklungstrends geschaffen werden. Denn trotz differenzierter Desaggregationen zusammengeführter Statistiken können nur Strukturen des Arbeitsmarktes für einen zurückliegenden Zeitraum aufgezeigt werden. Eine kleinräumig angelegte Erhebung zur wirtschaftszweigspezifischen Vorausschätzung der Beschäftigtenentwicklung kann flächendeckend derzeit von der Bundesanstalt für Arbeit noch nicht geleistet werden. Somit gibt ein Vergleich mit Ergebnissen von über Quoten hochgerechneten Zukunftsprojektionen mit den Einschätzungen der betroffenen Betriebe – bei Übereinstimmung – eine zusätzliche Absicherung der erwarteten Entwicklung oder relativiert – bei unterschiedlichen Vorausschätzungen – die abgeleiteten Trendbedingungen bzw. die Planungen der befragten Betriebe.

c) Regionalisierte Arbeitsmarktgesamtrechnung

Aufgrund des statischen Charakters herkömmlicher Analysen und Prognosen von Bestandsgrößen (z. B. der Erwerbstätigkeit, Arbeitslosigkeit usw.), die angesichts der anhaltenden Arbeitsmarktprobleme dem Informationsbedarf nicht mehr gerecht werden können, wird für die Beurteilung und Steuerung insbesondere auch regionaler Maßnahmen eine dynamische Betrachtung der Bestandsveränderungen, die auf einer Arbeitsmarktgesamtrechnung basiert, unverzichtbar[10].

Methodisch wird eine Verknüpfung von Bestands- und Bewegungsinformationen aus verschiedenen Datenquellen vorgenommen, mit dem Ziel, ein differenziertes und konsistentes Abbild des Erwerbssystems im Rahmen der Gesamtbevölkerung zu bekommen.

Dafür ist eine kombinierte *Bestands- und Bewegungsanalyse* des Arbeitsmarktes und seiner Strukturen und Entwicklungen erforderlich. Diesem Zweck dient – auf der Seite der Arbeitskräfte – die *Arbeitskräftegesamtrechnung* (AGR) des IAB. Um zu einer Arbeitsmarkt-Gesamtrechnung im weitesten Sinne zu gelangen, bedürfte es einer Ergänzung um eine entsprechende Arbeits*platz*-Gesamtrechnung, die die Bestände, Zu- und Abgänge von Arbeits*plätzen*

---

10 *Reyher*, L.: Zum Datenbedarf regionaler Arbeitsmarkt-Gesamtrechnung, Referat im Rahmen der Statistischen Woche 1983 in Wuppertal.

zum Gegenstand haben müßte – aber derzeit noch umfassender theoretischer und methodischer Vorklärungen bedarf.

Die gegenwärtige Struktur der Arbeitskräftegesamtrechnung ermöglicht eine Differenzierung nach

- 10 Statusarten, untergliedert nach Geschlecht und Deutsche/Ausländer,
- Wirtschaftszweigen zur Analyse der intersektoralen Fluktuation und der sektorenspezifischen Zu- und Abgangsstrukturen,
- Personen-, im Gegensatz zu Fallbetrachtungen, zur Unterscheidung von Mehrfachbetroffenheit von Arbeitslosigkeit, Dauer des Statuswechsels (z. B. Kurzfristarbeitslosigkeit) und Art und Grund des Statuswechsel (freiwillig – unfreiwillig).

Damit sind Voraussetzungen gegeben, die regionalisierte Aussagen zu folgenden Arbeitsmarktgrößen bzw. -bewegungen ermöglichen:

- Dynamik und Entwicklung des *Erwerbspersonenpotentials* (z. B. Rückkehr von Frauen ins Erwerbsleben, Wechsel zwischen Wirtschaftszweigen);
- im Zeitablauf wechselnde und regional unterschiedliche Zu- und Abgangsstrukturen und -volumina bei *Arbeitslosen* (sowie Leistungen aus Arbeitslosengeld bzw. -hilfe) einschließlich der Quantifizierung des Abdrängungsprozesses in die „Stille Reserve";
- Struktur und Entwicklung der personengruppen-, sektoren- und altersspezifischen Übergänge in *„Erwerbsunfähigkeit" und Ruhestand* (z. B. Abgänge je Wirtschaftsbereich);
- *Übergänge* aus dem *schulischen und betrieblichen Ausbildungssystem* sowie Ergänzung um eine „Ausbildungs-Gesamtrechnung";
- *Regionalspezifische Analysen* entsprechend den obigen Merkmalen sowie Vergleich zwischen Regionen untereinander und zwischen Regionen und dem Bundesdurchschnitt.

Zum derzeitigen Stand im Hinblick auf eine Regionalisierung kann berichtet werden, daß im Laufe des letzten Jahres das IAB in Zusammenarbeit mit den Landesarbeitsämtern und den zuständigen Landesbehörden damit begonnen hat, eine Arbeitskräftegesamtrechnung für die Region Hamburg und einige Arbeitsamtsbezirke in Nordrhein-Westfalen zu erstellen und damit einen ersten Beitrag für ein zusätzliches flächendeckendes regionalisiertes Arbeitsmarktinformationssystem zu liefern.

Neben der Schließung vorhandener statistischer Lücken steht bei einer zukünftigen Arbeitsplatzgesamtrechnung die Nachfrageseite nach Arbeitskräften im Vordergrund. Die Entwicklung eines entsprechenden Konzeptes hierzu zählt zu den vorrangigen Forschungsvorhaben im derzeitigen Forschungsprogramm des Instituts. Dabei wird an einem Katalog zu den statistischen Erfordernissen gearbeitet, der es ermöglicht, den Mangel an (nicht vorhandenen bzw. nicht besetzten) Arbeitsplätzen je Wirtschaftszweig zu erfassen.

Insbesondere für diesen Teil einer Arbeitsplatzgesamtrechnung können aus kleinräumigen Erhebungen in Form von Pilotstudien Erfahrungen bei der Vorausschätzung einer berufsspezifischen Arbeitskräftenachfrage gesammelt werden, so daß die vorliegende Studie für die Region Augsburg auch für dieses IAB-Vorhaben Vorleistungen liefern kann.

Entsprechende kleinräumige Studien können somit einerseits dazu beitragen, die zurückliegenden und zukünftigen Entwicklungen – wie sie sich aus den amtlichen Statistiken ergeben – zu überprüfen und zu ergänzen.

Andererseits ermöglichen „Bewegungsanalysen", Folgerungen im Hinblick auf zu erwartende Veränderungen in Teilarbeitsmärkten abzuleiten. So kann eine Betriebsbefragung Auskunft über die voraussichtliche Arbeitsplatzentwicklung nach Wirtschaftszweigen geben. Auf dieser Datenbasis kann z. B. mit Hilfe von Bewegungsanalysen abgeschätzt werden, welche Auswirkungen ein überproportionaler Beschäftigungsabbau in einer Branche auf das geschlechts-, alters-, qualifikationsspezifische Arbeitskräfteangebot für andere Wirtschaftsbereiche in der Region bzw. in angrenzenden Regionen hat.

d) Modellversuch „Arbeitsmarktprofile"

Das „Arbeitsmarktprofil" ist ein Informationsträger der BA, der in stark verdichteten Daten die Lage auf dem Arbeitsmarkt (Lageprofil) sowie die arbeitsmarktgestaltenden Aktivitäten des Arbeitsamtes halbjährlich darstellt (Instrumentenprofil). Eine übersichtliche graphische Gestaltung soll die Beurteilung der Arbeit der Vergangenheit je Arbeitsamtsbezirk erleichtern und die Schwerpunktsetzung für die Zukunft ermöglichen. Zur Zeit werden die Arbeitsmarktprofile in elf Arbeitsamtsbezirken des Landesarbeitsamtes Nordrhein-Westfalen auf ihre Brauchbarkeit als Informations- und Führungsmittel erprobt.

Folgender Zielsetzung bzw. Absicht wird bei der Einführung von Arbeitsmarktprofilen[11] nachgegangen. Sie sollen

- eine Orientierungshilfe im Dialog zwischen örtlicher Selbstverwaltung und Amtsleitung bieten und für die Zusammenarbeit nach § 191 AFG i. V. m. Artikel 10 der Satzung der BA hilfreich sein.
- die im Rahmen der Effizienzuntersuchung der BA anfallenden Ergebnisse der Kosten- und Aufgabenüberwachung (Frühwarnsystem) berücksichtigen.
- ein leicht handhabbares Hilfsmittel für eine verbesserte Diagnose der Lage vor Ort anbieten und Anregungen für einen regionalen Handlungsbedarf vermitteln.

---

11 Beratungs-Vorlage der Bundesanstalt für Arbeit, V 138/84, 1984.

Das Arbeitsmarktprofil hat zwei Teile: das Lageprofil und das Instrumentenprofil. Als Bewertungsmaßstab werden die folgenden Merkmale je Arbeitsamtsbezirk in Relation zum Landesdurchschnitt gesetzt:

Im Lageprofil:

1. Hoher Beschäftigungsstand – hierfür ist die *Arbeitslosenquote* ein Maßstab.
2. Kurze Dauer der Arbeitslosigkeit – hier wird die *Dauer der Arbeitslosigkeit* in Wochen erkennbar.
3. Verringerung des Arbeitsplatzdefizits – das *Verhältnis Arbeitslose je offene Stelle ist hier der Indikator.*
4. Die *Laufzeit der offenen Stellen in Wochen.*

Das Instrumentenprofil unterteilt sich in fünf Handlungsfelder:

1. In Vermittlungen, die sich wiederum in zwei Formen des Einschaltungsgrades unterteilen:
   a) in Vermittlungen über sieben Tage zum Zugang der offenen Stellen,
   b) in Vermittlungen über sieben Tage zum Abgang an Arbeitslosen.
2. die Einbeziehung von Arbeitslosen in Maßnahmen der *Fortbildung und Umschulung*,
3. die Bewilligung von *Einarbeitungszuschüssen* zu Vermittlungen über sieben Tage,
4. die Bewilligung von *Eingliederungsbeihilfen* zu Vermittlungen über sieben Tage,
5. die Beschäftigten in *Arbeitsbeschaffungsmaßnahmen* (ABM) zu Arbeitslosen plus ABM-Beschäftigten.

Als Bewertungsmaßstab für die regionale Arbeitsmarktlage und den Einsatz an arbeitsmarktpolitischen Instrumenten kann ein Vergleich von solchen Arbeitsamtsbezirken herangezogen werden, die

– der selben Arbeitsmarkttypisierung zuzuordnen sind[12],
– ein ähnliches Lageprofil aufweisen
– sowie ähnliche Strukturmerkmale schwerer Vermittelbarkeit der Arbeitslosen haben.

Insgesamt kann konstatiert werden, daß die Arbeitsmarktprofile ein geeignetes Mittel sein können, um die Arbeitsmarktsituation eines Arbeitsamtsbezirkes und die Möglichkeiten der Gestaltung des Arbeitsmarktes – wenn auch in grober Form – darzustellen. Die Entwicklung des Arbeitskräftebedarfs kann auch hier nur – wenn auch direkt vom Arbeitsamt „vor Ort", das zwar

---

12 *Egle*, F.: Ansätze für eine systematische Beobachtung und Analyse der Arbeitslosigkeit, BeitrAB 36, Nürnberg 1979, S. 140 f.

die Spezifika der Region kennt – über Trendrechnungen aufgrund von Zeitreihen erfolgen.

Sektoral differenzierte Analysen – wie in der „Augsburg-Studie" – können für diese „deskriptive" Profildarstellung Informationen über die regional- bzw. branchenspezifischen Ursachen von besonderen Problemen auf Teilarbeitsmärkten geben. Darüber hinaus kann – neben Effektivitätskontrollen der Maßnahmen – eine wissenschaftliche Begleitforschung in Form von Unternehmerbefragungen dazu dienen, die voraussichtliche Arbeitsmarktsituation realistischer vorauszuschätzen und die Anpassung von Projektionen an die aktuelle Entwicklung zu erleichtern.

e) Modellversuch „Handlungsspielräume für lokale Beschäftigungspolitik"

Im Bundesministerium für Arbeit und Sozialordnung und im IAB werden derzeit Überlegungen angestellt, zu erproben, wie mit Hilfe lokaler Fallstudien und eines Modellversuchs in einem Arbeitsamtsbezirk Informationen über die Möglichkeiten und Grenzen einer „vor Ort" ansetzenden Arbeitsmarkt- und Beschäftigungspolitik gewonnen werden können.

Hier sollen für den Einzelnen bei Arbeitsplatzverlust die regionalspezifischen Möglichkeiten des Übergangs in ein anderes Arbeitsverhältnis unter Mitwirkung des Arbeitsamtes beobachtet werden. Aus diesen Erfahrungen können Maßnahmen für eine effizientere Vermittlungstätigkeit und Arbeitsmarktpolitik vor Ort entwickelt werden. Für den angesprochenen Modellversuch können exemplarisch folgende Zielsetzungen aufgezählt werden:

Optimierung der Zusammenarbeit aller Akteure auf dem lokalen Arbeitsmarkt zur Verhinderung von Arbeitslosigkeit (Arbeitsverwaltung, Bildungsträger, Wirtschaftsorganisationen, Arbeitgeberbereich, Gewerkschaften, Arbeitsloseninitiativen, Finanzierungsinstitue) am Beispiel eines Arbeitsamtsbezirkes zur

- Erhaltung vorhandener Arbeitsplätze, Steigerung der Betriebsgründungen und Vermeidung von Konkursen sowie
- stärkeren Transparenz des Arbeitsmarktgeschehens, um die Vermittelbarkeit von Arbeitslosen zu beschleunigen und zu erhöhen und die Arbeitsmarktinstrumente an die Anforderungen der „örtlichen" Anbieter ohne Reibungsverluste anzupassen.

Insbesondere im Zusammenhang mit dem letztgenannten Aspekt ist zu erforschen, inwieweit durch verstärkten Einsatz der arbeitsmarktpolitischen Instrumente des AFG und anderer Instrumente zusätzlich Arbeitslosigkeit in der Region abgebaut werden kann.

Neben der Analyse der Arbeitsmarktsituation im Modell-Arbeitsamtsbezirk und der Erhebung von Basisdaten über Arbeitslose (Qualifikation, Flexibilitätsspielraum, Bereitschaft zur Fortbildung und Umschulung, Eigeninitiativen) sind Betriebsbefragungen, die vor allem Informationen über Suchstrategien der Betriebe bei der Besetzung offener Stellen ergeben, vorgesehen.

Eine entsprechend angelegte Untersuchung wird nicht ohne Vorarbeit, wie sie in der vorliegenden „Augsburg-Studie" sowohl im Hinblick auf die gegenwärtige als auch zukünftige Arbeitsmarktsituation erfolgte, auskommen. Denn für eine Erprobung des individuellen Einsatzes arbeitsmarktpolitischer Maßnahmen sind Kenntnisse über die zukünftige Entwicklung Voraussetzung. Somit wäre denkbar, einen entsprechenden Modellversuch – bei sonst „günstigen" Bedingungen – in einer Region, deren voraussichtliche Arbeitsmarktentwicklung anhand von Betriebsbefragungen empirisch untersucht wird, durchzuführen. Andererseits können die dabei gewonnenen Erfahrungen und wirtschaftszweigspezifischen Ergebnisse bei Kenntnis der jeweiligen regionalen Spezifika im Hinblick auf die zu erwartenden Beschäftigungsveränderungen in Teilbereichen übertragen und auch für Modellversuche in anderen Regionen genutzt werden.

3. Zusammenfassung

Abschließend kann festgehalten werden, daß die Verschärfung der Arbeitsmarktsituation und die Weiterentwicklung der Arbeitsmarktpolitik unter anderem eine stärkere regionale Ausrichtung ihrer Analysen, Programme und Maßnahmen erforderlich machte und weiterhin macht. Der Vorteil einer empirischen, kleinflächigen Erhebung – im Vergleich zu vorhandenen flächendeckenden Modellbetrachtungen – liegt in der Einbeziehung von Vorausschätzungen, Planungen und Entscheidungen von Betrieben der Region. Damit können einerseits regionale Spezifika der Arbeitskräfte- und Betriebsstruktur berücksichtigt werden und andererseits die Ergebnisse aufgrund der Fortschreibung von Bestands- und Bewegungsdateien durch Verhaltens- und Wirkungsanalysen bei den Betroffenen erweitert werden.

Trotz der Differenziertheit der sektoral und berufsspezifisch aktuellen Daten für die Untersuchungsregion muß auf die Gefahren für daraus abgeleitete Empfehlungen und Maßnahmen hingewiesen werden. Aufgrund von mittelfristigen Unternehmenserwartungen können sich Konsequenzen (sowohl im Hinblick auf die Erwartungen von Auszubildenden als auch sich weiterqualifizierenden Erwerbspersonen) für die Qualifikationsstruktur zukünftiger Arbeitnehmer und somit des regionalen Erwerbspersonenpotentials ergeben, die zu einem neuen Nachfrageüberhang führen können.

Insgesamt ist zu erwarten, daß eine stärkere regionale, gruppenspezifische, sektorale und interessenbezogene Untergliederung der Arbeitsmarktpolitik ihren operativen Bezug und ihre Wirkung erheblich verstärkt und zu einer Neuorientierung regionaler Struktur- und Arbeitsmarktpolitik führen könnte. Diese Tendenz darf den Blick auf die globale Beschäftigungskrise allerdings nie verstellen[13].

13 *Institut für Arbeitsmarkt- und Berufsforschung*, S. 2.

ZUSAMMENFASSUNG DER DISKUSSION ZU DEN REFERATEN VON PETER HURLER, MARTIN PFAFF / ERNST STARK UND GERHARD ENGELBRECH

Von Ernst Stark

Anschließend an die Referate von P. Hurler, M. Pfaff / E. Stark und G. Engelbrech wurden folgende Aspekte thematisiert:

1. Berücksichtigung bestimmter Wirtschaftszweige im Rahmen der Augsburg-Studie
2. Interpretation der Ergebnisse
3. Validierung der Ergebnisse
4. Möglichkeiten der Fortschreibung der Augsburg-Studie
5. Berücksichtigung der Globalentwicklung im Rahmen der Fortschreibung
6. Ermittlung des Qualifizierungsbedarfs im Rahmen der Fortschreibung.

ad 1.: *W. Brandes* erkundigt sich, inwieweit der öffentliche Dienst in der Befragung berücksichtigt wurde und ob die Augsburg-Studie, deren Schwerpunkt ja auf der Analyse der Nachfrage liege, durch eine Untersuchung des Angebots ergänzt werden könne. Hierzu führt *P. Hurler* aus, daß staatliche Arbeitsstätten im Rahmen der Befragung des Dienstleistungsbereichs berücksichtigt wurden; problematisch sei dabei aber beispielsweise, daß die Personalbemessungskennziffern bei der Post und bei der Bahn relativ kurzfristig von den zentralen Verwaltungsstellen festgelegt werden. Die Betonung der Nachfrageseite ist seiner Meinung nach unter pragmatischen Gesichtspunkten richtig. Ursprünglich sei auch eine stärkere Einbeziehung der Angebotsseite in das Projekt geplant gewesen; so wurde vom Amt für Stadtentwicklung und Statistik der Stadt Augsburg ein Arbeitspapier erstellt, in dem die Entwicklung der Angebotsseite bis 1990 prognostiziert wird. Auf die geplante Koppelung von Angebots- und Nachfrageseite wurde aber verzichtet, weil die Verbindung von Schulabschluß und ausgebildetem Beruf bzw. ausgeübter Tätigkeit sehr problematisch war.

ad 2.: *M. Held* hebt die Grundtendenz der drei Referate, vor einer naiven Übernahme und Bewertung der Ergebnisse zu warnen, positiv hervor. Dabei geht er auf zwei Bereiche ein, zum einen auf das Problem der amtlichen Statistik bei der Berufsklassifikation (3-Steller), zum anderen auf die Abschätzung technologischer Entwicklungen. Seiner Meinung nach ist bei letzteren die Gefahr der Überschätzung um so größer, je aggregierter die Analyse ist, da praktische Hemmnisse (Finanzierungsprobleme, Umstellungsprobleme der Anwender) nicht genügend beachtet werden. Dieses Problem sei jedoch im Rahmen der Augsburg-Studie nicht aufgetreten. *G. Engelbrech* stimmt dieser Einschätzung zu. Die „3-Steller-Problematik" betreffend betont *M. Held*, daß auch die Augsburg-Studie Hinweise auf den eingeschränkten Informationswert der amtlichen Statistik geliefert habe; das Problem bestehe darin, daß zwar eine Meldepflicht bestehe, Sanktionsmechanismen aber fehlen. *P. Hurler* erläutert hierzu, daß das Hauptproblem in der Meldung der Betriebe liege: In der Regel erfolgt nur bei der Einstellung von Beschäftigten eine Meldung, die dann – wenn sich die Tätigkeit ändert – weiterhin aufrecht erhalten werde.

ad 3.: Die Diskussion der Validierung der Ergebnisse konzentriert sich auf zwei Bereiche: Die Berücksichtigung weiterer Gruppen in den Betrieben als Interviewpartner und die Möglichkeit, die Vergangenheitsentwicklung zu erfragen.

K.-H. Schneider und *G. Schmid* sehen in der Einbeziehung von Betriebsräten, Meistern und Vorarbeitern die Möglichkeit, mehr Informationen von einzelnen Betrieben zu erhalten. Gefragt wird auch, inwieweit dies für die Fortschreibung geplant sei.

P. Hurler weist darauf hin, daß es sehr schwierig sei, Vertreter der Betriebsleistung und Betriebsräte gleichzeitig zu interviewen und dann zu erwarten, daß offene Antworten gegeben werden. Möglich sei auch eine hohe Homogenität der Interessen zwischen Betriebsleitung und Betriebsräten gegenüber allem, was von außen kommt. Die Erfahrungen, die mit dem arbeitsmarktpolitischen Sonderprogramm gemacht wurden, belegen diese Erwartungen[1]. Getrennte Interviews der Betriebsleitung und Betriebsräte bedeuten jedoch eine Verdoppelung der Anzahl der Interviews.

M. Pfaff ergänzt, daß die Gefahr der Abschottung durch die Betriebsleitung bestehe, wenn sie wahrnehme, daß von seiten der Arbeitnehmer ganz unterschiedliche Aussagen getroffen werden. Dies könne dazu führen, daß in der Summe weniger Informationen weitergegeben werden und das Projekt somit insgesamt ad acta gelegt werden müsse.

---

1 Vgl. *Garlichs*, Dietrich: Regionalisierung der Arbeitsmarktpolitik. Möglichkeiten und Probleme – Anmerkungen zu einem arbeitsmarktpolitischen Sonderprogramm, in: *Hurler*, Peter / *Pfaff*, Martin (Hrsg.): Gestaltungsspielräume der Arbeitsmarktpolitik auf regionalen Arbeitsmärkten, Berlin 1984, S. 80 f.

F.-J. Bade fragt, warum zur Validierung der Ergebnisse nicht die Entwicklung der Unternehmen – wieder differenziert nach Berufen – erfragt wurde. *P. Hurler* antwortet, daß dies aus Datengründen nicht möglich gewesen sei; die zur Validierung notwendigen Kontrollgrößen seien nicht verfügbar gewesen.

M. Pfaff ergänzt, daß die beste Möglichkeit zur Validierung der Ergebnisse im Vergleich der Prognose mit der tatsächlichen Entwicklung im Rahmen der Fortschreibung bestehe.

ad 4.: Was die Fortschreibung der Studie betrifft, rät *M. Lahner*, von kurzfristigen jährlichen Erhebungen abzusehen, da sich technologische Änderungen, die sich in minimalen Schritten vollziehen, erst im Laufe von fünf oder zehn Jahren erheblich kumulieren; anderenfalls sind die Änderungen so klein, daß keine verläßlichen Auskünfte über sie gegeben werden können. Weiter rät er wegen der bekannten Probleme (insbesondere der Routinisierung) von einem Panel ab. Er schlägt jedoch ein rollierendes Verfahren vor: Im Abstand von beispielsweise sechs oder acht Jahren könnte eine Totalerhebung erfolgen, die durch vertiefte Teilerhebungen ergänzt werden könnte. Diese Partialanalysen, die z. B. im Abstand von zwei Jahren erfolgen könnten, sollten sich auf bestimmte, problemorientiert ausgewählte Gruppen beschränken. Die jeweiligen Schwerpunkte der Analyse (technologieorientiert, wirtschaftspolitisch oder betriebswirtschaftlich orientiert) könnten kurzfristig gesetzt werden. Dieses Vorgehen hätte auch den Vorteil, daß die Ergebnisse der Partialanalyse mit denen der Gesamterhebung überprüft werden könnten; darüber hinaus könnte damit das Bewußtsein an der Studie wachgehalten werden.

M. Pfaff dankt M. Lahner für diese dritte Variante für die Fortschreibung. Er betont, daß bei der Vorbereitung des Referates eine ähnliche Vorgehensweise im 3-Jahres-Zyklus diskutiert, aber aus Kostengründen ausgeschlossen wurde. Diese Anregung werde jedoch weiter verfolgt.

ad 5.: Einige Diskussionsteilnehmer regen an, globale Entwicklungstendenzen, z. B. konjunkturelle Einflüsse, im Rahmen der Fortschreibung der Augsburg-Studie zu berücksichtigen. *F.-J. Bade* hebt hervor, daß hierunter nicht bundesweite Entwicklungen zu verstehen seien, sondern daß dabei räumliche Entwicklungsraster, d. h. typische Abweichungen einer Teilregion von der Gesamtregion, gemeint seien. *G. Schmid* fügt hinzu, daß er die Analyse systematischer Zusammenhänge vermisse. Er schlägt vor, dies dadurch anzustreben, daß ähnliche Ansätze in drei oder vier möglichst vergleichbaren Regionen wiederholt durchgeführt werden und die Ergebnisse mit den Gesamttrends in anderen Regionen systematisch verglichen werden. *M. Pfaff* stimmt zu, daß die Berücksichtigung konjunktureller Einflüsse sowie interregionale Vergleiche nützlich seien. Er weist jedoch darauf hin, daß das Ziel der jetzt vorliegenden Studie eine mittelfristige Arbeitsmarktprognose und nicht eine systematische Erklärung von Zusammenhängen und Ursachen gewesen sei.

ad 6.: Bei der Fortschreibung der Augsburg-Studie sollte nach Auffassung von *M. Rademacher* die Ermittlung von Qualifizierungsbedürfnissen angestrebt werden. Wie bereits bei der jetzt vorliegenden Studie geplant, sollte versucht werden, die Richtung der Qualifikationsbedürfnisse aus der Sicht der Unternehmungen zu eruieren, auch wenn das nicht bis ins letzte Detail erfolgen könne. *P. Hurler* erklärt, daß zwar erste Auswertungen für den Teil C der Befragung (Qualifikationsbedarf) vorliegen, daß sich diese jedoch nicht für eine Veröffentlichung eignen. Obwohl hier ein breites Spektrum an Maßnahmen „angeboten" wurde, sei der Rücklauf und die darin enthaltenen Nennungen relativ dünn gewesen. Im Rahmen der Fortschreibung könnten die Ergebnisse durch organisatorische Änderungen, z. B. durch die Berücksichtigung dieses Teils im mündlichen Interview, verbessert werden. *M. Pfaff* stimmt M. Rademacher zu, daß der Qualifizierungsbedarf im Rahmen der Fortschreibung in die Prognose miteinbezogen werden solle, um die Anwendungsorientierung der Studie zu erhöhen.

DIE BEDEUTUNG DER AUGSBURG-STUDIE FÜR DIE PRAKTISCHE ARBEITSMARKTPOLITIK IM WIRTSCHAFTSRAUM AUGSBURG

Von Manfred Rademacher

1. Arbeitsmarktpolitische Zielsetzungen

Im Arbeitsförderungsgesetz ist eine Reihe arbeitsmarktpolitischer Zielsetzungen genannt. Sie reichen von der Aufgabe, Arbeitslosigkeit und unterwertige Beschäftigung sowie einen Mangel an Arbeitskräften nicht eintreten oder fortdauern zu lassen, über spezifische Maßnahmen für bestimmte Personengruppen bis hin zur Verbesserung der Struktur der Beschäftigung nach Gebieten und Wirtschaftszweigen. Die hiernach notwendigen Aktivitäten, die Initiierung bestimmter arbeitsmarktpolitischer Maßnahmen und der Einsatz entsprechender Mittel setzt jedoch voraus, daß die wesentlichen strukturbestimmenden Größen des Arbeitsmarktes und seine langfristigen Tendenzen hinreichend bekannt sind.

An entsprechendem regionalisiertem Datenmaterial fehlt es bis heute. Zwar sieht der § 6 AFG vor, daß sich die Arbeitsmarkt- und Berufsforschung auch auf einzelne Wirtschaftszweige und Wirtschaftsgebiete zu erstrecken hat. Bis jetzt stehen dem Arbeitsmarktpraktiker regionale Untersuchungen jedoch nicht zur Verfügung. Die für das Bundesgebiet vorliegenden Aussagen mögen zwar häufig auch in der Grundlinie für die lokale und regionale Arbeitsmarktentwicklung zutreffen; es fehlt jedoch an konkreten Aussagen für die Region, um hier notwendige Überlegungen hinsichtlich eines arbeitsmarktpolitischen Handlungsbedarfs anstellen zu können. Unter der Begrenztheit der gegenwärtig möglichen Aussagen zur Struktur, Lage und Entwicklung des örtlichen Arbeitsmarktes müssen zwangsläufig die lokalen Arbeitsmarktstrategien leiden. Dies ist aber nicht nur ein Mangel, unter dem die praktische Arbeitsmarktpolitik zu leiden hat. Er bringt auch für die unmittelbaren Arbeitsmarktpartner Erschwernisse. Es fehlt an einer genügenden Transparenz des Arbeitsmarktes, um sich hiernach auch bei der persönlichen Entscheidung ausrichten zu können.

2. Die Arbeitsmarkt-Studie aus der Sicht des Arbeitsamtes

Zustand und Entwicklung des Arbeitsmarktes sind für eine Reihe von Handlungsfeldern des Arbeitsamtes von Bedeutung.

a) Berufsberatung

Das Arbeitsamt berät Jugendliche und Erwachsene vor Eintritt in das Berufsleben und während des Berufslebens in allen Fragen der Berufswahl und des beruflichen Fortkommens. Nach den Beratungsgrundsätzen, wie sie im Arbeitsförderungsgesetz näher geregelt sind, hat sie dabei Lage und Entwicklung des Arbeitsmarktes und der Berufe angemessen zu berücksichtigen. Nun können natürlich nicht nur Entwicklungstendenzen des regionalen Arbeitsmarktes in die Überlegungen zur Berufswahl einfließen, da der Arbeitsmarkt aufs Ganze gesehen sich überregional ausgleicht. Es wird aber wohl an der Realität vorbei gedacht, wenn die regionale Mobilität als überaus hoch angesetzt würde. Das heißt, daß in erster Linie auf solche Berufsmöglichkeiten und Entwicklungen abgestellt werden muß, die auf dem erreichbaren Arbeitsmarkt gegeben oder zu erwarten sind. Hier zeigt die Studie eine Reihe von Entwicklungen auf, die in die berufsberaterische Praxis miteinfließen werden. Dazu muß betont werden, daß es natürlich falsch wäre, nun nur noch die Aussagen der Studie zugrunde zu legen oder etwa gar dort, wo eine zurückgehende Entwicklung ausgewiesen wurde, von einem Einschlagen dieser Ausbildung abzuraten. Die Studie kann insoweit nur ein Hilfsmittel unter anderen sein, das der Berufsberater für seine Beratungsarbeit berücksichtigt. Sie gibt aber doch Hinweise, an denen sich der Berater orientieren kann.

b) Arbeitsberatung

Noch stärker sind die arbeitsmarktlichen Entwicklungen bei der Arbeitsberatung zu berücksichtigen, wie sie in § 15 AFG normiert ist. Hier hat das Arbeitsamt bzw. sein Arbeitsberater u. a. die Verpflichtung, Arbeitgeber und Arbeitnehmer über die Lage auf dem Arbeitsmarkt, die Entwicklung in den Berufen, die Notwendigkeit der beruflichen Bildung und ihre Förderung zu beraten. Die Arbeitsberatung umfaßt in der Regel den Personenkreis der Beschäftigten, die vor notwendigen beruflichen Anpassungen stehen, die sich wettbewerbsfähiger machen wollen, die ein Weiterkommen im Beruf anstreben oder die sich aus der Situation heraus sogar einer Umschulung unterziehen müssen. Dies sind sehr weitreichende Entscheidungen, die überdacht sein wollen und die den fachmännischen Rat über die zu erwartenden Entwicklungen erforderlich machen. Auch hier werden sicherlich Grundlinien, wie sie sich für das gesamte Bundesgebiet abzeichnen, auch für den örtlichen Arbeitsmarkt von Bedeutung sein. Trotzdem müssen aber auch die örtlichen Perspektiven miteinbezogen werden; denn auch hier gilt die bereits gemachte Aussage, daß sich in erster Linie die Entscheidung an der Lage auf dem regionalen Arbeitsmarkt orientiert.

c) Die langfristige Sicherung der Beschäftigung und die Befriedigung des Arbeitskräftebedarfs

Der Augsburger Arbeitsmarkt wird aus seiner historischen Entwicklung heraus heute noch von dem verarbeitenden Gewerbe geprägt. Knapp 45 % der Arbeitnehmer sind in diesem Bereich tätig. Die Vergleichswerte des Bundesgebietes und des Landesarbeitsamtsbezirks Südbayern liegen bei gut 40 %. Für die langfristige Sicherung der Beschäftigung im hiesigen Wirtschaftsraum kommt es also sehr darauf an, ob der überdurchschnittliche Anteil des verarbeitenden Gewerbes an den Arbeitsplätzen auch in der Zukunft Bestand haben wird oder ob auch hier wie im übrigen Bundesgebiet rückläufige Entwicklungen eintreten werden. Diese Entwicklungen verlaufen nicht für alle Branchen des verarbeitenden Gewerbes gleichmäßig; sie weisen auch Unterschiede bei den einzelnen Berufen und beruflichen Qualifikationen auf. Eine zukunftsorientierte Wirtschafts-, Gewerbe- und Industriepolitik für den hiesigen Wirtschaftsraum als Voraussetzung für eine langfristige Sicherung der Beschäftigungsmöglichkeiten muß die zu erwartenden Veränderungen in ihre Überlegungen einbeziehen können. Ich halte es für unumgänglich, daß den entscheidenden örtlichen Instanzen hierfür eine perspektivische Unterlage zur Verfügung steht.

Aber auch für die Aussage zu konkreten Ansiedlungs- oder Erweiterungsvorhaben, Standortentscheidungen neuer oder vorhandener Betriebe und sonstiger Arbeitsorganisationen ist es wichtig, hinreichende Kenntnisse über die Arbeitsmarktstruktur und -entwicklung verfügbar zu haben. Bei den Verhandlungen stellt sich immer wieder die konkrete Frage nach dem vorhandenen und zu erwartenden Arbeitskräftepotential in quantitativer und qualitativer Hinsicht. Das zur Verfügung stehende Datenmaterial war bisher außerordentlich unzulänglich oder nicht genügend aufbereitet. Die Aussagen und gutachtlichen Äußerungen mußten deshalb immer sehr im Vagen bleiben. Für die zu treffenden Entscheidungen ist dies eine außerordentlich unbefriedigende Situation.

d) Frühzeitige Anpassung der beruflichen Qualifikation an zu erwartende Veränderungen

Es ist für viele immer wieder ein nicht zu begreifendes Phänomen, daß es bei der jetzigen Arbeitsmarktlage, die durch eine hohe Arbeitslosigkeit und ein geringes Stellenangebot gekennzeichnet ist, gleichwohl oft nicht möglich ist, freie Stellen zu besetzen. Wenn Sie heute mit Betrieben sprechen, so gibt es bei allen Auslastungsschwierigkeiten doch immer wieder das Problem, daß bei der Personalbeschaffung für bestimmte Aufgabenbereiche erhebliche Engpässe auftreten. Faßt man nach, so zeigt sich sehr rasch, daß es sich um Qualifikationsprobleme handelt. Diese können nur über langfristige Strategien behoben werden. Das ist einmal die Berufsausbildung und zum anderen die berufliche Fortbildung und Umschulung. Diese Strukturdiskrepanzen zwischen Angebot und Nachfrage auf dem Arbeitsmarkt müssen rechtzeitig erkannt und angegangen werden. Das heißt also Hinwendung der arbeitsmarktpolitischen Bemühungen zur Sicherung des langfristigen Arbeitskräftebedarfs. Das kann durch mehr Bemühungen zur Ausbildung in bestimmten Berufen, durch frühzeitige Einrichtung beruflicher Fortbildungs- und Anpassungsmaßnahmen, durch Erweiterung des Berufsraumes mit entsprechender Qualifizierung für Frauen, durch mehr Teilzeitarbeitsangebote, auf der anderen Seite durch stärkere Hinführung zur Schichtarbeit erfolgen, um hier nur einige Beispiele zu nennen. Für die zu treffenden Maßnahmen, die sowohl für den einzelnen als auch für den Betrieb, aber auch für die Allgemeinheit von erheblicher Bedeutung sind, fehlt es häufig an einer langfristigen Aussage zur Arbeitsmarktentwicklung.

e) Vermeiden von Kosten bei unzureichender Entscheidungsgrundlage

Alle Maßnahmen, die getroffen werden, verursachen in irgendeiner Form Kosten, ganz gleich, ob sie beim Arbeitgeber, beim Betrieb, beim Bildungsträger, bei den Gebietskörperschaften oder beim Arbeitsamt entstehen. Ich greife nur die Maßnahmen zur beruflichen Bildung heraus. Sie erfordern eine Reihe von Investitionen. Es ist eine sehr risikobehaftete Entscheidung, wenn ein Bildungsträger sich auf bestimmte Umschulungsmaßnahmen mit der entsprechenden Personal- und Sachausstattung einrichtet. Solche Planungen und Entscheidungen müssen einigermaßen für die Zukunft abgesichert sein, sollen nicht erhebliche Fehlinvestitionen für alle Beteiligten entstehen. Nehmen wir ein Beispiel, um es anschaulicher zu machen. Es bestehen im Wirtschaftsraum Augsburg zwei Übungsfirmen, um arbeitsloses kaufmännisches Personal zu trainieren. Es liegen nun die Anfragen weiterer Bildungsträger vor, die sich gleichfalls mit der Einrichtung von Übungsfirmen befassen, die dazu aber öffentliche Mittel benötigen. Ähnlich gibt es Anfragen im Datenverarbeitungsbereich. Das gleiche gilt für gewerblich-technische Einrichtungen. Nun kann sicherlich die Augsburg-Studie die zu treffende Entscheidung nicht gewissermaßen vorgeben; aber sie gibt doch Hinweise über die zu erwartenden Entwicklungen, die eine gewisse Grundlage für die anzustellenden Überlegungen darstellen.

3. Ausblick

Es wird immer schwierig bleiben, arbeitsmarktliche Entwicklungen über einen längeren Zeitraum vorauszusagen. In den Sitzungen der projektbegleitenden Arbeitsgruppe wurden die Probleme wiederholt erörtert und die Schwierigkeiten, die sich insbesondere bei einer regionalen Untersuchung ergeben, herausgestellt. Es lassen sich sicherlich viele kritische Argumente finden. Gleichwohl bin ich der Auffassung, daß die Studie einen beträchtlichen Fortschritt gegenüber dem bisherigen Zustand darstellt, in dem außer den Geschäftsstatistiken des Arbeitsamtes, der Statistik über die sozialversicherungspflichtig Beschäftigten, einer Reihe von Umfragen der Wirtschaftsorganisationen keinerlei Aussagen über die Struktur und Entwicklung des Augsburger Arbeitsmarktes zur Verfügung standen. Sie stellt für die lokalen und regionalen arbeitsmarktpolitischen Entscheidungen eine brauchbare Grundlage dar. Natürlich ist die Gefahr des Veraltens und Überholtwerdens gegeben. Hierauf wurde in den Vorträgen und in der Diskussion am Vormittag bereits eingegangen. Eine Fortschreibung der Ergebnisse wäre deshalb wünschenswert.

BEURTEILUNG DER ERGEBNISSE DER STUDIE „REGIONALER ARBEITSMARKT AUGSBURG" UND MÖGLICHKEITEN IHRER IMPLEMENTATION AUS DER SICHT DER INDUSTRIE- UND HANDELSKAMMER FÜR AUGSBURG UND SCHWABEN

Von Josef Amann

1. Als die Industrie- und Handelskammer zum erstenmal mit dem Vorhaben der Stadt Augsburg, eine regionale Arbeitsmarktuntersuchung durchführen zu lassen, konfrontiert wurde, war die erste Reaktion ein neugieriges Interesse. Berührten doch die Zielsetzungen der Studie – Regionale Prognose des Arbeitskräftebedarfs nach Wirtschaftszweigen und Berufen, Aufdecken von Mangelberufen, Durchleuchtung der Ausbildungsplatzsituation – um nur einige der Ziele zu nennen –, auch aus der Sicht der Kammer zentrale Fragen für die Arbeitsmarktentwicklung im Wirtschaftsraum Augsburg.

Als die Stadt Augsburg die Kammer einlud, an der Diskussion der methodischen Konzeption bzw. bei der Vorbereitung der Informationsgewinnung durch Expertengespräche und eine projektbegleitende Arbeitsgruppe mitzuwirken, war die erste Reaktion Erstaunen. Daß die Industrie- und Handelskammer vom Auftraggeber der Studie zur Mitwirkung an der Vorbereitung und Durchführung des Projekts eingeladen wurde, stellte ein Novum dar. Auch die Idee, in der Diskussionsphase des Projekts den Fundus an Erfahrungen der Experten in Institutionen nutzbar zu machen, hat uns angenehm überrascht.

Nachdem die ersten Expertengespräche stattgefunden hatten, zeigte sich, daß, so grundsätzlich positiv unsere Einstellung zu dem Projekt war, doch in den Detailfragen erhebliche Auffassungsunterschiede zutage traten. Insbesondere bei der Frage der Durchführung der Erhebungen bei den Unternehmen meldeten wir Bedenken an, weil wir der Auffassung waren, daß die Belastung der Firmen durch eine schriftliche Vorbefragung und ein rund eineinhalbstündiges Interview zu hoch sei. Der Gesichtspunkt der Minimierung der Belastung der Unternehmen bei der Primärerhebung war für uns von großer Wichtigkeit. Daneben tauchten in den Expertengesprächen immer wieder grundsätzliche Zweifel an der Notwendigkeit und den Erfolgsaussichten einer mittelfristigen Prognose des regionalen Arbeitskräftebedarfs im Wirtschaftsraum Augsburg auf.

2. Die bisher vorliegenden Ergebnisse der Untersuchung für die Industrie und für die Bauwirtschaft in der Wirtschaftsregion waren für uns frei von Über-

raschungen. Entwicklungen und Trends, die uns aus unserer täglichen Arbeit bekannt sind, wurden durch die Studie teilweise quantitativ und qualitativ untermauert und abgesichert.

Im Bereich der Bildungsarbeit der Kammer spielen die Ergebnisse der Studie bei der Langfristplanung des Programms die Rolle einer zusätzlichen Entscheidungshilfe. Wichtige Eckdaten für die Programmplanung liefert aber selbstverständlich der Weiterbildungsmarkt, der uns sehr zuverlässig zeigt, welche unserer Angebote angenommen werden, welche Angebote nicht dem Markt entsprechen. Darüber hinaus stehen wir laufend in Kontakt mit den Firmen, die an uns Wünsche im Bereich der Programmgestaltung des Bildungszentrums herantragen.

Das Ergebnis der Studie, daß bei den Sekretärinnen das Anforderungsniveau an die Qualifikation steigt, daß Sekretärinnen zunehmend Aufgaben der Sachbearbeitung übernehmen können sollen und Kenntnisse zur Textbearbeitung besitzen sollen, war uns auch vor Veröffentlichung der Studie bekannt. Auch in diesem konkreten Fall wurden unsere Beobachtungen bestätigt und untermauert. Ganz allgemein ist zu den bisher vorliegenden Ergebnissen zu bemerken, daß sich an den Strukturproblemen im Wirtschaftsraum Augsburg, die durch die Studie offengelegt wurden, seit Abschluß der Studie zur Industrie nur wenig verändert hat, daß aber die Entwicklungsrichtung doch positiver verläuft, als es nach den Aussagen der Unternehmen in der damaligen Situation den Anschein hatte. Am Beispiel der Aussagen der Studie zur Lehrstellensituation läßt sich ein grundlegendes Problem einer Prognose für den Wirtschaftsraum kurz skizzieren. Zwar lassen sich durch die Befragung der Firmen Trends der Nachfrage nach Auszubildenden relativ gut ermitteln, aber das Problem der Entwicklung des Angebots an Auszubildenden ist nur schwer in den Griff zu bekommen. Obwohl seit zwei Jahren die Zahl der Hauptabschulabsolventen bereits rückläufig ist, steigt das Angebot an Auszubildenden vor allem durch das geänderte Ausbildungsverhalten der Abiturienten, aber auch dadurch, daß Absolventen anderer weiterführender Schulen in den Ausbildungsstellenmarkt drängen, noch an.

Auch der in der Studie ermittelte Trend, daß im Bereich der gewerblich-technischen Ausbildung die Nachfrage der Unternehmen nach Bewerbern eher zunehmen wird, während sie im kaufmännischen Bereich eher kleiner werden wird, war bei Veröffentlichung der Studie bereits deutlich erkennbar. In diesem Punkt hat die Studie die Zukunftsaussichten für gewerblich-technische Berufe, deren Chancen man vor nicht allzu langer Zeit noch als sehr gering eingestuft hatte, erfreuliche Aussichten zutage gefördert.

Zusammenfassend läßt sich zu den Ergebnissen der Studie sagen, daß sie unsere Wahrnehmungen und die von uns beobachteten Trends bestätigt und uns geholfen hat, unsere Beurteilung der Situation daran zu messen. Was allerdings den Prognoseanspruch der Studie betrifft, kann ich mir eine kritische

Bemerkung nicht ersparen: Überspitzt formuliert scheint mit die Gefahr immer noch gegeben, daß die Statistik die Prognose überholt. Was auch immer die Gründe und Ursachen sein mögen, so hat doch die Aussagekraft und die Durchschlagskraft der Untersuchung durch diese Verzögerungen stark gelitten. Die befragten Firmen wundern sich, daß das Feedback in Form der fertiggestellten Studie so spät kommt. An das Projektmanagement möchte ich die Frage richten, ob es nicht besser gewesen wäre, nach dem Motto zu verfahren: „Bis dat qui cito dat" (doppelt gibt, wer schnell gibt). Bei uns ist so der Eindruck entstanden, daß Chancen verschenkt wurden und daß allein durch den Zeitfaktor die Studie an Bedeutung eingebüßt hat. In diesem Punkt war unsere Reaktion Enttäuschung.

3. Die Einrichtung einer projektbegleitenden Arbeitsgruppe war aus der Sicht der Kammer, die daran beteiligt war, sicherlich eine gute Sache. Zuweilen war es so möglich, den Fortgang der Untersuchungen aus nächster Nähe zu verfolgen, zum anderen bestand die Möglichkeit, Zwischenergebnisse zu diskutieren. Auch die Frage, ob bei der Darstellung der Ergebnisse mehr Wert auf die qualitative Seite oder auf die Darstellung der quantitativen Ergebnisse gelegt werden solle, konnte in der projektbegleitenden Arbeitsgruppe diskutiert werden. Hinzu kommt, daß in einem bescheidenen Rahmen auch noch Möglichkeiten gegeben waren, aus der Projektgruppe heraus Anregungen für den Untersuchungsfortgang zu geben. Bei einzelnen Zwischenergebnissen zeigte sich, daß eine auf den Informationsbedarf der jeweils beteiligten Institutionen stärker zugeschnittene Auswertung wünschenswert gewesen wäre. Hier verlief die Arbeit der Arbeitsgruppe nach dem Muster: „Der Appetit kommt mit dem Essen". Es wurde aber sehr schnell deutlich, wie begrenzt der Nährwert der Wissenschaft zuweilen ist.

4. Lassen Sie mich zum Schluß noch auf die Frage der Fortschreibung der Studie eingehen. Unserer Auffassung nach ist es verfrüht, eine Fortschreibung der Studie zu forcieren, solange noch nicht alle Teile der Untersuchung „Regionaler Arbeitsmarkt Augsburg" vorliegen und alle Ergebnisse in einer Zusammenschau diskutiert und ausgewertet sind. Die wichtigsten Trends für die Industrie und für das Baugewerbe liegen auf dem Tisch. Weitere Untersuchungen würden an den Aussagen zur Struktur unseres Erachtens nur wenig Neues bringen, im Gesamtbild würden sich wahrscheinlich lediglich Retuschen ergeben. Dringlicher als eine Verfeinerung der Analyse scheint es uns jetzt, Wege ausfindig zu machen, wie mit den Erkenntnissen der Studie im Rücken an der Verringerung der strukturellen Probleme des Wirtschaftsraumes und seines Arbeitsmarktes gearbeitet werden kann. Jetzt kommt es darauf an, mit der Studie nicht Nabelschau zu betreiben, sondern zielstrebig daranzugehen, den Blick nach vorne zu richten und das, was im Rahmen der Akteure der regionalen Arbeitsmarktpolitik getan werden kann, auch zu tun.

BEURTEILUNG DER ERGEBNISSE DER STUDIE „REGIONALER ARBEITSMARKT AUGSBURG" UND MÖGLICHKEITEN IHRER IMPLEMENTATION AUS DER SICHT DER HANDWERKSKAMMER FÜR SCHWABEN, AUGSBURG

Von Dieter Simnacher

Gewünscht war, anhand einer vorgegebenen Gliederung eine Beurteilung der Ergebnisse der Studie „Regionaler Arbeitsmarkt Augsburg" und Möglichkeiten ihrer Implementation aus der Sicht der Handwerkskammer für Schwaben abzugeben.

Ich will versuchen, dem gerecht zu werden.

1. Zur Zielsetzung

Es ist dankend zu begrüßen, daß die Stadt Augsburg diese Studie in Auftrag gegeben hat und damit der Versuch unternommen wurde, Grundlagen zu schaffen, um beim Einsatz arbeitsmarktpolitischer Maßnahmen auf regionaler Ebene evtl. ein effektiveres Ergebnis zu erreichen.

Ziel dieses Projekts war es, Hinweise auf die mittelfristig zu erwartenden Auswirkungen des wirtschaftlichen Strukturwandels, insbesondere in bezug auf Niveau und Struktur der Arbeitskräfte-Nachfrage im Wirtschaftsraum Augsburg zu erhalten. Mit Hilfe dieser Information soll versucht werden, auf ungünstige wirtschaftliche Entwicklungen vorbeugend zu reagieren, insbesondere sollte eine Grundlage für den Einsatz von zukunftsorientierten Arbeitsförderungsmaßnahmen, vornehmlich Maßnahmen der beruflichen Weiterbildung und Umschulung, geschaffen werden.

Zu Beginn des Projekts wurde in Vorgesprächen mit allen wichtigen Institutionen, die mit dem Arbeitsmarktgeschehen im Wirtschaftsraum Augsburg befaßt sind, über die Zielvorstellung eingehend diskutiert; dabei wurden Einwände erhoben, inwieweit dieser Anspruch überhaupt realisierbar scheint.

Auch hinsichtlich des Zeitraumes der Verwirklichung dieser Studie können Fragezeichen gesetzt werden, da eine Untersuchung, die darauf angelegt ist, mittelfristig Auswirkungen aufzuzeigen, unverzüglich erstellt werden sollte. Wohl durch die Arbeitsintensität bedingt, konnte diese Vorgabe nicht erfüllt werden. Ein Teil der Prognosen wurde daher durch die Realität eingeholt.

Trotzdem war es wichtig, Aussagen zu erhalten, die die Möglichkeit geben, bestehende Auffassungen zu untermauern oder zu korrigieren und die Anhaltspunkte für weitere Bewegungen liefern.

In diesem Zusammenhang darf gleich darauf hingewiesen werden, daß es sinnvoll wäre, den Materialienband, der Hinweise über die Beschäftigungsstruktur nach Wirtschaftsklassen und Berufen gibt, fortzuführen.

2. Zum Ergebnis

Die Studie zeigt, daß die Industrie die Struktur im Wirtschaftsraum Augsburg prägt; so wird darauf hingewiesen, daß für den Arbeitsplatzverlust von rund 20 000 Arbeitsplätzen in den Jahren 1970 bis 1977 vor allem der hohe Industrieanteil des Wirtschaftsraumes als Ursache angesehen wird.

Weiter wird angemerkt, daß

a) die gegenwärtigen Strukturprobleme des Wirtschaftsraumes in erster Linie auf die regionale Industriestruktur zurückzuführen sind und

b) die zukünftige Entwicklung wiederum von den Freisetzungspotentialen im verarbeitenden Gewerbe abhängt.

Es ist sehr zu bedauern, daß die Aussagen von Kleinbetrieben wenig Niederschlag in der Untersuchung gefunden haben und daß die Klassifizierung der Berufe keine Trennung zwischen Industrie und Handwerk zuläßt. So werden die Ergebnisse durch die Aussagen der Großbetriebe überlagert. Es wäre sehr interessant gewesen zu wissen, ob sich für diese beiden Bereiche unterschiedliche Aussagen und damit unterschiedliche Prognosen ergeben hätten. Vor allem deshalb, weil sich das Handwerk ja gerade in den Zeiten der Rezessionen als stabilisierender Faktor auf dem Arbeitsmarkt erwiesen hat.

Leider konnte dies die Studie nicht leisten.

Im Hinblick auf die Struktur der Arbeitslosen nennt die Studie als Problemgruppen insbesondere Frauen, Jugendliche, Arbeitslose mit gesundheitlichen Einschränkungen und Arbeitslose ohne abgeschlossene Berufsausbildung.

Damit ist festgestellt, daß die regionale Arbeitsmarktsituation im Wirtschaftsraum Augsburg Teil der Gesamtentwicklung ist, wenn auch mit unterschiedlicher Abstufung, und nicht losgelöst von der gesamtwirtschaftlichen Situation gesehen werden kann.

3. Zu politischen Schlußfolgerungen

Nachdem die Probleme im Wirtschaftsraum Augsburg eingebettet sind in die Gesamtlage des Landes, sind auch Forderungen zu stellen, die vor allem auf Bundesebene ansetzen; dies schließt jedoch nicht aus, daß auf regionaler Ebene alle beteiligten Stellen alles in ihrer Macht Stehende tun, um in ihren Bereichen tatkräftig mitzuwirken.

Zu nennen ist hier insbesondere, daß die im Arbeitsförderungsgesetz für die Teilnehmer an Fortbildungsmaßnahmen geltende „Kann-Leistung" wieder rückgängig gemacht wird.

Bekanntlich ist ja im Rahmen des Haushaltsbegleitgesetzes 1984 das bereits mehrfach gekürzte und schließlich von der Zuschuß- auf Darlehensgewährung umgestellte Unterhaltsgeld für sogenannte „lediglich zweckmäßige Maßnahmen" – hier sind insbesondere Meistervorbereitungslehrgänge betroffen – auf die Rechtsgrundlage einer „Kann-Leistung" umgestellt worden.

Diese Forderung wird deshalb erhoben, weil sie gerade die Förderung des Personenkreises im Auge hat, der für eine Selbständigmachung in Frage kommt und primär dazu aufgerufen ist, neue Arbeitsplätze zu schaffen und auch nachweislich schafft.

4. Ansatzpunkte und Möglichkeiten der Umsetzung

Welche Möglichkeiten der Lösung bieten sich an?

Zunächst sei festgestellt, daß die positive Zusammenarbeit zwischen der Stadt Augsburg, dem Arbeitsamt und der Handwerkskammer weiter fortgeführt werden muß.

Es fehlt weder am guten Willen der zuständigen Stellen noch an deren Verantwortungsbewußtsein.

Unsere besondere Sorge gilt jenem hohen Anteil der Arbeitslosen, der nicht vermittlungsfähig ist. Zumal ein großer Teil dieses Personenkreises aufgrund von Qualifikationsdefiziten derzeit kaum eine Chance am Arbeitsmarkt hat.

Abhilfe kann hier eine bedarfsorientierte Ausbildung bzw. Fortbildung bieten, vor allem jedoch eine Qualifikationsverbesserung.

Voraussetzung hierfür ist jedoch das Schaffen von Grundqualifikationen; auf einen einfachen Nenner gebracht heißt dies: Beherrschen von Grundfertigkeiten in den allgemeinbildenden Fächern der Schule und das Beherrschen und Beherzigen von Arbeitstugenden.

Um dies zu verwirklichen, ist eine breit angelegte Motivation von Eltern, Schülern und Lehrern notwendig. Wir werden die anstehenden Probleme nur meistern können, wenn es uns gelingt, Menschen zu gewinnen, die qualifiziert und bereit sind zu handeln.

BEURTEILUNG DER ERGEBNISSE DER STUDIE „REGIONALER ARBEITSMARKT AUGSBURG" UND MÖGLICHKEITEN IHRER IMPLEMENTATION AUS DER SICHT DES DEUTSCHEN GEWERKSCHAFTSBUNDES, KREIS AUGSBURG

Von Karl-Heinz Schneider

1. Allgemeine Anmerkungen zur Zielsetzung, zur Konzeption und zur Durchführung der Studie:

   Tatsache ist, daß kein anderes westliches Industrieland die Flaute der vergangenen Jahre ähnlich schlecht gemeistert hat wie die Bundesrepublik Deutschland. Die Folge davon war bisher ein überproportional hoher Anstieg der Arbeitslosigkeit.

   Die Folgen hätten jedoch sein müssen, durch ein Mehr an Arbeitsmarktpolitik, beruflicher Bildung und Arbeitszeitverkürzung diese Negativentwicklung einzudämmen. Dies ist bisher jedoch ganz offensichtlich nicht geschehen.

   Wenn nicht gerade direkt, so doch zumindest indirekt (im Sinne der Beruhigung des schlechten Gewissens), konnte dabei hinsichtlich des Bedarfs von Arbeitsmarktpolitik auf mangelndes Zahlenmaterial verwiesen werden. Spätestens ab der Bekanntgabe der Ergebnisse der Studie „Regionaler Arbeitsmarkt Augsburg" wird den örtlichen Politikern der Ausweg „Wir haben es ja nicht gewußt" versperrt sein.

   Vor diesem Hintergrund ist die Existenz dieser Studie nicht hoch genug einzuschätzen. Neben dem klaren Aufzeigen des Handlungsbedarfs bietet sie durch die Vorlage des vielfältigen Zahlenmaterials die Chance zur nachhaltigen Verbesserung der örtlichen Beschäftigungs- und vor allem Qualifikationsstruktur.

2. Ergebnisse der Studie und ihre Relevanz für die lokale Arbeitsmarktpolitik im Wirtschaftsraum Augsburg:

   Durchgängiges – und damit zugleich erschreckendes – Ergebnis der Studie ist ein mehr oder minder großer Abbau von Arbeitsplätzen in nahezu allen Wirtschaftsbereichen. Allerdings werden (und konnten im Rahmen einer solchen Studie sicher auch nicht) die Ursachen des Rückgangs von Arbeitsplätzen nicht untersucht. Ausgeklammert werden auch Fragen, inwieweit der Beschäftigungsabbau aus Gewinnüberlegungen zwar sinnvoll, keinesfalls aber zwingend im Sinne einer betrieblichen Existenzgefährdung wäre. Daraus folgt, daß die unterschiedlichen Handlungsebenen, nämlich betriebliche, tarifvertragliche, kommunal-, landes- und bundespolitische Aktivitäten, nicht direkt ableitbar sind.

Trotz dieses Mangels und trotz der Tatsache, daß die wirtschaftliche Entwicklung auch unserer Region ganz entscheidend von weltwirtschaftlichen und nationalen Rahmenbedingungen sowie von der in Bonn und München betriebenen Wirtschafts- und Sozialpolitik abhängt, darf dies kein Persilschein für Nichtstun vor Ort sein. Ansatzpunkte für eine örtliche Arbeitsmarktpolitik müssen neben den schon bisher durchgeführten AB-Maßnahmen vor allem die bildungs- und berufsbildungspolitischen Aktivitäten sein. Dies einmal, um den tatsächlich vorhandenen Bedarf an bereits jetzt notwendigen Fachkräften zu sichern, zum anderen, um die strukturellen Veränderungen (z. B. im Baubereich, Einsatz von Maschinen mit der Folge des Abbaus von Hilfsarbeitertätigkeiten einerseits und des Bedarfs von Maschinenführern andererseits) zu bestehen.

Unabhängig von den örtlichen Möglichkeiten hat die Studie mit zwingender Deutlichkeit die Notwendigkeit von Arbeitszeitverkürzungsmaßnahmen zur Sicherung von Arbeitsplätzen deutlich gemacht. Im Rahmen der laufenden Tarifverhandlungen wurde demgegenüber von Arbeitgeberseite vorgetragen, daß eine Arbeitszeitverkürzung vor allem deshalb nicht möglich wäre, weil das notwendige Angebot von Facharbeitern nicht vorhanden wäre. Ausgehend von den Zahlen der Studie und von weiteren Zahlen der örtlichen Arbeitgeber hinsichtlich der tatsächlichen beschäftigungspolitischen Auswirkungen von Arbeitszeitverkürzung könnten durch angemessene örtliche bildungspolitische Maßnahmen die auftretenden bzw. befürchteten Probleme minimiert und in ein sinnvolles Beschäftigungskonzept eingebettet werden.

3. Politische Schlußfolgerungen für den Wirtschaftsraum Augsburg:

Wünschenswert zur Ausgleichung der durch die Studie aufgezeigten Arbeitsplatzdefizite wäre die Neuansiedlung von Betrieben in zukunftsträchtigen Bereichen (z. B. Elektronik, Datenverarbeitung, Umweltschutz). Die Chancen zur Realisierung solcher Wünsche werden jedoch aus der Sicht des Verfassers äußerst gering eingeschätzt. Notwendig ist deshalb vor allem ein Erhalt der vorhandenen Betriebsstruktur. Hierfür ist der Aufbau bzw. die Weiterentwicklung eines betrieblichen „Frühwarnsystems" in Verbindung mit den Gewerkschaften, den Kommunen und dem Wirtschaftsministerium nötig

4. Ansatz und Möglichkeiten der praktischen Umsetzung dieser Ergebnisse im Rahmen unserer Arbeit:

a) Wie oben bereits ausgeführt, ist der unter gleichbleibenden Bedingungen zwangsläufig vorprogrammierte weitere Arbeitsplatzabbau und damit die weitere Zunahme der Arbeitslosigkeit nur dadurch in den Griff zu bekommen, daß umfassende Arbeitszeitverkürzungen, und zwar hinsichtlich der Wochen- als auch der Lebensarbeitszeit, durchgeführt werden.

b) Die Mitbestimmung bei betrieblichen Entscheidungen ist zu sichern und auszubauen. Dies gilt einmal im Hinblick auf das ebenfalls bereits angesprochene „betriebliche Frühwarnsystem". Dies gilt aber auch vor allem im Hinblick auf die Gestaltung des in der Studie mehrfach angesprochenen technologischen Wandels.

c) Die berufliche Bildungspolitik hat sowohl überbetrieblich als auch betrieblich zu erfolgen. Gemäß § 96 ff. des Betriebsverfassungsgesetzes haben Betriebsräte in Sachen der betrieblichen Berufsausbildung und Fortbildung ein zwingendes Mitbestimmungsrecht. Im Rahmen dieses Mitbestimmungsrechts gilt es, die Initiativen und Möglichkeiten der Betriebsräte über entsprechende Schulungen zu fördern.

5. Beurteilung der Arbeit innerhalb der projektbegleitenden Arbeitsgruppe:

Keinerlei Anmerkungen oder Verbesserungen, die nicht schon Eingang in die Arbeit selbst gefunden hätten.

6. Eine Fortschreibung der Studie ist in zweierlei Hinsicht erforderlich:

a) Um jeweils aktuelles und richtiges Material zu haben.

b) Um die oben aufgezeigten Mängel, insbesondere hinsichtlich der unterschiedlichen Handlungsebenen, zu beseitigen.

BEURTEILUNG DER ERGEBNISSE DER STUDIE „REGIONALER ARBEITSMARKT AUGSBURG" UND MÖGLICHKEITEN IHRER IMPLEMENTATION AUS DER SICHT DES KOLPING-BILDUNGSWERKS AUGSBURG

Von Heribert Wagner

1. Zur Zielsetzung und Konzeption der Studie

In mehrfacher Hinsicht erfüllt die Studie über die Entwicklung der Beschäftigung im Wirtschaftsraum Augsburg eine wichtige Aufgabe.

- Es wird eine *fundierte Planungsgrundlage* für viele Institutionen, die mit der wirtschaftlichen, politischen und sozialen Entwicklung innerhalb dieses regional abgegrenzten Gebietes befaßt sind, geschaffen.
- Durch die Art des empirischen Vorgehens – dieser Aspekt betrifft die *Konzeption* der Studie – ist gewährleistet, daß die erzielten Ergebnisse die tatsächlich in den Betrieben zu erwartenden Veränderungen beschreiben. Die Schaffung von Transparenz im Wirtschaftsraum Augsburg erleichtert speziell im bildungspolitischen Bereich die bedarfsorientierte Konzeption von Maßnahmen, die nicht den zu erwartenden Entwicklungen hinterherhinken, sondern antizipierende Wirkung haben.
- Der Einfluß *technologischer Innovationen* auf dem Beschäftigungssektor ist durch eine Dynamik gekennzeichnet, die umfassende Forschungsarbeiten erfordern, wozu die vorliegende Studie einen konkreten Beitrag leistet.
- Die Ergebnisse aus dem zu erwartenden *Wandel in der Beschäftigungsstruktur* vermitteln Hinweise bzw. konkrete Ansatzpunkte für eine gezielte berufs- oder funktionsspezifische Bildungsarbeit.
- Informationen über die Situation Jugendlicher auf dem *Ausbildungsstellenmarkt* können Anlaß für spezielle Maßnahmen durch Bildungsträger sein, diesen Personenkreis gezielt zu unterstützen.

2. Zur Relevanz der Studie für die regionale Arbeitsmarkt-Politik

Da das Kolping-Bildungswerk in Zusammenarbeit mit der örtlichen Arbeitsverwaltung eine Vielzahl von Bildungsmaßnahmen für beschäftigungslose Arbeitnehmer durchführt, sind die Ergebnisse der Studie hinsichtlich der arbeitsmarktpolitischen Konsequenzen von spezieller Bedeutung.

- Die Entwicklung auf dem *Ausbildungsmarkt* ist – bedingt durch die hohe Zahl der Bewerber um Lehrstellen – seit längerer Zeit auch dadurch gekennzeichnet, daß in irgendeiner Form benachteiligte Jugendliche bei ihrer Suche nach Lehrstellen vielfach „auf der Strecke bleiben"; das Kolping-Bildungswerk als Träger von berufsvorbereitenden Maßnahmen ist für deren Planung und Durchführung deshalb auf möglichst exakte Zahlen auf dem Ausbildungssektor angewiesen.
- Die Untersuchung der *Struktur der Arbeitslosigkeit* im Wirtschaftsraum Augsburg verdeutlicht notwendige Schwerpunkte der Bildungsarbeit, d. h. weist auf besonders betroffene Problemgruppen hin wie arbeitslose Frauen, die bereits genannten Jugendlichen ohne Lehrstelle, ältere oder gesundheitlich beeinträchtigte Arbeitnehmer sowie besonders Arbeitslose ohne abgeschlossene Berufsausbildung; die Herausarbeitung der Struktur der Arbeitslosigkeit zeigt somit Zielgruppen für eine arbeitsmarktentlastende Bildungsarbeit.
- Durch die Daten, wie sie die vorliegende Studie liefert, kann also die *Planung* von Bildungsveranstaltungen erleichtert und die konkrete inhaltliche *Gestaltung* auf den effektiven Bedarf abgestimmt werden; dieser ermöglicht einen sinnvollen Einsatz der zur Verfügung stehenden Mittel und hilft, einen Beitrag zu leisten zur *Vermeidung* der späteren Entstehung *volkswirtschaftlicher* Folgekosten.
- Der sich vollziehende oder zu erwartende Strukturwandel auf dem Beschäftigungssektor läßt alte Berufe an Bedeutung verlieren, neue Berufe entstehen oder schafft *neue veränderte erweiterte Inhalte und Anforderungen*; für einen Bildungsträger sind diese Informationen aus den Betrieben, welche zusätzlichen Qualifikationen von Mitarbeitern erwartet bzw. gefordert werden, wichtige Anhaltspunkte für die inhaltliche Gestaltung entsprechender Bildungsmaßnahmen.
- Die Planung, Konzeption und Organisation von Bildungsveranstaltungen wird ebenfalls durch die Beantwortung der Frage erleichtert, ob die Unternehmen selbst innerbetrieblich Weiterbildungs- und Anpassungsqualifikationen durchführen oder ob sie gegebenenfalls an *überbetriebliche Bildungseinrichtungen* herantreten.
- Nicht zuletzt sind Informationen über Umfang und Art der mittelfristig erforderlichen Bildungsmaßnahmen wichtige Daten für den Träger bezüglich der *personellen und organisatorischen* Disposition und Auslastung bzw. Bereitstellung von Kapazitäten.

3. Zur Verwertbarkeit der Studie für die Arbeit des Kolping-Bildungswerkes

Die Ergebnisse der vorliegenden Studie haben für die konkrete Bildungsarbeit, d. h. die Gestaltung von Maßnahmen der beruflichen Bildung, wie sie das Kolping-Bildungswerk anbietet, eine Reihe von Konsequenzen:

- Durch die Aussagen der Betriebe über die *Nichtbesetzbarkeit von Arbeitsplätzen* wird ein spezieller Bedarf erkennbar, der durch entsprechende Bildungsangebote, Kurse, Schulungen und Qualifizierungen abgedeckt werden kann; die Gründe für die Nichtbesetzbarkeit, die die Betriebe anführten, vermitteln konkrete Ansatzpunkte für die inhaltliche Gestaltung entsprechender Bildungsangebote.
- Der in vielen Funktionsbereichen sich immer weiter durchsetzende technologische Fortschritt auf dem Gebiet der Elektronik bzw. *Mikroelektronik* verdeutlicht die Notwendigkeit von Erweiterungs- und *Zusatzqualifikationen* im Rahmen der beruflichen Bildung.
- Die Frage, welche *Lehrgangsform* für berufliche Bildung von den Betrieben für ihre Mitarbeiter bevorzugt bzw. gewünscht wird, vermittelt Hinweise für die organisatorische Gestaltung von entsprechenden Veranstaltungen in bezug auf Zeit, Dauer etc.

4. Zur Fortschreibung der Studie

Aus den bisher aufgeführten Argumenten bzw. Aussagen ist deutlich geworden, daß die Ergebnisse der Studie für das Kolping-Bildungswerk als Träger einer Vielzahl von Bildungsmaßnahmen zur Entlastung des Arbeitsmarktes und Anbieter von berufsbezogenen Kursen und Seminaren eine interessante Planungsgrundlage darstellen können. Als *Zusammenfassung* können wir also festhalten:

Für einen Bildungsträger von besonderem Interesse wäre die Klärung der Frage nach der Veränderung von Berufsbildern und Anforderungsprofilen. Nur so sind Bildungs- und Qualifizierungsmaßnahmen inhaltlich entsprechend zu konzipieren. Wünschenswert wäre unter demselben Gesichtspunkt eine etwas detailliertere Untersuchung nach Betriebsgrößenklassen. Nur wenn beide Bedingungen erfüllt werden, kann ein Bildungsträger die Forderung nach einer „antizipativen“ Bildungsarbeit erfüllen.

BEURTEILUNG DER ERGEBNISSE DER STUDIE „REGIONALER ARBEITSMARKT AUGSBURG" UND MÖGLICHKEITEN IHRER IMPLEMENTATION AUS DER SICHT DES BERUFSBILDUNGS-WERKES AUGSBURG DER KATHOLISCHEN JUGENDFÜRSORGE

Von Wolfgang Asam

Bevor ich als Mitglied der projektbegleitenden Arbeitsgruppe und als Vertreter des Berufsbildungswerkes Augsburg zum Verlauf und zu den Ergebnissen der Studie „Regionaler Arbeitsmarkt Augsburg" Stellung nehme, darf ich konkretisieren, inwieweit wir Anwender des Projektes sind. Damit wird auch verdeutlicht, worin unser Interesse an der Untersuchung besteht.

Das von der Katholischen Jugendfürsorge in Augsburg – in Ergänzung zu unserem bereits jahrzehntelang wirkenden Berufsbildungswerk Dürrlauingen – eingerichtete Berufsbildungswerk bietet derzeit insbesondere für lernbehinderte Mädchen 136 Ausbildungsplätze in 13 Ausbildungsberufen mit 96 Internatsplätzen an. Für Jugendliche, die einen betrieblichen Ausbildungsplatz einnehmen können, aber in der Berufsschule besonderer Förderung bedürfen, stehen darüber hinaus ca. 160 zusätzliche Berufsschulplätze zur Verfügung.

Anwender sind wir jedoch nicht nur aufgrund dieser unmittelbaren Ausbildungsaufgabe, sondern auch aus dem Selbstverständnis der Berufsbildungswerke insgesamt. Insofern betrifft uns die Studie in viererlei Hinsicht:

- Wenn die erfolgreich Ausgebildeten eine Vermittlungschance auf dem Arbeitsmarkt haben sollen, muß die Ausbildung zukunftsorientiert erfolgen.
- Aufgabe der Berufsbildungswerke ist es, auch solche Berufe anzubieten, die von ihren Anforderungen besonders für ihr Klientel geeignet sind, aber auch Vermittlungsnischen erschließen.
- Berufsbildungswerke sind aufgerufen, rechtzeitig bereits eingerichtete Berufe behinderungsgerecht zu modifizieren bzw. entsprechend neue Berufe zu entwickeln.
- Zwar rekrutiert auch unser Berufsbildungswerk sein Klientel im Prinzip aus der gesamten Bundesrepublik. Mit der Annäherung an eine flächendeckende Versorgung der Bundesrepublik mit Berufsbildungswerksplätzen spielen jedoch regionale und im Falle von Ballungsräumen auch lokale Gebietsabgrenzungen von Arbeits- und Ausbildungsstellenmärkten eine zunehmende Rolle. Insofern nimmt die Bedeutung dezentralisierter Unter-

suchungen von Arbeitsmärkten zu. Dies gilt vor allem auch vor dem Hintergrund der nicht zu stark ausgeprägten regionalen Mobilität unserer Jugendlichen.

Aus allen diesen Gründen haben wir gerne in der projektbegleitenden Gruppe mitgearbeitet. Weitere und nicht weniger gewichtige Beweggründe bestanden unsererseits in einer zusätzlichen Möglichkeit zur engen Zusammenarbeit mit den für die Berufsausbildung zuständigen Stellen bzw. mit dem Arbeitsamt Augsburg. Entscheidend war für uns schließlich die Chance, mit dem Projektteam von Beginn der Studie an zusammenarbeiten zu können. Wir wurden nicht als Absegnungsgremium und als fachpolitische Gruppe zur Reduzierung von irgendwelchen denkbaren Widerständen verstanden.

Mit hohem Konkretheitsgrad konnte von Anfang an mitgestaltet werden – auch die Konzeption. Damit durfte man davon ausgehen, daß zumindest durch den auf diese Weise gestalteten Forschungsprozeß die Chancen der späteren Implementation von Ergebnissen günstig zu beurteilen waren. Dabei sollte man den Schwierigkeitsgrad für die Bearbeitung des Projektes nicht unterschätzen, der meines Erachtens mit diesen sehr konkreten Gestaltungsmöglichkeiten zunimmt. Insofern kann man einerseits den Forschern zu ihrem Mut gratulieren und andererseits vergleichbaren Projekten eine ähnliche Nähe zum Problem wünschen.

Mit den Anmerkungen zu unserer Motivation wurde bereits begonnen, zu den Methoden bzw. Ergebnissen der Studie Stellung zu nehmen. Neben der grundsätzlichen Auffassung von problemnaher, angewandter Forschung scheinen mir noch folgende Gesichtspunkte von Bedeutung zu sein:

- Die regional/lokal segmentierte Betrachtung des Arbeitsmarktes mit seinen spezifischen Schwierigkeiten und mit seinen möglicherweise auch nur für ihn geltenden Eingriffsmöglichkeiten von lokalen und kommunalen Instanzen und Institutionen.
- Die umfangreiche Bestandsaufnahme zur Beschäftigungsverteilung sowie die inhaltlich und zeitlich sehr aufwendige Eruierung der Beschäftigungsperspektiven.
- Die problemgruppenorientierte Analyse, die insgesamt für eine Ausbildungseinrichtung, die zusammen mit Jugendlichen einen Abschluß in einem anerkannten Ausbildungsberuf anstrebt, der aber ohne besondere Förderung mit Sicherheit nicht erreicht würde, wichtige Einsichten in die Schwierigkeiten unseres Arbeitsmarktes eröffnet. Dabei denke ich besonders an die Frauen, die unter 20jährigen, die Berufsanfänger und die Arbeitslosen ohne Berufsausbildung. Für uns werden dadurch nicht zuletzt Ansätze erleichtert, die Evaluation von AFG-Maßnahmen zu verbessern.
- Die Auswertung bzw. das Angebot von Auswertungen z. B. nach Wirtschaftszweigen wie etwa der vor kurzem veröffentlichte Untersuchungsteil zur Beschäftigungssituation im Baugewerbe.

Im einzelnen verdienen die aus der Betriebsbefragung resultierenden Trendaussagen besondere Beachtung. Wenn auch im wesentlichen aufgrund der für solche Erhebungen relativ hohen Beteiligung gute quantitative Ergebnisse vorliegen, scheint mir vor allem die qualitative Dimension besondere Beachtung zu verdienen. So stellen sich etwa die Fragen, ob die den Antworten zugrunde liegenden Planungen tatsächlich realisiert werden und inwieweit Aussagen durch die gegenwärtige Situation – insbesondere auch auf dem Ausbildungsstellenmarkt – in eine unrealistische Richtung „korrigiert" wurden. Deshalb sollte man nicht mit einzelnen Prozentpunkten argumentieren, sondern den grundlegenden Strukturen Aufmerksamkeit schenken.

Auch wenn sich – vielleicht als Ergebnis proaktiver Ausschöpfung von Möglichkeiten auf der lokalen Arbeitsmarktpolitik durch einzelne Institutionen – im Zeitverlauf die Rangziffern von Strukturanteilen bei Problemgruppen im Bundes- und Landesvergleich deutlich verbessert haben, verdienen folgende Feststellungen besondere Beachtung:

- Hoher Strukturanteil arbeitsloser Frauen.
- Hoher Strukturanteil Arbeitsloser unter 20 Jahren.
- Deutliche Verschlechterung bei Berufsanfängern.
- Hoher Anteil von Arbeitslosen ohne Berufsausbildung.

Unklar bleibt allerdings, inwieweit Multikollinearität zwischen diesen Variablen existiert oder nicht. Insgesamt muß aber das Ergebnis unterstrichen werden, daß offensichtlich einerseits Arbeits- und Mobilitätsverhalten im Falle von Problemgruppen für das „schlechte Abschneiden" mitverantwortlich zeichnet. Andererseits verstärken in der Zukunft Qualifikationsunterschiede ihre selektierenden Wirkungen. In diesem Zusammenhang sei die Anmerkung gestattet, daß zwar sicher die Beobachtung zu den zunehmenden Schwierigkeiten mit arbeitslosen Abiturienten, Fachschulabsolventen etc. zutrifft. Dabei sollte man jedoch folgendes nicht vergessen: Problemgruppen wie Leistungsschwächere, wie behinderte Jugendliche können im Falle einer konjunkturellen Belebung diese Aufwärtsentwicklung bei weitem nicht so verwerten wie besser Ausgebildete. Auch wirken sich bei Problemgruppen Unterbrechungen der Berufstätigkeit ungleich ungünstiger aus. Gefahren der Langzeitarbeitslosigkeit und der damit verbundenen Perspektivlosigkeit drohen diesen Personenkreisen in deutlich größerem Ausmaß.

Gerade wenn es aber um Beschäftigungs- und damit auch um Ausbildungsperspektiven geht, bedauern wir es sehr, daß in der Betriebsbefragung das Handwerk praktisch nicht zu Wort kommt bzw. kommen kann. Bedenkt man den Anteil des Handwerks an der beruflichen Ausbildung, die relativ krisensicheren Arbeitsplätze des Handwerks und schließlich die Chancen, die sich für unsere Jugendlichen im Handwerk anbieten, sollte man versuchen, in der projektbegleitenden Arbeitsgruppe bereits vorgetragene Anregungen zu einer entsprechenden Ergänzung der Untersuchung aufzugreifen. Diese nahmen zum einen Bezug auf die Betriebsgröße und die Belastung für die jeweils Verantwortlichen im Handwerk; zum anderen lassen die dort vorgeschlagenen Methoden durchaus praktikable und aussagekräftige Ergebnisse erwarten. Ich denke dabei – vor allem im Hinblick auf den Ausbildungsstellenmarkt – an die Befragung von Obermeistern. Diese erfahrenen Praktiker kennen die Situation ihrer Mitgliedsbetriebe und können darüber hinaus Auswirkungen von regionalen bzw. überregionalen Entwicklungen in ihren Zuständigkeitsbereich einbringen. Gerade wenn Kompetenzen „vor Ort" stärker ausgeschöpft werden sollen, um Neuansätze zu entwickeln und dazu geeignete Träger aufzurufen, kann man auf das Handwerk und seine Fachleute nicht verzichten. Angeregte und denkbare Ausbildungspuffer müßten auch in dieser Hinsicht fundiert sein. Dabei könnten sich solche Puffer – auch im industriellen Bereich – ohne Unterstützung zuständiger Stellen als Puffer an Prellböcken erweisen. Diese werden gewöhnlich an Stumpfgleisen aufgestellt oder schließen – allgemein ausgedrückt – Sackgassen ab.

ZUSAMMENFASSUNG DER DISKUSSION ZU DEN STATEMENTS

Von Ernst Stark

Die Diskussion im Anschluß an die Statements konzentrierte sich vorwiegend auf folgende Punkte:

1. Ziele und Anspruch der Studie
2. Fragen und Anmerkungen zur Vorgehensweise
3. Repräsentativität und Aussagefähigkeit der Ergebnisse
4. Arbeitsmarktpolitische Konsequenzen und Implikationen für die Träger der Arbeitsmarkt- und Beschäftigungspolitik im Raum Augsburg

ad 1.: Auf den Einwand, die Studie enthalte eigentlich keine direkt verwertbaren arbeitsmarktpolitischen Empfehlungen, erwidern die Autoren, daß die wissenschaftliche Zielsetzung dieses Projektes *nicht* die Ausarbeitung von Empfehlungen zur Durchführung von Qualifikationsmaßnahmen gewesen sei. Vielmehr verfolge sie das Ziel, festzustellen, wie sich – unter bestimmten Annahmen – die Struktur der Arbeitskräftenachfrage nach Wirtschaftszweigen und Berufen im Raum Augsburg auf mittlere Sicht verändern wird. Die Umsetzung der Ergebnisse in praktische Arbeitsmarktpolitik sei ausschließlich Sache der regionalen Arbeitsmarktakteure.

Zu dem von *K.-H. Schneider* vorgeschlagenen „Frühwarnsystem" weist *F.-J. Bade* auf gravierende Probleme hin: Denkbar sei, daß Rückkoppelungseffekte entstehen, wenn die erfragten Informationen praktisch dazu benützt werden, den Unternehmer an der Durchführung seiner Absichten zu hindern. Versucht man beispielsweise, einen Unternehmer, der einen Beschäftigtenabbau plant, an diesem Abbau zu hindern, so werde er bei ähnlichen Befragungen diese Informationen nicht mehr weitergeben, da dies aus seiner Sicht einen Mißbrauch der Daten darstelle. Das Dilemma zwischen der Notwendigkeit des Frühwarnsystems und der Antwortbereitschaft der Unternehmen ist seiner Meinung nach nicht zu lösen.

In seiner Antwort hierauf konkretisiert *K.-H. Schneider* seine Vorstellungen über das Frühwarnsystem: Die Aufgabe des Systems sei es, betriebliche Entlassungen aufzufangen. Hierzu sollte geprüft werden, inwieweit betriebliche Maßnahmen zur Umschulung und Weiterbildung genutzt und die Möglichkeiten betriebsinterner Umbesetzungen (Überstunden) berücksichtigt wurden. In diesem Zusammenhang stelle die Ausnutzung von Informationen auch keinen Mißbrauch von Daten dar; es sei ja gerade die gesetzliche Aufgabe, Möglichkeiten und Perspektiven der betrieblichen Aus- und Weiterbildung der Personalplanung zu diskutieren.

ad 2.: *M. Pfaff, P. Hurler* und *H. Buss* geben einen Überblick über die politischen und organisatorischen Schwierigkeiten, denen sie sich gegenübersahen und die schließlich zu der angesprochenen Verzögerung des Projektes führten: Dies betraf vor allem die Gewinnung von Politikern und Unternehmen für die Zielsetzung der Studie.

Auf den Einwand, daß die Vorgehensweise sehr zeitintensiv sei und die Gefahr bestehe, daß die Ergebnisse erst ziemlich spät vorliegen, gibt *P. Hurler* zu bedenken, daß ein Problem darin bestand, die 430 Interviews – von jeweils etwa einer bis eineinhalb Stunden Dauer – qualitativ auszuwerten. Dies könne – im Gegensatz zur quantitativen Auswertung – nicht mit EDV durchgeführt werden. Deshalb mußten die Interviews einzeln und ohne Hilfe der EDV ausgewertet werden, um detaillierte und präzise Aussagen zu bestimmten Bereichen zu erhalten.

Bei der Darstellung der Ergebnisse mußte darauf geachtet werden, daß einzelne Betriebe oder Institutionen nicht identifizierbar sind. Schließlich wurde versucht, die Validität der Angaben zu prüfen, wozu umfangreiche Kontroll- und Plausibilitätsprogramme erstellt wurden. Bei einer anderen Vorgehensweise hätte auf sehr viele detaillierte inhaltliche Aussagen verzichtet werden müssen, ohne die man aber den Ansprüchen der projektleitenden Arbeitsgruppe nicht in vollem Umfang gerecht geworden wäre. *H. Buss* und *M. Pfaff* stimmen darin überein, daß bei einer Fortschreibung der zeitliche Aspekt bei der Informationsgewinnung und -verarbeitung noch stärker beachtet werden müsse.

Auf die Kritik, daß das „feed-back" für die beteiligten Unternehmen gefehlt habe, entgegenet *P. Hurler*, daß eine direkte Information über Einzelergebnisse im Rahmen dieser Studie niemals geplant gewesen sei, sondern daß die Zielgruppe für die arbeitsmarktpolitische Verwertung der Ergebnisse primär eine andere gewesen sei. Im übrigen treffe dieser Vorwurf nur sehr beschränkt zu, da den Unternehmen, die sich am Projekt beteiligt hatten, die Berichte der jeweiligen Teilprojekte erhalten hätten.

ad 3.: Zu der Einschätzung, die Ergebnisse der Studie seien zu pessimistisch, verweist *M. Pfaff* darauf, daß sich die Arbeitsmarktsituation trotz der eingetretenen wirtschaftlichen Belebung bisher nicht entscheidend gebessert habe; er vermutet, daß die Ergebnisse eher ein zu optimistisches Bild zeichnen. *M. Rademacher* stimmt dieser Einschätzung zu.

Kritische Anmerkungen zur Repräsentativität kommen insbesondere aus dem Handwerk. Dafür, daß für die Klein- und Mittelbetriebe keine eigenen Auswertungen erfolgt sind, führt *P. Hurler* zwei Gründe an: Es sei versucht worden, die kleineren Betriebe durch eine geschichtete Stichprobe zu berücksichtigen; hierzu hat H. Büscher[1] eine Klumpen-Stichprobe ermittelt, die die Bedeutung der Branchen mit einem hohen Anteil von Klein- und Mittelbetrieben berücksichtigt. Das Hauptproblem war, daß gerade die Unternehmen in diesen Branchen – insbesondere die Handwerksbetriebe – nur in geringem Maße bereit waren, sich an der Befragung zu beteiligen; und dies, obwohl der Präsident der Handwerkskammer für Schwaben das Anschreiben mit unterzeichnet hatte. Die Beteiligung von kleineren Betrieben mit 4 bis 49 Beschäftigten ist mit etwa einem Drittel – gegenüber einer Beteiligung von bis zu 80 v. H. bei den anderen Betrieben – weit unterdurchschnittlich gewesen. Ein nachträglich unternommener Versuch, eine getrennte Auswertung für Industrie und Handwerk durchzuführen, ist daran gescheitert, daß eine Reihe von Betrieben sowohl bei der Industrie- und Handelskammer geführt werden als auch als Handwerksbetriebe in die Handwerksrolle eingetragen sind; eine Trennung sei folglich nicht möglich gewesen.

W. Asam hebt das Interesse des Berufsbildungswerkes der Katholischen Jugendfürsorge an den Ergebnissen der Untersuchung hervor: Auch bei den Handwerksberufen, in denen vom Berufsbildungswerk im wesentlichen ausgebildet werde, ergeben sich Änderungen der Qualifikationsanforderungen. Wenngleich diese Entwicklungen langsamer ablaufen als in der Industrie, spielt deren Ermittlung gerade im Hinblick auf die Ausbildungserfordernisse eine ganz wichtige Rolle. Hierzu gibt *F.-J. Bade* zu bedenken, daß die Ziele des Berufsbildungswerkes der Katholischen Jugendfürsorge – lernbehinderte Jugendliche auszubilden – nicht der Zielsetzung der Augsburg-Studie entsprechen, deren Schwerpunkt ja auf den Wirkungen des technologischen Strukturwandels liege. Zur Ermittlung von Arbeitsmarktchancen der Ausgebildeten schlägt Bade die Durchführung von eigenständigen Pilot-Projekten vor.

Was die noch detailliertere Herausarbeitung von Qualifikationserfordernissen betrifft, so betont *P. Hurler*, daß dies zu zeitaufwendig gewesen wäre. Es wurde versucht, einen Mittelweg zwischen einer schnellen,

1 Vgl. *Büscher*, Helmut: Die Stichprobe für die Betriebsbefragung, INIFES-Arbeitspapier AM-06/81, Leitershofen im Dezember 1981.

aber oberflächlichen EDV-technischen Auswertung und einer detaillierten Ergebnisinterpretation zu gehen.

A. Geierhos versichert, daß er als Mitglied des Augsburger Stadtrates und als Wirtschaftsexperte der SPD-Fraktion mit der Durchführung und den Ergebnissen der Augsburg-Studie sehr zufrieden sei. Es habe sich im nachhinein gezeigt, wie wichtig diese Studie sei. Die Zielsetzung der Studie sei voll erfüllt worden.

ad 4.: *P. Hurler* sieht eine Rechtfertigung für die gewählte Vorgehensweise darin, daß alle Referenten die gute und produktive Zusammenarbeit in der projektbegleitenden Arbeitsgruppe positiv hervorgehoben haben. Er regt an, daß die bestehende projektbegleitende Arbeitsgruppe – vielleicht in gleicher oder ähnlicher Zusammensetzung und unter Federführung von Herrn Pfaff – fortgeführt werden sollte mit dem Ziel, die die politische Umsetzung der erzielten Ergebnisse in die Wege zu leiten und die Maßnahmen zu koordinieren. Es seien schon verschiedene Anläufe in dieser Richtung unternommen worden (z. B. Arbeitsmarktkonferenzen), aber es gebe erhebliche politische Hemmnisse und Bedenken.

A. Geierhos schlägt vor, daß die projektbegleitende Arbeitsgruppe zum einen die Fortschreibung dieses Projektes vorbereiten könnte und zum anderen die politischen Weichen für eine regionale Arbeitsmarktkonferenz in Augsburg stellen sollte.

SCHLUSSWORT

Von Martin Pfaff

Zum Abschluß des Workshops möchte ich einige Thesen zur vorangegangenen Veranstaltung vortragen.

Die Zweiteilung des Programms hat sich m. E. als sinnvoll erwiesen. Auf der ersten Ebene haben wir Möglichkeiten der lokalen Arbeitsmarktpolitik aus der Perspektive der Wissenschaft sowie aus der Sicht verschiedener Institutionen aufgezeigt. Weiter wurden dabei die Anforderungen an eine zukunftsorientierte Arbeitsmarktpolitik aufgrund der gesamtwirtschaftlichen Entwicklung, in die ja diese Problematiken eingebettet sind, erörtert. Auf der zweiten Ebene versuchten wir dann anhand unseres Fallbeispiels Augsburg, die Möglichkeiten und Grenzen der Aktivierung der lokalen Arbeitsmarktpolitik gegen den Hintergrund der gesamtwirtschaftlichen Entwicklung dazulegen. Diese Entwicklungen üben ja einen wesentlichen Einfluß auf das aus, was in unserer „kleinen Welt" hier geschieht. Wir hoffen, daß dieses konkrete Fallbeispiel einige generalisierbare Ergebnisse gezeitigt hat, die vielleicht auch für andere Regionen und für andere Bereiche Anregungen bringen können.

Sicherlich sind die Grenzen dieses Ansatzes kritisch und konstruktiv aufgezeigt worden; es wurden aber auch die positiven Aspekte der Studie hervorgehoben, die sich insbesondere in einer Verbesserung des jeweiligen Informationsstandes vor Ort manifestieren.

Es sind auch, um zum nächsten Punkt zu kommen, wesentliche Themen in die Diskussion unserer Gruppe eingeflossen. Ich nenne nur exemplarisch einige, ohne damit eine Wertung vorzunehmen:

1. Neben der Beschreibung ist der Erklärung von Wandlungsprozessen ein höherer Stellenwert einzuräumen. Dabei dürfte sich die detaillierte Analyse bestimmter technologischer Entwicklungen oder besonders wichtiger Bereiche innerhalb der Betriebe vorteilhaft auswirken. Darüber hinaus sollte hier auch das Problem der Zu- und Abgänge von Betrieben, also die Fluktuationsproblematik, beachtet werden.
2. Die Einordnung der lokalen Muster in übergeordnete räumliche Raster wurde angeregt. Dabei sollten beispielsweise mehrere Regionen verglichen werden, um dann diese Regionen in den Kontext der globalen Entwicklung einzubetten.

3. Für die mögliche Fortschreibung wurden weitere Varianten angesprochen, so z. B.
   - die Durchführung der Analyse in kürzeren Zeiträumen,
   - die Befragung unterschiedlicher Gruppierungen in einer Art „rollierendem Verfahren" und
   - verschiedene Möglichkeiten der Validierung der Befragungsergebnisse.

   Besonders wichtig ist m. E., im Falle einer Fortschreibung zu prüfen, inwiefern es möglich ist, den Qualifizierungsbedarf zu konkretisieren. Das war bei der jetzt vorgestellten Studie nicht unsere Aufgabe.
4. Zur Analyse der Interventionseffekte, d. h. der Auswirkungen der Maßnahmen des Arbeitsamtes: Auch dies war nicht unsere Aufgabe. Man könnte sie aber für ein begrenztes Panel untersuchen, wenn man schon in eine detaillierte Strukturanalyse einsteigt. Dabei könnte man auch nach den Wirkungen bestimmter Maßnahmen fragen.

Persönlich würde ich sagen, daß die bisherige Entwicklung auf dem Arbeitsmarkt leider die Prognose in bestimmten Bereichen bestätigt hat. Hoffen wir, als Staatsbürger, daß sich dies in den nächsten Jahren anders erweisen wird.

DIE MITARBEITER

Dr. Josef Amann

Diplom-Volkswirt; Studium der Volkswirtschaftslehre in Tübingen und Regensburg; wissenschaftlicher Mitarbeiter der Industrie- und Handelskammer für Augsburg und Schwaben für Fragen der regionalen Wirtschaftsstruktur, Wirtschaftsentwicklung und Wirtschaftspolitik.

Dr. Wolfgang Asam

Leiter des Berufsbildungswerkes Augsburg der Katholischen Jugendfürsorge der Diözese Augsburg; Lehre als Seidenstoffweber und Webereigehilfe; Studium der Wirtschafts- und Sozialwissenschaften an der Universität Augsburg; 1978 Promotion zum Dr. der Wirtschafts- und Sozialwissenschaften an der Universität Augsburg; 1974 bis 1981 wissenschaftlicher Mitarbeiter und wissenschaftlicher Assistent an der Universität Agusburg; 1978 bis 1981 Generalsekretär des Internationalen Instituts für empirische Sozialökonomie. Veröffentlichungen: Öffentliche Realtransfers und personale Verteilungswirkungen, Augsburg 1978; Distributive Effects of Real Transfers via Public Infrastructure: Conceptual Problems and Some Empirical Results, in: Griliches, Z. / Kyn, P. / Krupp, H.-J. (Hrsg.): Income Distribution and Economic Inequality, Frankfurt am Main/New York 1977; Mehr Stadtqualität durch integrierte Infrastrukturplanung: Ein nationaler und internationaler Gedankenaustausch zwischen Theorie und Praxis, Berlin 1979 (zusammen mit R. Benken); Integrierte Infrastrukturplanung zur Verbesserung der Lebensbedingungen in Städten und Gemeinden, Berlin 1979 (zusammen mit M. Pfaff, Hrsg.); Planungspraktische Erfahrungen mit Stadtsimulationsmodellen, Augsburg 1979 (zusammen mit M. Pfaff, Hrsg.); Verfahren zur Umbasierung individuumsbezogener in haushaltsbezogene Nutzungsdaten. Empirische Verteilungsanalyse und Modellrechnungen für den Realtransferbereich Gesundheit, Stuttgart/Berlin/Köln/Mainz 1982 (zusammen mit K.-D. Henke); Verteilung öffentlicher Realtransfers auf Empfängergruppen der Bundesrepublik Deutschland, Stuttgart/Berlin/Köln/Mainz 1982 (zusammen mit H. Hanusch / K.-D. Henke / K. Mackscheidt / M. Pfaff u. a., 2 Bände); Berufsvorbereitung und berufliche Ausbildung in Berufsbildungswerken mit Kath. Trägerschaft 1983 – Ein Überblick. Jahrbuch des Dt. Caritasverbandes 1985, Freiburg 1985. Lehrbeauftragter an der Fachhochschule Augsburg; Referent der Akademie für Lehrerfortbildung, Dillingen.

Dr. Rolf Derenbach

Studium der Architektur an der Hochschule für bildende Künste Berlin und der Stadt- und Regionalplanung an der Technischen Unviersität Berlin. Nach Diplom 1973 Tätigkeit beim Institut DATUM in Bonn. Seit 1976 an der Bundesforschungsanstalt für Landeskunde und Raumordung in Bonn. Tätigkeitsschwerpunkte: Regionale Bildungsforschung, Probleme der beruflichen Eingliederung der nachwachsenden Generation, human-kapitalorientierte Strategien in der Regionalpolitik, Analyse der Wohnverhältnisse in der Bundesrepublik (1979), integrierte Regionalentwicklung, insbesondere Auswertung europäischer Erfahrungen. Verschiedene Veröffentlichungen auf diesen Gebieten. Promotion 1983 mit dem Thema: Berufliche Eingliederung der nachwachsenden Generation in regionaler Sicht (als Band 13 der „Forschungen zur Raumentwicklung" im Selbstverlag der Bundesforschungsanstalt für Landeskunde und Raumordnung 1984 erschienen).

Gerhard Engelbrech

Diplom-Sozialwirt; 1974-1981 Wissenschaftlicher Mitarbeiter am Institut für Regionale Bildungsplanung-GmbH Hannover (jetzt: Institut für Entwicklungsplanung und Strukturforschung); seit 1981 Wissenschaftlicher Mitarbeiter (Wissenschaftlicher Rat) am Institut für Arbeitsmarkt- und Berufsforschung der BA. Ausgewählte Veröffentlichungen: 1. Engelbrech, Gerhard u. a.: Studienangebot und Ressourcenbedarf der Kurzstudiengänge Maschinenbau und Elektrotechnik in Emden und Lüneburg, Materialien zur Regionalen Bildungs- und Entwicklungsplanung, Westermann, Bd. 104, 1977; 2. Engelbrech, Gerhard u. a.: Erwerbsstrukturelle Effekte von Hochschuleinrichtungen, Beitrag zum Themenheft „Quantifizierung der regionalen Effekte raumwirksamer Maßnahmen" der Zeitschrift „Raumforschung und Raumordnung", Heft 3/78; 3. Engelbrech, Gerhard u. a.: Regionale Wirkungen von Hochschulen, Schriftenreihe des Bundesministers für Raumordnung, Bauwesen und Städtebau, 06.025, 1978; 4. Engelbrech, Gerhard: Effekte der Regelstudienzeit, in: Deutsche Universitätszeitung, Heft 15/1979; 5. Engelbrech, Gerhard / Hermine Kraft: Besonderheiten bei der Ausbildungs- und Berufswahl weiblicher Jugendlicher, in: Mitteilungen aus der Arbeitsmarkt- und Berufsforschung (MittAB), Heft 1/1983; 6. Engelbrech, Gerhard: Der Ausbildungs- und Berufsverlauf von Jugendlichen mit einer einjährigen beruflichen Grundbildung, in: MittAB, Heft 4/1983; 7. Engelbrech, Gerhard: Entwicklungstendenzen der Beschäftigung von Frauen 1960-1990, in: Krise der Arbeitsgesellschaft?, Verhandlungen des 21. Deutschen Soziologentages in Bamberg 1982, Frankfurt 1983; 8. Engelbrech, Gerhard: Zur Selbsteinschätzung der beruflichen Leistungsfähigkeit älterer Arbeitnehmer, in: MittAB, Heft 1/1985; 9. Engelbrech, Gerhard: Übergangsverhalten von Hochschulberechtigten, in: Beiträge aus der Arbeitsmarkt- und Berufsforschung (BeitrAB), Band 90.2, 1985.

Dr. Peter Hurler

Diplom-Ökonom, Dr. rer. pol.; Studium der Wirtschafts- und Sozialwissenschaften an der Universität Augsburg; 1977-1980 wissenschaftlicher Mitarbeiter am Internationalen Institut für Empirische Sozialökonomie (INIFES), Stadtbergen (vormals Leitershofen); 1980-1984 wissenschaftlicher Mitarbeiter am Institut für Volkswirtschaftslehre der Universität Augsburg; Leiter der Arbeitsgruppe „Regionaler Arbeitsmarkt Augsburg" beim Amt für Wirtschaftsförderung der Stadt Augsburg; seit 1984 Leiter der Hauptabteilung „Berufliche Bildung und Gewerbeförderung" bei der Handwerkskammer Ulm. Veröffentlichungen: Bildung, Ungleichheit und Lebenseinkommen in der Bundesrepublik Deutschland, in: Hüfner, K. (Hrsg.): Bildung, Ungleichheit und Lebenschanchen, Frankfurt/Main, Berlin, München: Diesterweg 1978, S. 84-109 (zusammen mit M. Pfaff, G. Fuchs und R. Kohler); Old-Age Security and Saving in the Federal Security Versus Private Saving, Cambridge/Mass.: Ballinger, S. 277-312 (zusammen mit M. Pfaff und R. Dennerlein); Die Verteilung der Beschäftigten nach Wirtschaftszweigen und Berufen im Wirtschaftsraum Augsburg, hrsg. vom Amt für Wirtschaftsförderung der Stadt Augsburg, Augsburg 1982 (zusammen mit T. Riss und E. Stark); Regionale Arbeitslosigkeit in der Bundesrepublik Deutschland. Eine empirische Analyse ihrer Entwicklung, ihrer Erscheinungsformen und ihrer Ursachen, Diss. Augsburg 1982 (diese Arbeit wurde 1984 mit dem Forschungspreis der Bundesanstalt für Arbeit, Nürnberg, ausgezeichnet); Niveau und Struktur der Arbeitslosigkeit im Wirtschaftsraum Augsburg, hrsg. vom Amt für Wirtschaftsförderung der Stadt Augsburg, Augsburg 1982; Scope for and limits on reducing unemployment by redistributing total work done – criteria, means and requirements, Research Report for the Parliamentary Assembly of the Council of Europe, Strasbourg, June 1982 (zusammen mit M. Pfaff und E. Stark); Effizienz und Effektivität von Transferleistungen in der Arbeitsmarktpolitik – Zusammenfassung der Diskussion, in: Pfaff, M. (Hrsg.): Effizienz und Effektivität staatlicher Transferpolitik in der Wirtschaftskrise, Berlin: Duncker & Humblot, 1983; Employment policy for regional labor markets, in: Environment and Planning C: Government and Policy, Vol. I (1983), S. 163-178 (zusammen mit M. Pfaff); Regionale Arbeitslosigkeit und regionale Arbeitsmärkte – die Situation in Bayern, in: Der ländliche Raum in Bayern, Forschungs- und Sitzungsberichte der Akademie für Raumforschung und Landesplanung, Bd. 156, Hannover: Vincentz, 1984, S. 203-236; Gestaltungsspielräume der Arbeitsmarktpolitik auf regionalen Arbeitsmärkten, Berlin: Duncker & Humblot, 1984 (hrsg. zusammen mit M. Pfaff); Regionale Arbeitslosigkeit in der Bundesrepublik Deutschland, BeitrAB 84, Nürnberg 1984; Regionale Arbeitslosigkeit in der Bundesrepublik Deutschland (Kurzfassung), in: MittAB, 17. Jg. (1984), S. 291-296; Beschäftigungsperspektiven des verarbeitenden Gewerbes im Wirtschaftsraum Augsburg, hrsg. vom Amt für Wirtschaftsförderung der Stadt Augsburg, Augsburg 1983; die Beschäftigungssituation im Baugewerbe: Entwicklungstendenzen und Perspektiven für den Wirtschaftsraum Augsburg, hrsg. vom Amt für Wirtschaftsförderung der Stadt Augsburg, Augsburg 1984; Niveau und Struktur der Beschäftigung im Handel – Entwicklungschancen und Perspektiven für den Wirtschaftsraum Augsburg, INIFES-Forschungsbericht AM-01/85, Stadtbergen 1985; Arbeits- und Ausbildungsplätze im Dienstleistungssektor des Wirtschaftsraumes Augsburg, INIFES-Forschungsbericht AM-02/85, Stadtbergen 1986 (zusammen mit E. Stark).

Dr. Wolfgang Klauder

Leitender Wissenschaftlicher Direktor im Institut für Arbeitsmarkt- und Berufsforschung der Bundesanstalt für Arbeit, Nürnberg; 1952-1955 Studium der Volkswirtschaftslehre an der Universität Kiel; 1957 Promotion zum Dr. sc. pol. mit einer Arbeit über die britische Konjunkturpolitik bei Prof. Dr. Drs. h. c. Erich Schneider an der Universität Kiel; 1958-1961 Mitarbeiter der Gruppe Marktforschung und 1961-1967 Aufbau und Leitung der Gruppe Wirtschaftsforschung der Volkswirtschaftlichen Abteilung der BASF AG, Ludwigshafen/Rhein; seit 1967 Leiter des Arbeitsbereiches „Mittel- und langfristige Vorausschau" am Institut für Arbeitsmarkt- und Berufsforschung der Bundesanstalt für Arbeit in Nürnberg; 1978-1980 Mitglied des Arbeitskreises „Bevölkerungsentwicklung und nachwachsende Generation" der Gesellschaft für Sozialen Fortschritt, Mitverfasser eines gleichlautenden Gutachtens für die Bundesregierung; 1984-1985 Mitglied der Rheinland-Pfälzischen Expertenkommission „Wettbewerbsfähigkeit und Beschäftigung", Mitverfasser eines gleichlautenden Gutachtens für die Rheinland-Pfälzische Landesregierung; Mitglied der Deutschen Gesellschaft für Bevölkerungswissenschaft und der Vereinigung Deutscher Wissenschaftler e. V.; Veröffentlichungen (Auswahl): Zur Aussagekraft und Problematik von Freisetzungsrechnungen, in: Rationalisierungs-Kuratorium der Deutschen Wirtschaft e. V. (Hrsg.): Produktivität und Rationalisierung, Frankfurt am Main 1971; Zur Arbeitsmarktentwicklung bis 1980, Modellrechnungen unter Berücksichtigung der „Energiekrise", in: MittAB 1/1974 (zusammen mit G. Kühlewind, P. Schnur, M. Thon); Zum Problem der strukturellen Arbeitslosigkeit, in: MittAB 1/1976 (zusammen mit U. Cramer, D. Mertens, L. Reyher, E. Spitznagel); Mögliche Auswirkungen der letzten Rezession auf die Arbeitsmarktentwicklung bis 1990, Modellrechnungen nach 26 Sektoren und globale Arbeitsmarktbilanz unter alternativen Annahmen, in: MittAB 3/1976 (zusammen mit P. Schnur); Längerfristige Arbeitsmarktvorausschätzungen – Ausgewählte Aspekte am Beispiel der Projektionen des Instituts für Arbeitsmarkt- und Berufsforschung (IAB), in: Allgemeines Statistisches Archiv, Heft 3, 1978; Energie – Wachstum – Arbeitsplätze, Argumente in der Energiediskussion, Bd. 4/5, Villingen 1978 (wissensch. Red.; V. Hauff, Hrsg.); Employment Policy in the Federal Republic of Germany, in: Arrow, K. J. / Abt, C. C. / Fitzsimmons, S. J. (Hrsg.): Applied Research for Social Policy. The United States and the Federal Republic of Germany Compared, Abt. Associates Inc., 1979; Probleme der Messung und Vorausschätzung des Erwerbspersonenpotentials, in: BeitrAB 44, Nürnberg 1980 (zusammen mit D. Mertens, Hrsg.); Zu den Arbeitsmarktauswirkungen unterschiedlicher Energiestrukturen, in: MittAB 1/1980; Die Bedeutung des

Bevölkerungsrückganges für Arbeitsmarkt, Wirtschaft und Politik, in: MittAB 4/1980; Probleme der Messung und Vorausschätzung des Frauenerwerbspotentials, in: BeitrAB 56, Nürnberg 1981 (zusammen mit G. Kühlewind, Hrsg.); Die Bundesrepublik Deutschland ein Einwanderungsland? – Tendenzen und Probleme –, in: Linke, W. / Schwarz, K. (Hrsg.): Aspekte der räumlichen Bevölkerungsbewegung in der Bundesrepublik Deutschland, Wiesbaden 1982; Arbeitskräfte-Potentialrechnung sowie Der methodische Ansatz des IAB zur längerfristigen Vorausschätzung des Arbeitsmarktes, jeweils in: Mertens, D.: Konzepte der Arbeitsmarkt- und Berufsforschung, BeitrAB 70, Nürnberg 1982; Demographische Entwicklung, Erwerbsbeteiligung und Arbeitsmarkt – Tendenzen und Methoden, in: Birg, H. (Hrsg.): Demographische Entwicklung und gesellschaftliche Planung, Frankfurt 1983; Wenn Arbeit zur Mangelware wird . . . Kann man Arbeit gerechter verteilen?, Wissenschaftliche Problemstudie, Materialien zum Lebenskundlichen Unterricht Februar 1985, Katholisches Militärbischofsamt Bonn (Hrsg.); Arbeitsmarktperspektiven der 80er und 90er Jahre, Neue Modellrechnungen für Potential und Bedarf an Arbeitskräften, in: MittAB 1/1985 (zusammen mit P. Schnur, M. Thon).

Dr. Wolfgang Ohndorf

Ministerialrat im Bundesministerium für Arbeit und Sozialordnung, Leiter des Referats „Einzel- und Sonderfragen des Arbeitsmarktes, Arbeitsmarktforschung, internationale Arbeitsmarktpolitik"; 1961-1967 Studium der Rechte und der Volkswirtschaftslehre in München, Berlin und Chicago; 1967-1971 Assistent am Juristischen Seminar der Universität München; 1971-1975 Referent im Bundesministerium für Wirtschaft, Bonn; 1975 EG-Kommission; 1976-1977 Referent im Arbeitskreis „Wirtschaft" der SPD-Bundestags-Fraktion; seit 1977 im Bundesministerium für Arbeit und Sozialordnung; 1977-1979 Ministerbüro (Leiter der Referate M 2, M 1); 1979-1983 Leiter des Referats „Grundsatzfragen der Arbeitsmarktpolitik".

Dr. Martin Pfaff

o. Professor für Volkswirtschaftslehre an der Universität Augsburg und Wissenschaftlicher Direktor des Internationalen Instituts für Empirische Sozialökonomie (INIFES), Stadtbergen (vormals Leitershofen); Studium der Ökonomie an der Universität Utkal, Indien (B. Dom. 1961) und an der University of Pennsylvania (M. B. A. 1963); 1965 Promotion (Ph. D. Economics) an der University of Pennsylvania; 1965 Dozent an der Wharton School of Finance and Commerce; 1965-1968 Assistenzprofessor an der American University, Washington D. C.; 1966-1968 Dozent am Computer Institute for Social Science Research und beim Department of Marketing and Transportation Administration, Michigan State University; 1968-1969 Guest Scholar am Center for Advanced Study, The Brookings Institution, Washington D.C. sowie Associate Professor for Quantitative Methods and Managerial Economics, The American University, Washington D. C.; 1969-1971 Associate

Professor for Economics and Operations Research, School of Business Administration, Wayne State University, Detroit, 1971-1974 Full Professor; seit 1971 Professor für Volkswirtschaftslehre an der Universität Augsburg; seit 1974 Wissenschaftlicher Direktor des Internationalen Instituts für Empirische Sozialökonomie (INIFES), Stadtbergen (vormals Leitershofen). Veröffentlichungen (Auswahl): Redistribution to the Rich and the Poor: The Grants Economics of Income Distribution, Belmont/Calif. 1972 (zusammen mit Kenneth E. Boulding, Hrsg.); Grants Economics: A Simple Introduction, in: The American Economist, Vol. XVI (1972), S. 19 ff. (zusammen mit K. E. Boulding und J. Horvath); Transfers in an Urbanized Economy, Belmont/Calif. 1973 (zusammen mit K. E. Boulding und A. B. Pfaff, Hrsg.); Wege aus der Armut: Einkommenssicherung für die Armen der Vereinigten Staaten von Amerika, in: Külp, B. / Stützel, W. (Hrsg.): Beiträge zu einer Theorie der Sozialpolitik, Berlin 1973 (zusammen mit A. B. Pfaff); Frontiers in Social Thought. Essays in Honor of Kenneth E. Boulding, Amsterdam 1976 (Hrsg.); Grants and Exchange, Amsterdam 1976 (Hrsg.); Interdependenzen gesamtgesellschaftlicher Ziele und Regelungsprozesse: Das Systemische Interaktionsmodell (SYSTIM), in: Zapf, W. (Hrsg.): Gesellschaftspolitische Zielsysteme – Soziale Indikatoren IV, Frankfurt/Main, New York 1976; Informations- und Steuerungsinstrumente zur Schaffung einer höheren Lebensqualität in Städten, Göttingen 1976 (zusammen mit F. Gehrmann, Hrsg.); Distributive Effects of Real Transfers via Public Infrastructure, Concentual Problems and Some Empirical Results, in: Griliches, Z. u. a. (Hrsg.): Income Distribution and Economic Inequality, Frankfurt/Main, New York 1977 (zusammen mit W. Asam); Sozialpolitik im Wandel, Bonn 1978 (zusammen mit H. Voigtländer, Hrsg.); Lebensqualität in neuen Städten, Göttingen 1978 (zusammen mit F. Böltken u. a.); Grenzen der Umverteilung, Berlin 1978 (Hrsg.); Problembereiche der Verteilungs- und Sozialpolitik, Berlin 1978 (Hrsg.); Integrierte Infrastrukturplanung zur Verbesserung der Lebensbedingungen in Städten und Gemeinden, Berlin 1980 (zusammen mit W. Asam, Hrsg.); Effizienz und Effektivität staatlicher Transferpolitik in der Wirtschaftskrise, Berlin 1983 (Hrsg.); Public Transfers and Some Private Alternatives During the Recession, Berlin 1983 (Hrsg.); Gestaltungsspielräume der Arbeitsmarktpolitik auf regionalen Arbeitsmärkten, Berlin 1984 (zusammen mit P. Hurler, Hrsg.).

Manfred Rademacher

Direktor des Arbeitsamtes Augsburg; Verwaltungsfachschule und Ausbildung für den Dienst bei der Bundesanstalt für Arbeit; Direktor verschiedener Arbeitsämter. Leitung der deutschen Delegation zur Anwerbung von jugoslawischen Arbeitskräften in Belgrad. Veröffentlichungen: Begrenzte Gestaltungsspielräume der lokalen Arbeitsverwaltung – Praktische Erfahrungen, in: Hurler, Peter / Pfaff, Martin (Hrsg.): Gestaltungsspielräume der Arbeitsmarktpolitik auf regionalen Arbeitsmärkten, Berlin 1984; Die Vorschriften über Arbeitsvermittlung, Arbeitsberatung, Berufsberatung und Arbeitsmarktpolitik, Loseblattausgabe, Wiesbaden 1983; Die Praxis der Arbeitsvermittlung, Stuttgart 1975; Ausländer in Deutschland – Deutsche im Ausland, Düren/Rheinland 1975; Artikel „Arbeitsvermittlung" im Handwörterbuch des Personalwesens, Stuttgart 1975, sowie zahlreiche Aufsätze in Fachzeitschriften.

Dr. Günther Schmid

Stellvertretender Direktor am Internationalen Institut für Management und Verwaltung des Wissenschaftszentrums Berlin, Forschungsschwerpunkt Arbeitsmarktpolitik; Privatdozent für Politische Ökonomie an der Freien Universität Berlin; Studium der Politikwissenschaft, Geschichte und Soziologie in Freiburg und Berlin, Dipl.-Pol. und Dr. phil.; 1970-1974 Wissenschaftlicher Assistent am Fachbereich Politische Wissenschaft der Freien Universität Berlin; seit 1974 am Wissenschaftszentrum Berlin; 1981 Honorary Fellow am Institute for Research on Poverty, Madison University, Wisconsin. Veröffentlichungen: Funktionsanalyse und Politische Theorie, Düsseldorf 1974; Bürokratie und Politik, München 1975 (zusammen mit Hubert Treiber); Steuerungssysteme des Arbeitsmarktes, Göttingen 1975; Strukturierte Arbeitslosigkeit und Arbeitsmarktpolitik, Königstein/Ts. 1980; Instrumente gezielter Arbeitsmarktpolitik, Königstein/Ts. 1980 (zusammen mit Klaus Semlinger); Sex Discrimination and Equal Opportunity, Aldershot 1984 (zusammen mit Renate Weitzel, Hrsg.); Arbeitsmarktpolitik für Behinderte, Basel 1985 (zusammen mit Klaus Semlinger); zahlreiche Aufsätze zur politischen Theorie und Planung, Arbeitsmarktentwicklung und Arbeitsmarktpolitik.

Karl-Heinz Schneider

Assessor; Studium in München, Genf und Lausanne/Schweiz; Rechtssekretär beim DGB; seit 1977 DGB-Kreisvorsitzender, zunächst in Neu-Ulm, seit 1982 in Augsburg; seit 1977 Mitglied der Selbstverwaltung in der Arbeitsverwaltung; Vorsitzender des Verwaltungsausschusses des Arbeitsamtes Memmingen; Mitglied des Verwaltungsausschusses des Arbeitsamtes Augsburg; Vertreter des DGB im Regionalen Planungsbeirat der Region 9; Vorstandsmitglied und Vorstandsvorsitzender in der Selbstverwaltung der Krankenversicherung.

Dieter Simnacher

Referent für Berufsbildung der Handwerkskammer für Schwaben, Augsburg; Industriekaufmann, Betriebswirt (VWA), langjährige Tätigkeit in der Industrie; Mitarbeit in verschiedenen Gremien, darunter beim Hauptausschuß für Berufsbildung des Deutschen Handwerkskammertages; Lehrbeauftragter im Studiengang Betriebswirtschaft der Fachhochschule Kempten. Veröffentlichungen: Zahlreiche Aufsätze in Fachzeitschriften.

Ernst Stark

Diplomökonom, M. A. (Master of Arts, Economics); Studium der Wirtschafts- und Sozialwissenschaften an der Universität Augsburg; Studium der Volkswirtschaftslehre an der Wayne State University in Detroit, Michigan, USA; seit 1984 wissenschaftlicher Mitarbeiter am Institut für Volkswirtschaftslehre der Universität Augsburg. Veröffentlichungen: Konzepte zur Messung des Arbeitskräftebedarfs, INIFES-Arbeitspapier AM-04/81, Leitershofen 1981; Die Verteilung der Beschäftigten nach Wirtschaftszweigen und Berufen im Wirtschaftsraum Augsburg, hrsg. vom Amt für Wirtschaftsförderung der Stadt Augsburg, Augsburg 1982 (zusammen mit P. Hurler und T. Riss); Scope for and limits on reducing unemployment by redistributing total work done – criteria, means and requirements, Research Report for the Parliamentary Assembly of the Council of Europe, Strasbourg, June 1982 (zusammen mit M. Pfaff und P. Hurler); Arbeits- und Ausbildungsplätze im Dienstleistungssektor des Wirtschaftsraumes Augsburg – Entwicklungstendenzen und Perspektiven, INIFES-Forschungsbericht AM-02/85, Stadtbergen 1986 (zusammen mit P. Hurler); Employment Trends in the 80's and Prospects for the Future, Paper prepared for the Council of Europe – Third Conference of European Ministers of Labour, INIFES Discussion Paper AM-03/85, Stadtbergen 1985 (zusammen mit B. Döllinger); Vergleich von Niveau und Entwicklung der Arbeitsunfähigkeit in der Bundesrepublik Deutschland und in ausgewählten Ländern, Forschungsbericht 137, hrsg. v. Der Bundesminister für Arbeit und Sozialordnung, Bonn 1986 (im Erscheinen) (zusammen mit A. Pfaff, K. Deimer, D. Jaufmann, E. Kistler, M. Pfaff).

Heribert Wagner

Diplom-Wirtschafts-Ingenieur; Studium an der Fachhochschule München; stellvertretender Geschäftsführer und Leiter des Referates Bildung des Kolping Bildungswerkes, Diözesanverband Augsburg e. V.

VERZEICHNIS DER TEILNEHMER

Amann, Josef, Dr., Industrie- und Handelskammer für Augsburg und Schwaben

Asam, Wolfgang, Dr., Berufsbildungswerk Augsburg der katholischen Jugendfürsorge

Bade, Franz-Josef, Dr., Internationales Institut für Management und Verwaltung (IIMV), Berlin

Behnken, Renate, Dr., Bayerische Beamtenfachhochschule, Hof

Bezler, Wolfgang, Arbeitsamt Augsburg

Bosch, Edda, Arbeitsamt Augsburg

Brander, Sylvia, Dr., Universität Augsburg

Brandes, Wolfgang, Dr., Arbeitskreis Sozialwissenschaftliche Arbeitsmarktforschung, Universität Paderborn

Büscher, Helmut, Universität Augsburg und Internationales Institut für Empirische Sozialökonomie (INIFES), Stadtbergen

Buss, Hannes, Leiter des Amtes für Wirtschaftsförderung der Stadt Augsburg

Derenbach, Rolf, Dr., Bundesforschungsanstalt für Landeskunde und Raumordnung (BfLR), Bonn-Bad Godesberg

Engelbrech, Gerhard, Institut für Arbeitsmarkt- und Berufsforschung (IAB) der Bundesanstalt für Arbeit, Nürnberg

Fergg, Arthur, Bürgermeister der Stadt Augsburg

Fischer, Leo, Prof., Stadtrat, Augsburg

Forner, Kurt, Leiter des Amtes für Stadtentwicklung und Statistik der Stadt Augsburg

Geierhos, Alfred, Stadtrat, Augsburg

Gerhäusser, Klaus, Universität Augsburg

Gomolka, Karl, Siemens AG, Augsburg

Held, Martin, Dr., Evangelische Akademie, Tutzing

Herdegen, Rudolf, Landratsamt Augsburg

Hüttinger, Klaus, Dr., Universität Augsburg

Hurler, Peter, Dr., Universität Augsburg und Internationales Institut für Empirische Sozialökonomie (INIFES), Stadtbergen

Klauder, Wolfgang, Dr., Institut für Arbeitsmarkt- und Berufsforschung (IAB) der Bundesanstalt für Arbeit, Nürnberg

Lahner, Manfred, Institut für Arbeitsmarkt- und Berufsforschung (IAB) der Bundesanstalt für Arbeit, Nürnberg

Lechner, Karl, Arbeitsamt Augsburg

Lösch, Roland, Kreisvorsitzender der Gewerkschaft ÖTV, Augsburg

Messerer, Bernd, Universität Augsburg

Müller, Heinrich, Dr., Amt für Wirtschaftsförderung der Stadt Augsburg

Ohndorf, Wolfgang, Dr., Bundesministerium für Arbeit und Sozialordnung, Bonn

Pfaff, Martin, Prof. Dr., Universität Augsburg und Internationales Institut für Empirische Sozialökonomie (INIFES), Stadtbergen

Rademacher, Manfred, Direktor des Arbeitsamtes Augsburg

Resch, Toni, selbständiger Diplom-Geograph, Augsburg

Richter, Gerhard, IMU-Institut für Medienforschung und Urbanistik, München

Ruhland, Alfred, Siemens AG, Augsburg

Rusch, Gustav, Arbeitsamt Augsburg

Schmid, Günther, Dr., Internationales Institut für Management und Verwaltung (IIMV), Berlin

Schneider, Karl-Heinz, Deutscher Gewerkschaftsbund, Augsburg

Schüle, Ulrich, Universität Augsburg

Schwab, Wolfgang, Landratsamt Aichach-Friedberg

Schwarzenböck, Martin, Amt für Stadtentwicklung und Statistik der Stadt Augsburg

Simnacher, Dieter, Handwerkskammer für Augsburg und Schwaben

Stark, Ernst, Universität Augsburg und Internationales Institut für Empirische Sozialökonomie (INIFES), Stadtbergen

Urban, Gerhard, Regierung von Schwaben

Veltins, Rolf, Amt für Wirtschaftsförderung der Stadt Augsburg

Wagner, Heribert, Kolping-Bildungswerk, Augsburg

Würth, Wolfgang, Siemens AG, Augsburg

Wurdak, Cornelia, Landesarbeitsamt Südbayern

FSC
www.fsc.org
MIX
Papier | Fördert
gute Waldnutzung
FSC® C083411

Kolibri 360 GmbH
Ferdinand-Jühlke-Straße 7
99095 Erfurt, Deutschland
produktsicherheit@kolibri360.de

Druck:
CPI Druckdienstleistungen GmbH
im Auftrag der
Kolibri 360 GmbH
Ferdinand-Jühlke-Str. 7
99095 Erfurt